城市轨道交通 通信与信号控制

（修订本）

宋保卫　王燕梅　主　编

王　超　崔宏巍

胡松华　谭金浩　副主编

北京交通大学出版社

·北京·

内 容 简 介

本书系统地介绍了城市轨道交通通信与信号控制设备的基本组成和工作原理，主要内容包括城市轨道交通信号设备概述、信号基础设备、联锁设备、列车运行自动控制、通信系统和电源系统六个项目。

本书可作为高等学校城市轨道交通通信与信号专业教学用书，也可作为中等职业教育相关专业的教学参考用书，还可作为城市轨道交通企业通信信号专业工程技术人员的培训用书。

图书在版编目（CIP）数据

城市轨道交通通信与信号控制/ 宋保卫，王燕梅主编. —北京：北京交通大学出版社，2015. 1 （2020. 3 重印）

ISBN 978－7－5121－2197－3

Ⅰ. ①城⋯ Ⅱ. ①宋⋯ ②王⋯ Ⅲ. ①城市铁路-交通信号-信号系统 Ⅳ. ①U239. 5

中国版本图书馆 CIP 数据核字（2015）第 045391 号

策划编辑：刘　辉
责任编辑：刘　辉
出版发行：北京交通大学出版社　　　　　电话：010－51686414
　　　　　北京市海淀区高粱桥斜街 44 号　邮编：100044
印 刷 者：北京鑫海金澳胶印有限公司
经　　销：全国新华书店
开　　本：185×260　　印张：16.25　　字数：412 千字
版　　次：2020 年 3 月第 1 版第 1 次修订　2020 年 3 月第 5 次印刷
书　　号：ISBN 978－7－5121－2197－3/U・191
印　　数：4 001～5 000 册　　定价：39.80 元

本书如有质量问题，请向北京交通大学出版社质监组反映。对您的意见和批评，我们表示欢迎和感谢。
投诉电话：010－51686043，51686008；传真：010－62225406；E-mail：press@ bjtu. edu. cn。

前　言

随着科学技术和城市化的发展，运量大、速度快、安全可靠的城市轨道交通在现代城市中起着越来越重要的作用。进入 21 世纪，城市轨道交通的建设进入了高潮。目前，北京、天津、上海、广州、哈尔滨等 30 多个城市已被批准建设城市轨道交通，还有一些城市在筹备中，我国城市轨道交通呈现出良好的发展势头。

城市轨道交通系统中，通信与信号控制设备是至关重要的设备，起到保证列车和乘客的安全，实现列车高速、有序运行的作用，且实际上已成为城市轨道交通高度集中指挥和运营管理的中枢神经。

本书密切结合城市轨道交通的实际情况，介绍了城市轨道交通通信与信号控制设备的功能、构成、工作原理、故障案例等内容。全书分城市轨道交通信号设备概述、城市轨道交通信号基础设备、城市轨道交通联锁设备、城市轨道交通列车运行自动控制（ATC）、城市轨道交通的通信系统、城市轨道交通电源系统共六个项目进行介绍。本书以培养岗位技能为出发点，理论联系实际，图文并茂，便于阅读，并在每一章后配有习题，供读者学习参考。本书可作为应用型本科院校、高等职业技术学院城市轨道交通及相关专业的教材和教学参考书，也可作为与城市轨道交通建设和运营管理相关的专业技术人员的参考用书。

本书由黑龙江交通职业技术学院副教授宋保卫、王燕梅担任主编，中铁第五勘察设计院集团有限公司东北分院工程师王超、深圳职业技术学院崔宏巍和胡松华、黑龙江交通职业技术学院谭金浩担任副主编。其中宋保卫编写项目三、项目四，王燕梅、谭金浩编写项目二，王超编写项目六，崔宏巍编写项目五，胡松华编写项目一。

由于我国城市轨道交通通信与信号控制引入多国技术，制式众多，资料收集工作复杂烦琐，受编者水平所限，再加上时间仓促，书中难免有错误、疏漏、不妥之处，恳望读者批评指正。

编　者
2020 年 3 月

目　　录

项目一

城市轨道交通信号设备概述

【知识目标】

- 理解城市轨道交通信号设备的作用
- 了解城市轨道交通信号设备的特点
- 了解城市轨道交通信号设备的工作原理

【能力要求】

- 能够了解城市轨道交通的特点、要求
- 懂得城市轨道交通信号与通信系统的设备组成
- 能够熟悉我国城市轨道交通信号技术的发展趋势

任务一　学习城市轨道交通信号设备的特点

城市轨道交通是现代化都市的重要基础设施，它安全、便利、迅速、舒适地在城市范围内运送乘客，最大限度地满足市民出行的需要。在城市各种公共交通工具中，轨道交通具有运量大、速度快、安全可靠、污染低、受其他交通方式干扰小等特点，对改变城市交通状况是行之有效的。

城市轨道交通系统的安全、速度、输送能力和效率与信号系统密切相关，以速度控制为基础的列车运行自动控制系统已成为城市轨道交通信号系统的共同选择。信号系统实际上已成为城市轨道交通调度指挥和运营管理的中枢神经，选择合适的信号系统，可以带来较好的经济和社会效益。

一、城市轨道交通的特点

1. 城市轨道交通区别于铁路的特点

城市轨道交通虽然和铁路同为轨道交通，但和铁路有不少不同之处。

1）运营范围

城市轨道交通的运行范围是城市市区及郊区，范围较小，不像铁路那样涉及范围广，而且连接城乡。

2）运行速度

城市轨道交通因在城市范围内运行，站间距离短，且站站须停车，列车运行速度较低。而铁路的运行速度比较高，许多线路在 120 km/h 以上，高速铁路在 300 km/h 以上。

3）服务对象

城市轨道交通的服务是客运服务，不像铁路那样客、货混运。

4）线路与轨道

城市轨道交通大部分线路在地下或高架上通行，均为双线，各线路之间一般不过线运营。正线一般采用 9 号道岔，车辆段采用 7 号道岔，这些都与铁路不同。另外，城市轨道交通还有跨座式和悬挂式，铁路则没有。

5）车站

城市轨道交通一般车站多为正线，多数车站也没有道岔，换乘站多为立体方式，铁路车站有数量不等的道岔及股道，有较复杂的咽喉区，换乘也为平面方式。

6）车辆段

城市轨道交通的车辆段要进行车辆检修、停放以及大量的列车编解、接发车和调车作业。

7）车辆

城市轨道交通采用电动车组，没有铁路那样的机车和车辆的概念，也没有铁路那样众多类型的车辆。

8）供电

城市轨道交通的供电包括牵引供电。城市交通均为直流电力牵引，没有非电气化铁路的说法。城市轨道交通的动力、照明供电尤为重要，一旦供电中断，将陷入整体瘫痪状况。

9）通信信号

城市轨道交通列车密度高，行车间隔短，普遍采用列车自动监控和列车自动运行的方式，并建有自成体系的独立完整的内部通信网，还包括广播和闭路电视。

10）运营管理

城市轨道交通条件十分单纯，除了进、出段和折返外，没有越行，没有交会，正线上一般没有调车作业，易于实现自动控制。

2. 城市轨道交通区别于城市道路交通的特点

1）容量大

地下铁道单向每小时运送能力可达 30 000 ~ 70 000 人次，轻轨交通在 10 000 ~ 30 000 人次之间，而公共汽车、电车为 8 000 人次，在客流密集的城市建设城市轨道交通可疏散公交客流。

2）运行准时、速达

城市轨道交通有自己的专用线路，与道路交通相隔离，可保证乘客准时、迅速地到达目的地。

3）安全

城市轨道交通或于地下或高架，即使在地面也与道路交通相隔离，与其他交通工具无相互干扰，运行安全有充分的保障。

4）利于环境保护

城市轨道交通噪声小，污染轻，对城市环境不造成破坏。

5）节省土地资源

城市轨道交通（多建于地下或高架）即使在地面其占地也有限，充分利用了城市空间，节省了土地资源。

但是城市轨道交通也存在一定的局限性，如建设费用高，建设周期长，技术含量高，建设难度大；一旦遇有自然灾害尤其是火灾，乘客疏散困难，容易造成人员伤亡。此外，城市轨道交通系统建成后就难以迁移和变动，不像地面公共交通可以机动地调整路线和设置站点，以满足乘客流量和流向变化的需要，其运输组织工作远比地面公共交通复杂。

二、城市轨道交通对信号系统的要求

城市轨道交通，尤其是地下铁道因其固有的特点，对其信号系统提出了如下要求。

1. 安全性要求高

因城市轨道交通尤其是地下部分隧道空间小，行车密度大，故障排除难度大，若发生事故难以施援，损失将非常严重，所以对行车安全的保证，即对信号系统提出了更高的安全要求。

2. 通过能力大

城市轨道交通不设站线，进站列车停在正线上，先行列车停站时间直接影响后续列车接近车站，所以要求信号设备必须满足通过能力的要求。

3. 保证信号显示

城市轨道交通虽然地面信号机少，地下部分背景暗，且不受天气影响，直线低段瞭望条件好，但曲线地段受隧道壁的遮挡，信号显示距离受到限制，所以保证信号显示也是一个重要的问题。

4. 抗干扰能力强

城市轨道交通均为直流电力牵引，要求信号设备对其有较强的抗干扰能力。

5. 可靠性高

由于城市轨道交通隧道净空小，且装有带电的牵引接触轨或接触网，行车时不便维修和排除设备故障，所以要求信号设备具有高可靠性。

6. 自动化程度高

城市轨道交通站间距短，列车密度大，行车工作十分频繁，而且地下部分环境潮湿，空气不佳，没有阳光，工作条件差，所以要求尽量采用自动化程度高的先进技术设备，以减少工作人员，并减轻他们的劳动强度。

7. 限界条件苛刻

城市轨道交通的室外设备及车载设备，受土建限界的制约，要求设备体积小，同时必须兼顾施工和维护作业空间。

三、城市轨道交通信号系统的特点

城市轨道交通的信号系统沿袭铁路的制式，但由于其自身的特点，与铁路的信号系统又有一定的区别。城市轨道交通信号系统的特点如下。

1. 具有完善的列车速度监控功能

城市轨道交通所承担的客运量巨大，对行车间隔的要求远高于铁路，最小行车间隔达到90 s，甚至更小，因此对列车运行速度监控的要求极高。

2. 数据传输速率较低

城市轨道交通的列车运行速度远低于铁路干线的列车运行速度，最高运行速度通常为80 km/h，所以信号系统可以采用速率较低的数据传输系统。

3. 联锁关系较简单但技术要求高

城市轨道交通的大多数车站没有配线，不设道岔，甚至也不设地面信号机，仅在少数有岔联锁站及车辆段才设置道岔和地面信号机，故联锁设备的监控对象远少于铁路车站的监控对象，联锁关系远没有铁路复杂。除折返站外全部作业仅为旅客乘降，非常简单。通常一个控制中心即可实现全线的联锁功能。

城市轨道交通信号自动控制最大的特点是把联锁关系和 ATP 编/发码功能结合在一起，且包含一些特殊的功能，如自动折返、自动进路、紧急关闭、扣车等，增加了技术难度。

4. 车辆段独立采用联锁设备

城市轨道交通的车辆段类似于铁路区段站的功能，包括列车编解、接发列车和频繁的调车作业，线路较多，道岔较多，信号设备较多，一般独立采用一套联锁设备。

5. 自动化水平高

由于城市轨道交通的线路长度短，站间距离短，列车种类较少，行车规律性很强，因此它的信号系统中通常包含自动排列进路和运行自动调整的功能，自动化强度高，人工介入极少。

任务二　学习城市轨道交通信号系统组成

自城市轨道交通问世以来，其安全程度和载客能力不断得到提高，信号系统也不断完善和发展。随着经济和计算机技术的飞速发展，城市轨道交通信号技术日趋成熟，成为城市轨道交通不可缺少的组成部分。

城市轨道交通的信号系统通常由列车运行自动控制系统（ATC）和车辆段信号控制系统

两大部分组成，用于列车进路控制、列车间隔控制、调度指挥、信息管理、设备工况监测及维护管理，由此构成了一个高效的综合自动化系统，如图 1-1 所示。

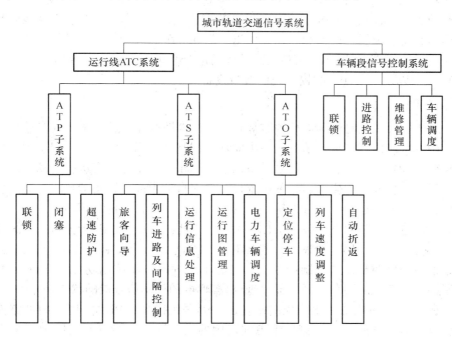

图 1-1　联锁运行线 ATC 系统

一、列车运行自动控制系统

列车运行自动控制系统（ATC）包括列车自动防护（ATP）、列车自动运行（ATO）及列车自动监控（ATS）三个子系统，简称"3A"。系统需设置行车控制中心，沿线各车站设计为区域性联锁，其设备放在控制站（一般为有岔站），列车上安装有车载控制设备。控制中心与控制站通过有线数据通信网连接，控制中心与列车之间可采用无线通信进行信息交换。ATC 系统直接与列车运行有关，因此，ATC 系统中的数据传输要求比一般通信系统的安全性、可靠性、实时性更高。（不同制式的 ATC 设备组成可能不同，本书以西门子公司的 ATC 为例）。

1. ATP 子系统

ATP 子系统的功能是对列车运行进行超速防护，对与安全有关的设备实行监控，实现列车位置检测，保证列车间的安全间隔，保证列车在安全速度下运行，完成信号显示、故障报警、降级提示、列车参数和线路参数的输入，与 ATS、ATO 及车辆系统接口并进行信息交换。

ATP 子系统不断将从地面获得的前行列车位置信息、线路信息、前方目标点的距离和允许速度信息等通过轨道电路等传至车上，由车载设备计算得到当前所允许的速度，或由行车指挥中心计算出目标速度传至车上，由车载设备测得实际运行速度，依此来对列车速度实行监督，使之始终在安全速度下运行，以缩短列车运行间隔，保证行车安全。

采用轨道电路传送 ATP 信息时，ATP 子系统由设于控制站的轨旁单元、设于线路上各轨道电路分界点的调谐单元和车载 ATP 设备组成，并包括与 ATS、ATO、联锁设备的接口设备。

2. ATO 子系统

ATO 子系统主要用实现"地对车控制"，即用地面信息实现对列车驱动、制动的控制，包括列车自动折返，根据控制中心的指令使列车按最佳工况正点、安全、平稳地运行，自动完成对列车的启动、牵引、惰行和制动，传送车门和屏蔽门同步开关信号。

ATO 子系统包括车载 ATO 单元和地面设备两部分。地面设备有站台电缆环路、车地通信设备（TWC）以及与 ATP、联锁系统的接口设备。

3. ATS 子系统

ATS 子系统主要实现对列车运行的监督和控制，辅助调度人员对全线列车进行管理，其功能包括：调度区段内列车运行情况的集中监视与控制，监测进路控制、列车间隔控制设备的工作，按行车计划自动控制道旁信号设备以接发列车，列车运行实迹的自动记录，时刻表自动生成、显示、修改和优化，运行数据统计及报表自动生成，设备运行状态监测，设备状态及调度员操作记录，运输计划管理等，还具有列车车次号自动传递等功能。

ATS 子系统包括控制中心设备和 ATS 车站、车辆段分机。控制中心 ATS 设备有中心计算机系统、工作站、显示屏、绘图仪、打印机、UPS 等。每个控制站设一台 ATS 分机，用于采集车站设备的信息和传送控制命令，并实现车站进路自动控制功能。车辆段 ATS 分机用于采集车辆段内库线的列车占用情况及进/出车辆段的列车信号机的状态。

此外，在 ATC 范围内的各正线控制站各设一套联锁设备，用以实现车站进路控制。联锁设备接收车站值班员和 ATS 控制。考虑到运用的灵活性，正线有岔站原则上独立设置联锁设备，当然也可以采用区域控制方法。

二、车辆段联锁设备

车辆段设一套联锁设备，用以实现车辆段的进路控制，并通过 ATS 车辆段分机与行车指挥中心交换信息。

车辆段联锁设备前期采用 6502 电气集中联锁，近来均采用计算机联锁。

先进的车辆段信号控制系统的特点是信号一体化，包括联锁系统、进路控制设备、接近通知、终端过走防护和车次号传输设备等。这些设备由局域网连接并经过光缆与调度中心相通。列车的整备、维修与运行相互衔接成一个整体，保证了城市轨道交通的高效率和低成本。

车辆段内试车线设若干段与正线相同的 ATP 轨道电路和 ATO 地面设备，用于对车载 ATC 设备进行静、动态试验。

在车辆段停车库，一般还设有日检/月检设备，用来对列车进行上线前的常规检测。

任务三 学习城市轨道交通信号系统的地域分布

按地域城市轨道交通信号设备划分为五个部分：控制中心设备、车站及轨旁设备、车辆段设备、试车线设备、车载 ATC 设备。

一、控制中心设备

控制中心设备属于 ATS 子系统，是 ATC 的核心。其设备组成如图 1-2 所示。

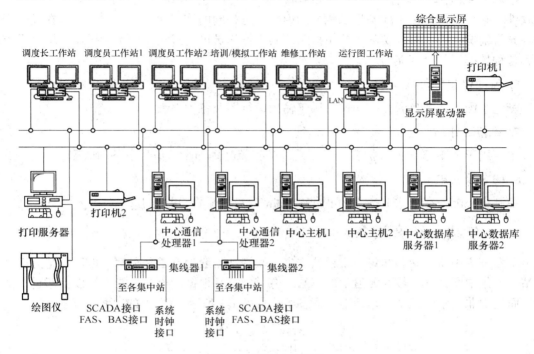

图 1-2　控制中心设备

控制中心设备主要包括中心计算机系统、综合显示屏、调度员及调度长工作站、运行图工作站、培训/模拟工作站、绘图仪和打印机、维修工作站、UPS 及蓄电池组。其中综合显示屏、调度员及调度长工作站设于主控制室。控制主机、通信处理器、数据库服务器、维修工作站设于设备室。运行图工作站设于运行图室。绘图仪和打印机设于打印室。培训/模拟工作站设于培训室。UPS 设于电源室，蓄电池设于蓄电池室。

1. 中心计算机系统

中心计算机系统包括控制主机、通信处理器、数据库服务器、局域网及各自的外部设备。为保证系统的可靠性，主要硬件设备均为双套热备方式，可自动或人工切换。系统能满足自动控制、调度员人工控制及车站控制的要求。

2. 综合显示屏

综合显示屏设于控制中心的控制室，用来监视正线列车运行情况及系统设备状态，由显示设备和相应的驱动设备组成。

3. 调度员及调度长工作站

调度员及调度长工作站用于行车调度指挥。

4. 运行图工作站

运行图工作站用于运行计划的编制和修改，通过人机对话可以实现对运行时刻表的编辑、修改及管理。

5. 培训/模拟工作站

培训/模拟工作站配有各种系统的编辑、装配、连接和系统构成工具以及列车运行仿真的软件。它可与调度员工作站显示相同的内容，有相同的控制功能，能仿真列车在线运行及各种异常情况，而不参与实际的列车控制。实习操作员可通过它模拟实际操作，培养系统控制和各种情况下的处理能力。

6. 绘图仪和打印机

彩色绘图仪和彩色激光打印机，用于输出运行图及各种报表。

7. 维修工作站

主要用于 ATS 系统的维护、ATC 系统故障报警处理和车站信号设备的监测。

8. UPS 及蓄电池组

控制中心配备在线式 UPS 及可提供 30 min 后备电源的蓄电池组。

二、车站及轨旁设备

车站分集中联锁站和非集中联锁站。集中联锁站一般为有道岔车站，也可能是无道岔的车站。非集中联锁站一般为无道岔的车站。有道岔车站根据需要和可能也可以由邻近车站控制，而成为非集中联锁站。车站信号设备组成如图 1-3 所示，图中 TWC 即车地通信。

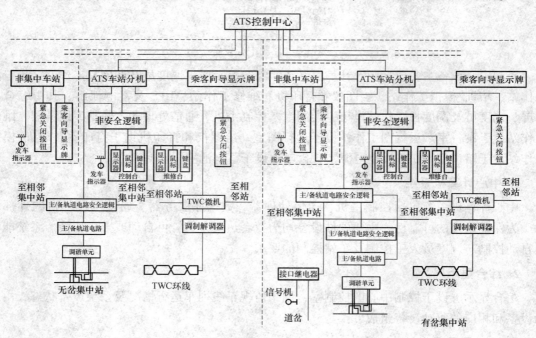

图 1-3　车站信号设备组成示意图

1. 集中联锁站及轨旁设备

集中联锁站设有 ATS 车站分机、车站联锁设备、ATP/ATO 系统地面设备、电源设备、维修终端、乘客向导显示牌、紧急关闭按钮以及信号机及发车指示器、转辙机。

　　1）ATS 车站分机

　　集中联锁站设一台 ATS 分机，用于采集车站设备的信息，接收控制命令，实现车站进路的自动控制。

　　2）车站联锁设备

　　车站设继电集中联锁或计算机联锁，能接收车站值班员和 ATS 系统的控制，用以实现车站进路的自动控制。

　　3）ATP/ATO 系统地面设备

　　ATP 地面设备包括：轨道电路设备或计轴器，ATP 地面编码发码设备，与 ATS、ATO、联锁设备接口，用于实现列车占用的检测和发送 ATP 信息，实现列车运行超速防护。

　　ATO 地面设备包括：站台电缆环路，TWC 设备，以及与 ATP、联锁设备的接口设备，用于发送 ATO 命令，实现列车最佳控制或列车自动驾驶。

　　4）电源设备

　　集中联锁车站配备一套适用于联锁设备、ATS、ATP、ATO 设备的在线式 UPS 及可提供15 min 后备电源的蓄电池组。

　　5）维修终端

　　维修终端设维修用彩色显示器、键盘及鼠标，显示不与控制用显示器相同的内容及必要的维修信息，并能对信号设备进行自动、手动测试，但不能进行控制。

　　6）乘客向导显示牌

　　在站台适当位置设乘客向导显示牌，用于显示接近列车的到站时间等。

　　7）紧急关闭按钮

　　紧急关闭按钮用于在遇到紧急情况危及行车安全时，关闭信号，使列车停车。

　　8）信号机及发生指示器

　　正线上防护信号机设于道岔区段，线路尽头设阻挡信号机，用于指示列车运行，防护列车进路。在正向出站方向的站台侧列车停车位置前方设置发车指示器，指示列车出站。

　　9）转辙机

　　转辙机用于换道岔。对于直尖轨道岔，采用单机牵引；对于 AT 道岔，采用双机牵引。可采用外锁闭装置，也可采用内锁闭方式。当前采用的转辙机为电动转辙机或电动液压转辙机，有直流、交流两种类型。

　　2. 非集中联锁站及轨旁设备

　　非集中联锁站的设备只有发车指示器、紧急关闭按钮和乘客向导显示牌。无道岔的非集中联锁站轨旁仅有轨道电路的耦合单元等。有道岔的非集中联锁站除了轨旁的耦合单元外，还有防护信号机和转辙机。

三、车辆段设备

　　车辆段信号设备包括 ATS 分机、车辆段终端、联锁设备、维修终端、信号机、转辙机、轨道电路、电源设备，其构成如图 1-4 所示。

　　1. ATS 分机

　　车辆段设一台 ATS 分机，用于采集车辆段内存车库线的列车占用及进/出车辆段的列车信号机的状态，以在控制中心显示屏上给出以上信息的显示。

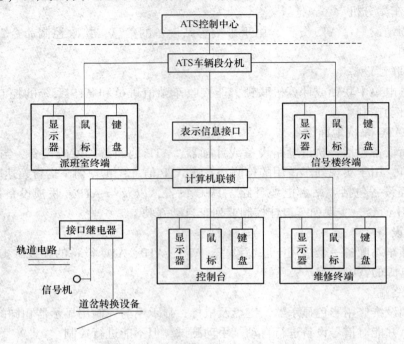

图 1-4　车辆段设备示意图

2. 车辆段终端

车辆段派班室和信号楼控制台室各设一台终端，与车枘段 ATS 分机相连。

3. 联锁设备

车辆段设一套联锁设备，实现车辆段的进路控制，并逅过 ATS 分机与控制中心交换信息。联锁设备只受车辆段值班员的人工控制。

4. 维修终端

设备室内设维修用彩色显示器、键盘及鼠标，显示与控制室相同的内容及维修、监测有关信息，并能对信号设备进行自动或手动测试，但不能控制进路。

5. 信号机

车辆段入口处设进段信号机，出口处设出段信号机，存车库线中间进段方向设列车阻挡信号机，段内其他地点根据需要设调车信号机。

6. 转辙机

车辆段内每组道岔设一台电动转辙机或电动液压转辙机。

7. 轨道电路

车辆段内轨道电路多采用 25 Hz 相敏轨道电路，检查列车的占用和空闲。

8. 电源设备

车辆段信号楼内设置适合于联锁设备、ATS 设备的 UPS 及蓄电池。

四、试车线设备

试车线上设若干段与正线相同的 ATP/ATO 地面设备，用于对车载 ATC 设备的试验。试车线设备室内设置用于改变试车线运行方向和速度的控制台。试车线设备室配备一套适合于 ATP/ATO 设备的 UPS，不设蓄电池、电源屏。

五、车载 ATC 设备

车载设备包括 ATP 和 ATO 两部分，用来接收轨旁设备传送的 ATP/ATO 信息，计算列车运行曲线，测量列车运行速度和运行距离，实行列车运行超速防护以及列车自动运行，来保证行车安全和为列车提供最佳运行方式。

任务四　学习城市轨道交通信号系统的功能

城市轨道交通信号系统的功能与铁路一样，主要包括联锁、闭塞、列车控制和调度指挥四个方面，由 ATC 系统和车辆段联锁设备完成。

一、联锁及其实现

联锁是车站范围内进路、信号、道岔之间互相制约的关系，它们之间必须建立严密的联锁关系，才能确保行车安全。

联锁的基本内容如下：

（1）进路上各道岔位置必须正确且被锁闭，进路空闲，敌对进路未建立且被锁闭在未建立状态，防护该进路的信号机才能开放。

（2）信号机开放后，防护的进路上的各道岔不能转换，与该进路敌对的所有进路不能建立。

联锁由联锁设备完成，目前均采用电气的方法实现集中联锁，对信号机和转辙机进行自动控制和远距离控制。联锁设备现主要采用继电逻辑电路或计算机逻辑判断的方法完成，前者称为继电集中联锁，后者称为计算机联锁。

正线上的集中控制站包括本站及其所控制的非集中站的道岔和信号机，由设于该站的联锁设备控制，其除了实现联锁关系外，还将其联锁的有关信息传送至 ATP/ATO 系统，并接收 ATS 系统的命令。

车辆段的信号机和道岔由车辆段的联锁设备控制。

二、闭塞及其实现

两站之间的线路称为区间，通常区间分为若干个闭塞分区。列车在区间运行，必须在运行前方闭塞分区空闲的情况下，且须杜绝其对向和同向同时有列车运行的可能，即必须从列车的头部和尾部进行防护。这种为确保列车在区间运行安全而采取一定措施的方法称为行车闭塞法，简称闭塞。用以实现闭塞作用的设备称为闭塞设备。在双线单方向运行时，闭塞作用主要是保证列车间的安全间隔。

在城市轨道交通中，闭塞作用均由列车运行自动完成，故称为自动闭塞，由于采用了ATC系统，各个轨道电路区段，即闭塞分区均不设通过信号机，而由车载ATP系统予以显示。闭塞作用由ATP系统完成，没有铁路那样专门的闭塞设备。

按照闭塞实现的方式，城市轨道交通ATP设备的闭塞制式可分为固定闭塞、移动闭塞和准移动闭塞。

1. 固定闭塞

固定闭塞将线路划分为固定的区段，前、后列车的位置间距都是用固定的地面设备（如轨道电路等）来检测的。

由于列车定位是以固定区段为单位的，所以固定闭塞的速度控制模式必然是阶梯式的。在这种制式中，需要向被控列车传送的只是速度码。

固定闭塞，通过轨道电路判别闭塞分区占用情况，并传输信息码，需要大量的轨旁设备，维护工作量较大。

此外，固定闭塞还存在以下缺点。

① 轨道电路工作稳定性易受环境影响。

② 轨道电路传输信息量小。

③ 利用轨道电路难以实现车对地的信息传输。

④ 闭塞分区长度较长，且一个分区只能被一列车占用，不利于缩短列车运行间隔。

因此，固定闭塞方式无法满足提高系统能力、安全性和互用性的要求。

2. 准移动闭塞

准移动闭塞可解释为"预先设定列车的安全追踪间隔距离，根据前方目标状态设定列车的可行车距离和运行速度，介于固定闭塞和移动闭塞之间的一种闭塞方式"。通常，准移动闭塞系统国外也纳入固定闭塞式ATC系统的范畴，并注明其属于"可走行距离模式"。但由于固定闭塞式ATC系统与具有"可走行距离模式"固定闭塞式ATC系统无论在系统构成模式、控制方式及发展前景方面都有很大差异，故称后者为准移动闭塞式。

由于准移动闭塞同时采用移动和固定两种定位方式，所以它的速度控制模式，必然采用曲线型的分级控制模式，既是连续的，又是分级的。

3. 移动闭塞

移动闭塞可解释为"列车安全追踪间隔距离不预先设定，而随列车的移动不断移动并变化的闭塞方式"。移动闭塞是一种新型的闭塞制式。

移动闭塞的特点是前、后两列车都采用移动式的定位方式。在准移动闭塞中，前行列车本身也具有移动定位的能力，只是因为没有将列车本身定位的结果传给地面，所以不能供后续列车使用。也就是说，在准移动闭塞的基础上，只要增设车对地的安全数据通信，将前行列车的移动定位信息，安全地经由地面传给后续列车，便能构成移动闭塞。

移动闭塞可借助感应环线或无线通信的方式实现。

而基于通信的列车控制（Communications Based Train Control，CBTC）则是实现这种闭塞制式的最佳技术手段。采用这种方法以后，当列车和车站一开始通信，车站就能得知所有列车的位置；而且，车载设备和轨旁设备的安装也相对较容易；另外，这种系统可以大大减小列车运行间隔。因此，移动闭塞的使用可以使线路的运输能力大大提高。

三、列车控制及其实现

列车控制包括列车进路控制和列车速度控制，列车进路控制由联锁设备实现，列车速度控制由 ATC 系统实现。ATC 系统分为 ATP 和 ATO 两个技术层次。

ATP，即列车运行超速防护或列车速度监督系统，其主要功能是对列车运行进行超速防护，保证列车间的安全间隔，保证列车在安全速度下运行。ATP 子系统不断将来自联锁设备和操作层面上的信息、线路信息、前方目标点的距离和允许速度信息等从地面通过轨道电路，或感应环线，或无线等传至车上，由车载设备计算得到当前所允许的速度，或由行车指挥中心计算出目标速度传至车上，由车载设备测得实际运行速度。当列车速度超过 ATP 装置所指示的速度时，ATP 的车上设备就发出制动命令，使列车自动地制动。

此外，检测列车位置、停车点防护、临时限速、自动折返、车门控制、记录司机操作等也由 ATP/ATO 系统实现。

四、行车调度指挥及其实现

行车调度指挥主要包括列车跟踪、列车运行实际的自动记录、时刻表管理、自动排列进路、列车运行自动调整，这些都由 ATS 系统实现。

ATS 系统在 ATP 和 ATO 系统的支持下，根据运行时刻表完成对列车运行的自动监控，可自动或由人工监督和控制正线（车辆段、试车线除外），以及向调度员和外部系统提供信息。

此外还有列车运行和设备状态自动监视、调度员操作与设备状态记录、运行数据统计及报表自动生成、运输计划管理、输出及统计处理、实现沿线设备及列车与控制中心之间的通信、列车车次号自动传递、车辆行程及乘务员管理、系统故障复原处理、列车运行模拟及培训、乘客向导信息显示等，也由 ATS 系统实现。

任务五　了解我国城市轨道交通信号技术的发展

我国城市轨道交通信号，其发展大致经历了 3 个阶段：初创阶段、过渡阶段和发展阶段。

一、初创阶段

我国的地铁信号系统是随北京地铁的兴建而起步的。1965 年 7 月 1 日，我国第一条地下铁道——北京地铁一期工程动工兴建，1971 年通车。

信号基础设备包括电气集中、移频自动闭塞、机车信号和自动停车、单轨条轨道电路，以及与此配套的信号电源屏、扼流变压器、信号机、转辙机等。同时还研制了配套的调度集中成套设备，以及 ATP、ATO 设备等。整个系统的研制在起步阶段接近国际先进水平。但调度集中、自动驾驶等，由于工艺及质量问题，很难正常使用，旅客向导系统只有有线广播，没有与列车到、发时刻连接，性能较差。

1. 自动闭塞

轨道电路采用的是我国自行开发并首次应用的由电子元器件制成的移频轨道电路。采用的是"红、红、黄、绿"的双红灯带保护区段的三显示方式，按照 90 s 行车间隔设计。

移频轨道电路采用了 7 种信号频率，能够向列车传送 7 种信息，是当时同类信号设备所无法比拟的。

2. 调度集中

1971 年，在北京地铁一期工程全线及古城车辆段开通使用我国自行开发的直流脉冲制调度集中系统（CTC）。1984 年进行了大修，并继续使用到 1996 年。

3. 列车自动驾驶

列车自动驾驶（ATO）从 1969 年 10 月起在北京地铁一期线路上试运行达 4 年之久。

主要设备包括：地面信息接收子系统、双通道测速子系统、控制逻辑和比较子系统、轻径补偿子系统、定点停车控制曲线发生子系统、地面传感器子系统、与车辆的接口系统，设备主要采用磁放大器、晶体管、小规模集成电路和函数发生器等。

4. 继电联锁

鉴于北京地铁车站线路简单，为简化设备配置，各车站采用了非定型继电联锁，车辆段则采用 6502 继电联锁。

就当时而言，技术起点还是比较高的，完全独立自主地为中国第一条地铁提供了一整装备，并确保了随后 20 多年的安全运营。

二、过渡阶段

1. 早期自主开发的行车指挥与列车运行自动化系统

1971 年，北京地铁二期工程即环线开始进行建设，要求在环线采用"行车指挥与列车运行自动化"系统，即 ATC 系统。该系统由两部分组成，一部分是行车指挥自动化系统，也就是 ATS 系统，它由控制计算机子系统和调度集中子系统组成，继电联锁为其终端设备；另一部分是列车运行自动化系统。

ATS 控制计算机软、硬件的设计，进行了为期 3 年左右的技术攻关，但因为我国当时元器件的问题而无法实现。

列车运行自动化系统以 IC 组件为主体，ATP 与 ATO 一体化，取得了较好的现场实验效果。

调度集中子系统采用调相制传输，由半导体分立元件组成。从 1974 年开始，经一个总机三个分机的功能样机试验，并经铁道部鉴定，于 1984 年 9 月开通使用直至 1990 年。

1986 年，北京地铁通过引进消化，研制出一套机车信号系统，并用这套系统替换了全部机车信号，从而提高了车载设备的可靠性。

2. 北京地铁环线调度集中技术改造

1990 年北京地铁对环线调度集中进行了技术改造，研制"微机调度集中系统"，并于 1993 年开通使用。微机调度集中的控制中心计算机系统由一主多从的分布式微机网络构成，主机为待机方式。除主机外，按功能划分为 6 个工作站。车站计算机系统采取主、从热备方式工作。通道构成方式为二主机各自享有 4 线式独立通道并共用接口。

"微机调度集中系统"的主要功能有：辅助行车调度员调整运行计划；计划运行图和实际运行图的显示及系统自检；在线机故障自动复零启动。

进路控制分二级，调度员集中控制各站进路，也可下放各站自控。

该调度集中的功能和技术指标已经超出传统 CTC 系统很多，距现在普遍采用的 ATS 的性能只有一步之遥。

3. 新型 ATP 车载子系统的研制与生产

1998 年，北京地铁对环线车载设备进行了改造，自主开发了 LCF-100DT 型 ATP 车载项目。1999 年通过了北京市科委主持的技术鉴定。并于 2000 年在北京地铁环线进行批量运用。该设备的最大特点是通用性高、兼容性强，可以接收北京地铁环线的移频轨道电路信息和 1 号线 FS－2500 轨道电路信息。2001 年，对 LCF－100DT 型 ATP 车载设备进行软件的修改和与车辆接口的重新设计，目前已有 3 组车 6 套设备在 1 号线应用。2001 年年底，LCF－100DT 型 ATP 车载设备与 WG－21A 无绝缘轨道电路在大连快轨 3 号线的投标中中标，共 10 组车 20 套设备。

LCF－100DT 型 ATP 车载设备的主要功能如下。

① 防止列车超速运行。列车一旦超速立即报警 3 s，如司机没有确认及采取制动操作，则系统将控制列车以全常用制动使车速降至允许范围以内再缓解；如果司机及时按压确认按钮并采取制动措施使车速降至允许速度以下，系统将维持正常状态；若司机已进行超速制动操作，但因制动力不足导致车速未降或降速不够，则 ATP 将自动实施紧急制动使列车停车。

② 若机车信号出现"黄＋红"显示（前方信号机为第 1 红灯），ATP 车载子系统将报警 3 s，同时以全常用制动使列车停于第 1 红灯区段前方，等待机车信号显示允许信号后，列车才能缓解启动。此种情况下，司机也可以在第 1 红灯前停车后再按压确认按钮，等列车缓解后以不大于 20 km/h 的防护速度将列车运行到第 2 红灯区内。

③ 当机车信号显示红灯时，ATP 车载子系统立即实施紧急制动使列车停车。

④ 当机车信号显示白灯时，表示地面信息中断或 ATP 车载设备故障，表明 ATP 车载设备应当停止监控。此时将报警 5 s，若司机没有及时按压确认按钮，ATP 设备将采取全常用制动停车；如司机及时进行了确认，则 ATP 车载子系统将停止工作，由司机小心驾驶列车回车辆段。

⑤ ATP 车载子系统将记录各次紧急制动及发生时间。

其主要技术特点如下：

① 车载计算机采用微机系统，按双机双工冗余方式工作。

② 控制方式为阶梯式。

③ 信息接收装置采用数字化通用型设备，可适用于接收各种轨道电路信息，采用 DSP 数字信号处理技术。

④ 测速采用独立双通道，2 套速度传感器安装在不同转向架的 2 个轴上，按高速值优先选取。

⑤ 防止列车非正常后退，退行距离大于 3 m 或退行时间大于 5 s 时采取紧急制动。

4. 国际先进信号系统的引进

由于我国地铁建设速度较慢，使得国产信号设备技术水平较低，只能提供配套设备，系统的研制条块分割，不能提供一体化的完整系统。因此，当进入 20 世纪 90 年代后，随着改革开放的深入，经济的快速发展，城市人口的膨胀，我国开始了建设城市轨道交通的高潮，而在这种情况下，没有合适的国产地铁信号系统可用。再加上建设地铁向外国贷款，但利用外资的附加条件是必须购买贷款国设备，因此我国地铁建设纷纷引进国外先进的地铁信号设备。

随着地铁客流量的增长，北京地铁 1 号线将 5 min 间隔缩短到 2 min，传统的信号系统已不能满足高密度行车的要求，存在诸多问题，亟须改造。于是 1989 年从美国西屋公司引进 ATC 系统（包括 ATP、ATO、ATS），FS - 2500 无绝缘轨道电路，联锁采用国产 6502 电气集中，实现了自动排列进路、列车超速防护等功能，运行间隔 2 min，将 4 辆编组扩大到 6 辆编组。信号机、转辙机及车辆段轨道电路为国产设备。

鉴于北京复八线与 1 号线既有线路贯通运营，复八线信号系统必须与 1 号线既有信号系统兼容，复八线仍采用美国西屋公司的列车自动控制系统（ATC），其中包括列车自动监控子系统（ATS）、列车自动防护子系统（ATP）和列车自动运行子系统（ATO）。另外，配套了国产的继电联锁设备、车站计算机联锁设备和信号微机监测设备等。

ATC 系统的引进拉近了我国地铁信号装配水平与国际上的距离，取得了较好的效果。

① 首次采用无绝缘轨道电路，既省去了大量切割钢轨和装设绝缘节的麻烦，避免了许多由绝缘不良带来的故障，提高了轨道电路的可靠性，又可向车载设备提供更多信息，提高了行车的安全性和可靠性。其中西屋公司的 FS - 2500 型无绝缘轨道电路是当时同类轨道电路中的最佳品牌之一。

② 首次采用双套智能型 ATP 车载装置，大大增强了车载设备的功能和可靠性，在我国首次实现了司机按机车信号而不是按地面信号行车，有效地保障了列车运行的安全。

③ 首次实现了由小型计算机系统自动调度列车运行及自动排定列车进路，大幅度提高了调度工作的效率和列车运行的效率。

④ 首次实现了列车自动驾驶，为进一步完善相关软件以实现最佳的列车运行铺平了道路。

由于 ATC 系统的采用，中国地铁的整体技术水平上了一个台阶，列车运行呈现出全新的面貌，实现了 2 min 的运行间隔，大大提高了地铁列车的运行效率和运输能力。此后不久，对部分设备实施了国产化，取得了较好的效果。

三、发展阶段

从 1994 年至今，我国城市轨道交通建设进入了快速发展期，伴之而来的是信号设备的大规模引进。广州、上海、深圳、重庆和南京等轨道交通项目的信号系统先后采用了德国西门子公司、美国 US&S 公司、法国阿尔斯通公司和日本信号公司等各具特色的 ATC 系统。这些 ATC 系统具有以下特点。

（1）首次采用报文式数字轨道电路，可向车载设备传送更多信息。

（2）数字轨道电路可以不断传送大量信息，因而运行中的车载设备能够根据这些不断更新的信息随时计算与前行列车的距离，从而确定本身的追踪速度。

（3）ATC 系统的子系统 ATS 采用微机及其网络，任务按工作站分配，其局部网络均为高速以太网，中心与车站之间则采用由通信专业提供的高速传输网，信息出入均经多位 CRC 校核，因而进一步确保了整个系统的可靠性和安全性。

上海地铁 2 号线引进美国 US&S 公司的 ATC 系统，包括 ATP、ATO、ATS、AF - 904 数字轨道电路。列车检测和 ATP 信息主要靠 AF - 904 实现。追踪间隔 100 s，按 8 节编组设计，初期采用 6 节编组。信号机、转辙机以及车辆段的计算机联锁和电缆为国产设备，其余全部采用进口设备。天津滨海轻轨也采用这一 ATC 系统。

上海轨道交通 5 号线（莘闵轻轨线）采用了德国西门子公司的设备。轨道电路采用 TGS 音频无绝缘轨道电路，用 S - bond（S 棒）电气隔离接头进行分割，轨道电路具有 4 个频率。系统经数据传输点（轨道耦合线圈）点式向车载设备传输信号和线路信息，也可用环线进行连续传输。联锁采用西门子公司的计算机联锁系统和 3 取 2 的工作方式，并采用了分散式设备接口模块。ATC 采用点式发码非连续式地对车通信，车载设备为 2 取 2 方式，系统基于目标距离控制方式。

广州地铁 1 号线引进德国西门子公司的 ATC 系统，包括 ATP、ATO、ATS 及正线 SI - CAS 计算机联锁和 FTGS 数字轨道电路。ATP 采用连续追踪控制单元，电码有效长度为 136 位，速度控制为速度距离模式曲线控制方式。追踪间隔 90 s。ATO 系统由车地通信系统、精确停车同步环线和车载设备组成。ATS 中心由以太网构成分布式计算机系统，采用双机热备方式，中心与车站通信采用 OTN 开放传输网。车辆段电气集中、信号机、转辙机、控制中心模拟屏、直流电源及电缆为国产设备。广州地铁 2 号线、深圳地铁 1 号线、南京地铁 1 号线也采用这一 ATC 系统，只是车辆段不再采用 6502 电气集中，而采用国产计算机联锁。

我国地铁建设采用引进设备后，大大缩短了运行间隔，提高了安全程度和通过能力，但引进的 ATC 系统在我国的应用效果不像在国外那么好，原因是多方面的，如国内电源的质量、道岔的结构、轨道的施工工艺等。而且，国外引进的设备带来了诸多问题。

① 造价昂贵，耗资巨大，同时要花费大量资金用于设备维修和更新，很难产生良好的经济效益和社会效益，也难免受制于人。

② 返修渠道不畅，维修成本太大，备品备件得不到保证，维修十分困难。

③ 制式混杂，给路网的扩展、管理带来极大的困难。

我国从 1999 年年初开始推行城市轨道交通设备的国产化政策。其主要目的在于降低建设投资，使国家及地方在财力上能够承受。另一个目的是充分吸收借鉴国外的先进技术，同时研制开发具有自主知识产权的城市轨道交通相关技术并进行本土化生产制造，大大提升中国城市轨道交通行业的技术水平并逐步减少对国外产品的依赖。

应该看到，我国已经引进了不同制式、不同水平的多种 ATC 系统，但要在短期内全面掌握并生产这些设备还有一定困难。因此，信号系统的引进仍会继续。

大连快速轨道 3 号线信号系统则为全国产化信号系统，包括调度集中系统、列车自动防护及计算机联锁系统、试车线信号系统、道口信号系统、车辆段计算机联锁系统。调度集中 CTC 系统，包括控制中心设备和车站 RTU（CTC 分机）设备。列车自动防护采用 LCF - 100DT 型 ATP 车载设备。正线采用 WG - 21A 型无绝缘轨道电路，信息码为：0/0、28/0B、28/0A、28/0、93/0、28/26、58/0、79/0、58/26、58/56AT、58/56LC、79/56、79/77AT、79/77LC、93/56、93/77、93/91AT、93/91LC。道岔区段采用 50 Hz 电子相敏轨道电路，用 ATP 速度码发送环线连续向车载 ATP 发送速度信息。采用点式应答器，作为车载电子地图校核设备，以提高司机驾驶精度和全线旅行速度。正线车站采用 DS6 - 11 型计算机联锁，车辆段采用 TYJL - Ⅱ型计算机联锁系统。

任务六　了解城市轨道交通信号系统的发展趋势

近 20 多年来，在城市轨道交通市场激烈竞争的压力下，各国系统供货商，特别是发达国家的系统供货商为实现超前领先技术，争夺有限市场份额，积极采用新技术，大量投入以研发新型系统设备，大幅度提高了城市轨道交通信号设备的装备水平，新型技术系统不断涌现。

一、城市轨道交通信号技术发展趋势

1. 故障—安全技术的发展

随着计算机技术、微电子技术和新材料的发展，"故障—安全"技术得到了飞速发展。高可靠性、高安全性的"故障—安全"核心设备出现了"2 取 2""2 乘 2 取 2"和"3 取 2"等不同结构形式，其同步方式有软同步和硬同步。

"故障—安全"技术的提高为高可靠和高安全的城市轨道交通信号系统的发展打下坚实的基础。

2. 高水平的实时操作系统开发平台的应用

实时操作系统 RTOS（Real Time Operation System）是当今流行的嵌入式系统的软件开发平台。RTOS 最关键的部分是实时多任务内核，它的基本功能包括任务管理、定时器管理、存储器管理、资源管理、事件管理、系统管理、消息管理、队列管理、旗语管理等，这些管理功能是通过内核服务函数形式交给用户调用的，也就是 RTOS 的应用程序接口 API（Application Programming Interface）。在轨道交通、航空航天及核反应堆等安全性要求很高的系统中引入 RTOS，可以有效地解决系统的安全性和嵌入式软件开发的标准化难题。随着嵌入式系统中软件应用程序越来越大，对开发人员、应用程序接口、程序档案的组织管理成为一个大的课题。在这种情况下，如何保证系统的容错性和"故障—安全"性成为一个亟待解决的难题。基于 RTOS 开发出的程序，具有较高的可移植性，可实现 90% 以上设备独立，从而有利于系统"故障—安全"性的实现。另外，一些成熟的通用程序可以作为专家库函数产品推向社会，嵌入式软件的函数化、产品化能够促进行业交流及社会分工专业化，减少重复劳动，提高知识创新的效率。

采用实时操作系统可以满足如下要求。

① 提高系统的安全性。

实时操作系统可以成为整个软件系统的中间件，即实时操作系统通过驱动程序与底层硬件相结合，而上层应用程序通过 API 和库函数与实时操作系统相结合。实时操作系统完成系统多任务的调度和中断的执行，这样系统的安全模块和非安全模块将会得到有效的隔离，RTOS 可以很好地解决硬件冗余模块的同步问题。

② 满足系统实时性的要求。

列车运行控制系统要求的是硬实时响应，实时性要求非常高，如果在系统中选用实时操作系统开发该系统的软件，会对该系统的实时性指标的提高有很大帮助。

③ 缩短了新产品的开发周期。

由于 RTOS 提供了系统中的多任务调度、管理等功能，在此基础上用户只需开发与应用相关的应用程序，所以缩短了新产品的开发周期，降低了设备的成本。RTOS 还具有开发手段可靠、检测手段完善等特点。充分发挥实时操作系统可移植性、可维护性强的优势。采用 RTOS 后，一旦系统需要升级，只需改动少量程序，而不像以前系统需要重新进行设计，体现出 RTOS 再开发周期短，升级能力强的优点。

3. 数字信号处理新技术的应用

随着轨道交通的发展，基于分立元器件和模拟信号处理技术的传统信号设备越来越满足不了工程实用性、运输安全性和实时性的要求。因此，在信号系统设备中全面引进计算机技术，利用计算机的高速分析计算功能，来提高信号设备的技术水平已非常紧迫。数字信号处理技术 DSP（Digital Signal Processing）的出现为信号信息处理提供了很好的解决方法。

4. 计算机网络技术的发展

随着计算机网络技术的飞速发展，实施城市轨道交通信号系统网络化是城轨运输综合调度指挥的基础。在网络化的基础上实现信息化，从而实现集中、智能管理。

1）网络化

现代轨道交通信号系统不是各种信号设备的简单组合，而是功能完善、层次分明的控制系统。系统内部各功能单元之间独立工作，同时又互相联系，交换信息，构成复杂的网络化结构，使指挥者能够全面了解辖区内的各种情况，灵活配置系统资源，保证轨道交通的安全、高效运行。

2）信息化

以信息化带动城市轨道交通产业现代化，是城市轨道交通发展的必然趋势。全面、准确获得线路上的信息是列车安全运行的保证。

3）智能化

智能化包括系统的智能化与控制设备的智能化。系统智能化是指上层管理部门根据轨道交通的实际情况，借助先进的计算机技术来合理规划列车的运行，使整个轨道交通运输达到最优化；控制设备的智能化则是指采用智能化的执行机构，来准确、快速地获得指挥者所需的信息，并根据指令来指挥、控制列车的运行。

5. 通信技术与控制技术相结合

随着计算机技术（Computer）、通信技术（Communication）和控制技术（Control）的飞跃发展，向传统的以轨道电路作为信息传输载体的列车运行控制系统提出了新的挑战。综合利用 3C 技术代替轨道电路技术，构成新型列车控制系统已成必然。用 3C 技术代替轨道电路的核心是通信技术的应用，目前计算机和控制技术已经渗透到列控系统中，称为"基于通信的列车运行控制系统" CBTC（Communication Basedtrain Control）。

CBTC 系统具有两个基本特点。

① 列车与地面之间有各种类型的无线双向通信。可分为连续式和点式的，还可分为短距离传输（指 1 m 以内）和较长距离传输（远至几千米至几十千米）的移动无线通信。

② 仍然保留闭塞分区的概念，其中最简易方式的 CBTC 仍采用固定的闭塞分区，但是闭塞分区的分隔点不是用轨道电路的机械绝缘节或电气绝缘节，而是用应答器、计轴器或其

他形式能传送无线信号的装置构成分隔点，这种简易形式仍然保留固定长度的闭塞分区 FAS（Fixed Autoblock System），简称 CBTC-FAS。

进一步发展的 CBTC 不是固定闭塞分区的，而是移动闭塞的分区 MAS（Moving Autoblock System），简称 CBTC-MAS。

6. 通信信号一体化

随着当代城市轨道交通的发展，通信信号系统发生了重大变化，车站、区间、列车控制及行车调度指挥自动化的一体化，通信信号系统的相互融合，冲破了功能单一、控制分散、通信信号相对独立的传统技术理念，推动了通信信号技术向数字化、智能化、网络化和一体化的方向发展。

7. 安全性与可靠性分析理论的广泛应用

为保证轨道交通运输的安全，要求信号系统具有高可靠性和高安全性。安全评估理论的建立与推广为定量评估信号系统的可靠性和安全性提供了重要手段。

在"故障—安全"理论的发展上，20 世纪 90 年代初，国际电工委员会 IEC（International Electrician Committee）将"故障—安全"的概念进行了量化，制定了安全相关系统的设计和评估标准 IEC 61508，该标准提出了安全相关系统的"安全完整度等级 SIL（Safety Integritylevel）"的概念，它是一个对系统安全的综合评估指标。

IEC 61508 对安全系统提出了如下要求。

功能性（Functionality），包括容量和响应时间。

可靠性和可维护性（Reliability and Maintainability）。

安全（Safety），包括安全功能和它们相关的硬件/软件安全完整性等级（Safety Integritylevel，SIL）。

效率性（Efficiency）。

可用性（Usability）。

轻便性（Portability）。

随后欧洲和日本相应地以 IEC 61508 标准为基础，制定了相关的信号系统的设计评估标准及安全认证体系。

欧洲电工标准委员会（CENELEC）以 IEC 61508 标准为基础，附加列车安全控制系统的技术条件制定了一些安全相关系统开发和评估的参考标准。这些标准包括如下方面。

EN - 50126 铁路应用：可信性、可靠性、可用性、可维护性和安全性（RAMS）规范和说明。

EN - 50129 铁路应用：信号领域的安全相关电子系统。

EN - 50128 铁路应用：铁路控制和防护系统的软件。

EN - 50159.1 铁路应用：在封闭传输系统中的安全通信。

EN - 50159.2 铁路应用：在开放传输系统中的安全通信。

1996 年 3 月，日本铁道综合技术研究所颁布了"列车安全控制系统的安全性技术指南"，该标准也是以 IEC 61508 为基础，并吸收了日本计算机控制的铁道信号系统的经验而制订的。

8. 信号系统的规范化和标准化

随着全球经济一体化的发展，城市轨道交通信号系统市场也出现了全球一体化，主要体现在技术规范和安全规范的全球化，如 CBTC。

"统一规范、统一标准"是城市轨道交通信号系统的发展方向。信号系统的规范化和标准化的制定，体现了以下优势。

（1）新产品开发费用低。

（2）由于规范化和标准化的制定考虑了系统的连续性，所以新产品能与老系统兼容。

（3）规范明确定义所有接口（机械、电器、逻辑）标准，系统实现了模块结构。从而实现设备的互通互联。

（4）公开规范和标准，开放市场，促进竞争，降低成本，以获取最佳产品和最优价格。

二、代表技术发展方向的城市轨道交通信号系统

CBTC 是基于通信的列控系统，该系统的使用代表着目前世界上列车运行控制系统的发展趋势，是近年来国际、国内城市轨道交通领域认可采用的一种移动闭塞方式。

基于通信的列控（CBTC）系统是一种采用先进的通信、计算机技术，连续控制、监测列车运行的移动闭塞方式的列车控制系统。它摆脱了用轨道电路判别列车对闭塞分区占用与否的限制，突破了固定（或准移动）闭塞的局限性。较以往系统具有更大的优越性，具体体现如下。

（1）实现列车与轨旁设备实时双向通信且信息量大。

（2）可减少轨旁设备，便于安装维修，有利于紧急状态下利用线路作为人员疏散的通道，有利于降低系统全寿命周期内的运营成本。

（3）便于缩短列车编组、高密度运行，可以缩短站台长度和端站尾轨长度，提高服务质量，降低土建工程投资；实现线路列车双向运行而不增加地面设备，有利于线路故障或特殊需要时的反向运行控制。

（4）可适应各种类型、各种车速的列车，由于移动闭塞系统基本克服了准移动闭塞和固定闭塞系统地对车信息跳变的缺点，从而提高了列车运行的平稳性，增加了乘客的舒适度。

（5）可以实现节能控制、优化列车运行统计处理、缩短运行时分等多目标控制。

（6）采用高速数据传输方式的系统，将带来信息利用的增值和功能的扩展，有利于现代化水平的提高。

（7）确立"信号通过通信"的新理念，使列车与地面（轨旁）紧密结合、整体处理，改变以往车地相互隔离、以车为主的状态。这意味着车地通信采用统一标准协议后，就有可能实现不同线路间不同类型列车的联通联运。所谓联通联运对于信号系统而言，主要是指某系统的地面设备可以与另一系统的地面设备互联，系统的车载设备可以与另一系统的地面设备协同工作，同一列车首尾的不同厂家的车载设备可以在同一线路上实施列车运行控制。

（8）由于移动闭塞系统具有很高的实时性和响应性的要求，因此，其对系统的完整性要求高于其他制式的闭塞方式，系统的可靠性也应具有更高要求。

（9）系统传输的可靠性和安全性是系统关注的核心，尤其是利用自由空间波传输信息的基于无线的移动闭塞系统，其可靠性和安全性的要求更高。

项 目 小 结

本项目主要介绍了城市轨道交通信号设备的特点和要求，主要包括城市轨道交通区别于铁路和城市道路交通的主要特点。还介绍了城市轨道交通信号系统的组成，城市轨道交通的信号系统通常由列车运行自动控制系统（ATC）和车辆段信号控制系统两大部分组成，主要完成列车进路控制、列车间隔控制、调度指挥、信息管理、设备工况监测及维护管理，构成了一个高效的综合自动化系统，学习该内容时要了解列车运行自动控制系统的组成和基本作用，同时要熟悉车辆段联锁设备的概况。

习题

一、单选题

1. 城市轨道交通均为（　　　　），要求信号设备对其有较强的抗干扰能力。

A. 直流电力牵引　　　　　　　　　　　B. 交流电力牵引

C. 交直流电力牵引　　　　　　　　　　D. 整流电力牵引

2. 城市轨道交通的列车运行速度远低于铁路干线的列车运行速度，最高运行速度通常为（　　　　）km/h，所以，信号系统可以采用速率较低的数据传输系统。

A. 140　　　　　　　B. 120　　　　　　　C. 100　　　　　　　D. 80

3. （　　　　）用于转换道岔。

A. ATS 分机　　　　　B. 维修终端　　　　C. 转辙机　　　　　D. 联锁设备

4. 控制中心设备属于（　　　　）子系统。

A. ATS　　　　　　　B. ATP　　　　　　　C. ATO　　　　　　　D. ATC

5. 调度员及调度长工作站用于（　　　　）。

A. 行车调度指挥　　　　　　　　　　　B. 监视列车运行情况

C. 编制运行计划　　　　　　　　　　　D. 输出运行图

二、多选题

1. 列车运行自动控制系统（ATC）包括（　　　　）等系统。

A. 列车自动防护（ATP）　　　　　　　B. 列车自动运行（ATO）

C. 列车自动监控（ATS）　　　　　　　D. 联锁运行线 ATC 系统

E. 车辆段信号控制系统

2. 中心计算机系统包括（　　　　）及各自的外部设备。

A. 控制主机　　　　B. 通信处理器　　　C. 数据库服务器　　　D. 局域网

E. 综合显示屏

3. 列车自动运行子系统（ATO）中的地面设备包括（　　　　）。

A. 轨道电路设备　　　　　　　　　　　B. 计轴器

C. 站台电缆环路　　　　　　　　　　　D. 车地通信设备（TWC）

E. 接口设备

4. 随着（　　　）的飞跃发展，向传统的以轨道电路作为信息传输载体的列车运行控制系统提出了新的挑战。

A. 电力技术　　　　　　　B. 计算机技术　　　　C. 通信技术　　　　　D. 控制技术

E. 多媒体技术

5. 我国城市轨道交通信号技术的发展大致经历了 3 个阶段，即（　　　　）。

A. 初创阶段　　　　　　　B. 过渡阶段　　　　　C. 发展阶段　　　　　D. 停滞阶段

E. 再发展阶段

三、判断题

1. 城市轨道交通的车辆段要进行车辆检修、停放及大量的列车编解、接发车和调车作业。（　　　）

2. 当前采用的转辙机均为电动转辙机，有直流、交流两种类型。（　　　）

3. 城市轨道交通的动力、照明供电尤为重要，一旦供电中断，将陷入整体瘫痪状况。（　　　）

4. 在站台的适当位置设乘客向导显示牌，用于显示接近列车的到站时间等。（　　　）

5. 集中联锁站设多台 ATS 分机，用于采集车站设备的信息，接收控制命令，实现车站进路的自动控制。（　　　）

四、思考题

1. 城市轨道交通信号系统的特点有哪些？

2. 城市轨道交通信号系统的设备分布如何？

3. 列车运行自动控制系统包括哪些子系统？其功能分别是什么？

4. 当前我国城市轨道交通信号系统的发展情况如何？

5. 城市轨道交通信号技术的发展趋势是什么？

项目二

信号基础设备

【知识目标】

- 熟悉理解继电器的作用、分类和基本工作原理
- 了解信号的含义、固定信号分类
- 了解透镜式信号机、LED 信号机的组成结构和技术要求
- 熟悉进站（进路）、出站、调车的信号机设置、命名及显示意义
- 熟悉信号机构的组成
- 了解道岔的组成，转辙机的作用、要求、分类及设置
- 理解轨道电路的作用、基本原理、分类
- 了解计轴系统的原理
- 了解地面和车载应答器的作用

【能力要求】

- 能认识各种继电器的结构
- 懂得继电器工作原理
- 能明确铁路信号的含义
- 明确信号机的设置及显示意义
- 知道信号机构的分类及组成
- 知道转辙机的动作原理
- 清楚转辙机的作用
- 知道轨道电路的结构
- 懂得各种轨道电路的工作原理

任务一　认识继电器

一、继电器原理

继电器是一种电磁开关，是实现自动控制和远程控制的重要设备。根据电磁原理，随着衔铁的动作，动接点与静接点接通或断开，从而实现对其他设备的控制。

继电器类型很多，但均由电磁系统和接点系统两部分组成。电磁系统主要包括线圈、铁心、衔铁等，接点系统由动接点和静接点组成。

最简单的电磁继电器的基本原理如图2-1（a）所示。它就是一个带接点的电磁铁，其动作原理也与电磁铁相似。当给线圈中通以一定数值的电流后，在衔铁和铁心之间就产生一定数量的磁通，该磁通经铁心、衔铁、轭铁和气隙形成一个闭合磁路，铁心对衔铁就产生了吸引力。吸引力的大小取决于所通电流的轭铁大小。当电流增大到一定值时，吸引力增大到能克服衔铁向铁心运动的阻力时（主要是衔铁自重），衔铁就被吸向铁心；当线圈中没有电流时，衔铁由于重力作用被释放。由衔铁带动的动接点（随衔铁一起动作的接点）也随之动作，与动合接点（前接点，以下称前接点）接通。此状态称为继电器励磁吸起（以下简称吸起）。可见，继电器具有开关特性，可利用它的接点通、断电路构成各种控制和表示电路。如图2-1（b）所示的信号点灯电路，前接点接通时点亮绿灯，后接点接通时点亮红灯。

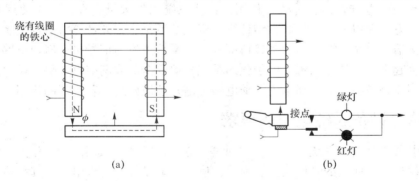

图 2-1　电磁继电器的基本原理

二、继电器的作用

继电器具有继电特性，能以极小的电信号来控制执行电路中相当大功率的对象，能控制数个对象和数个回路，能控制远距离的对象。由于继电器的这种性能给自动控制和远程控制创造了便利的条件，所以，它广泛应用于国民经济各部门的生产过程控制和国防系统的自动化和远动化之中，也广泛应用于铁路信号的各个方面。

故障—安全原则是铁路信号设备必须遵循的原则，当系统任何部分发生故障时，应确保系统的输出处于安全状态。随着电子技术的迅速发展，电子器件尤其是计算机以其速度快、体积小、容量大、功能强等技术优势，在相当大程度上逐渐取代继电器，构成自动控制和远程控制系统，使技术水准大大提高。但与电子器件相比，继电器仍存在一定优势，尤其是具有故障—安全性能，因此，不仅现在，而且在未来一定时期内，继电器在铁路信号领域仍将起着重要作用。例如，在计算机联锁设备中，尽管以计算机为核心，但仍采用继电器电路作为系统主机与信号机、轨道电路、转辙机的接口电路。

目前铁路信号设备中，继电器的作用主要表现在以下几个方面。

1）表示功能

利用不同继电器表示轨道区段的占用和空闲，信号机的开放和关闭，道岔是否在规定位置，区间是否闭塞等。例如，车站每组联锁道岔均设置定位表示继电器和反位表示继电器，当它们吸起，分别表示该道岔在定位或在反位，进而实现控制台的表示及有关设备间的相互控制。

2）驱动功能

车站联锁设备的主要被控对象是信号机和转辙机，不论车站采用继电联锁还是计算机联锁，均利用继电器控制相应设备。例如，车站的联锁道岔控制电路中设有定位操纵继电器和反位操纵继电器，当满足条件，有关继电器吸起时，能够驱动道岔正向定位或反位转换。

3）逻辑功能

在继电联锁设备及继电半自动闭塞设备中，利用继电电路实现有关逻辑关系，以保证车站和区间的行车、调车作业安全。例如，当单线半自动闭塞区间有列车运行时，利用继电半自动闭塞电路控制两相邻车站的有关出站信号机不能开放，使车站不能再向区间发出其他列车，保证列车在区间的行车安全。

目前，信号继电器在以继电技术构成的系统中，如继电集中联锁、继电半自动闭塞、继电式驼峰自动集中等方面，起着核心作用，这些系统仍然大量存在，还将使用相当长的时间。而信号继电器在以电子元件和微型计算机构成的系统中，如计算机联锁、多信息自动闭塞、通用机车信号等系统中，作为其接口部件，将系统主机与信号机、轨道电路、转辙机等执行部件结合起来。虽然已出现全电子化的系统，但要全部取消继电器仍然需要相当长的时间。所以，不仅是现在，而且在未来，继电器在信号领域始终起着重要的作用。

三、信号设备对继电器的要求

信号继电器作为信号系统中的主要（或重要）器件，它在运用中的安全、可靠就是保证各种信号设备正常使用的必要条件。为此，信号设备对继电器提出了极其严格的要求，具体如下。

（1）动作必须可靠、准确。

（2）使用寿命长。

（3）有足够的闭合和断开电路的能力。

（4）有稳定的电气特性和时间特性。

（5）在周围介质温度和湿度变化很大的情况下，均能保持很高的电气绝缘强度。

四、信号继电器分类

继电器类型繁多，信号继电器种类也不少，可按不同方式分类。

1. 按动作原理分类

按动作原理分类，可分为电磁继电器和感应继电器。

电磁继电器是通过继电器线圈中的电流在磁路的气隙（铁心与衔铁之间）中产生电磁力，吸引衔铁，带动接点动作的。此类继电器数量最多。

感应继电器是利用电流通过线圈产生的交变磁场与另一交变磁场在翼板中所感应的电流相互作用产生电磁力，使翼板转动而动作的。

2. 按动作电流分类

按动作电流分类，可分为直流继电器和交流继电器。

直流继电器是由直流电源供电的，它按所通电流的极性，又可分为无极、偏极和有极继电器。直流继电器都是电磁继电器。

交流继电器是由交流电源供电的。它按动作原理不同，分为电磁继电器和有感应继电器。

整流式继电器虽然用于交流电路中，但它是用整流元件将交流电整流为直流电，所以其实质上是直流继电器。

3. 按输入量的物理性质分类

按输入量的物理性质分类，可分为电流继电器和电压继电器。

电流继电器反映电流的变化，它的线圈必须串联在所反映的电路中。该电路中必有所被反映的器件，如电动机绕组、信号灯泡等。

电压继电器反映电压的变化，它的线圈励磁电路单独构成。

4. 按动作速度分类

按动作速度分类，可分为正常动作继电器和缓动继电器。

正常动作继电器衔铁动作时间为 0.1～0.3 s。大部分信号继电器属于此类。

缓动继电器的衔铁动作时间超过 0.3 s。又分为缓吸型继电器和缓放型继电器。缓吸型继电器是利用脉冲延时电路或软件设定使之缓吸。缓放型继电器则利用短路铜环产生磁通使之缓动，主要取其缓放特性。

5. 按接点结构分类

按接点结构分类，可分为普通接点继电器和加强接点继电器。

普通接点继电器具有开断功率较小的接点能力，以满足一般信号电路的要求，多数继电器为普通接点继电器。

加强接点继电器具有开断功率较大的接点的能力，以满足电压较高、电流较大的信号电路的要求。

6. 按工作可靠程度分类

按工作可靠程度分类，可分为安全型继电器和非安全型继电器。

安全型继电器（N型）是无须借助于其他继电器，亦无须对其接点在电路中的工作状态进行监督检查，其自身结构即能满足一切安全条件的继电器，其特点如下。

（1）当线圈断电时，衔铁可借助于自身重量释放，从而使前接点可靠断开。

（2）选用合适的接点材料，构成非熔接性前接点，或采用能防止接点熔接的特殊结构（例如接熔断器、接点串联）。

（3）当一组不应闭合的后接点仍然闭合时，结构上能防止所有前接点闭合。

　　非安全型继电器（C型）是必须监督检查接点在电路中的工作状态，以保证安全条件的继电器，其特点如下。

　　（1）由于继电器在使用时已检查了衔铁的释放，因此不必采用非熔接性接点材料。

　　（2）当一组不应闭合的前接点仍然闭合时，结构上能保证所有后接点不闭合。反之亦然。

　　N型继电器主要依靠衔铁自身释放，故又称重力式继电器，C型继电器主要依靠弹簧弹力释放衔铁，故又称弹力式继电器。一般说来，N型继电器的安全性、可靠性高于C型继电器。

五、安全型继电器

　　我国信号设备中应用最为广泛的是AX系列继电器，其基本结构是直流无极继电器，其他类型继电器由无极继电器派生而出。下面以直流无极继电器和整流式继电器为例说明信号继电器的原理和应用。

1. 直流无极继电器

1）结构

　　直流无极继电器外观如图2-2所示，其结构如图2-3所示。直流无极继电器由直流电磁系统和接点系统两部分构成。电磁系统由线圈、铁心、轭铁、衔铁等组成。线圈通电后产生磁场，吸起衔铁；线圈断电时依靠重力作用使衔铁可靠释放。接点系统包括拉杆和接点组，接点组分为静止的前接点、后接点和固定在拉杆上的动接点。接点的接通情况可以反映继电器的状态，用于控制其他设备。直流无极继电器共有8组接点，彼此绝缘但动作一致。

图2-2　直流无极继电器

2）工作原理

　　当线圈通以直流电流后，产生磁通，经铁心、轭铁、衔铁和气隙，形成闭合磁路，因而使铁心对衔铁产生吸引力。当此吸引力增大到足以克服重锤片和拉杆等重力时，就能将衔铁吸向铁心，于是衔铁带动拉杆推动动接点向上动作，使动接点与前接点闭合，此时称为励磁状态（又称为吸起状态）。

　　当线圈中的电流减少或断电时，磁路的磁通随之减少，铁心对衔铁的吸引力相应减少，当吸引力不足以克服重锤片和拉杆的重力时，衔铁即释放，使动接点与前接点断开并与后接点闭合，此时称为失磁状态（又称为落下状态）。这种继电器的电源使用直流电，同时继电器的动作与通入线圈的电流方向无关，故称为无极继电器。

2. 整流式继电器

　　整流式继电器应用于交流电路中，其电磁系统、接点系统、动作原理与直流无极继电器相同，在直流无极继电器的基础上增加整流电路时，一般采用4个二极管组成的桥式整流电路（见图2-4），将交流电源整流后输入继电器线圈。安全型继电器有多种类型，可满足铁路信号电路的不同需求，经过现场几十年的运用考验，证明其安全可靠、性能稳定，是目前我国铁路信号的重要基础设备之一。

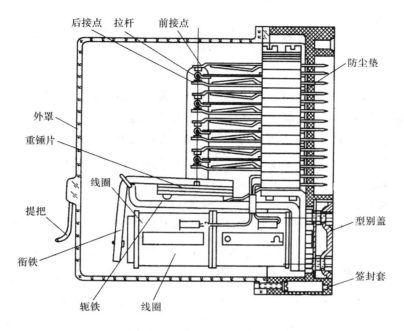

图 2-3 直流无极继电器结构示意图

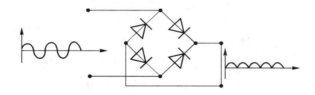

图 2-4 桥式整流电路

整流式继电器的线圈、整流器与电源片连接如图 2-5 所示。

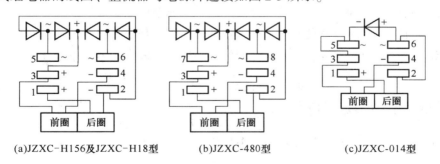

(a)JZXC-H156及JZXC-H18型　　(b)JZXC-480型　　　(c)JZXC-014型

图 2-5 整流式继电器的线圈、整流器与电源片连接

整流式继电器的接点系统的结构与无极继电器相同,零部件全部通用,只是接点的编号区别。

整流式继电器的动作原理与无极继电器相同,但由于交流电源通过整流后动作继电器在线圈中通入的是全波或半波的脉动直流电,其中存在交变成分,使电磁吸引力产生脉动,工作时发出响声,从而对继电器正常工作带来不利影响。

任务二　认识信号机

信号有广义和狭义两种含义。广义的信号是运输系统中保证行车安全、提高区间和车站通过能力及编解能力的手动控制、自动控制及远程控制技术的总称，它包括车站信号、区间信号、机车信号、道口信号等。狭义的信号是在行车、调车工作中，对行车有关人员指示运行条件而规定的物理特征符号。本项目讲述的信号指的是后者，而且是后者中的固定信号。

为指示列车运行及调车作业的命令，必须根据需要设置各种信号机和信号表示器，它们是各种信号系统中不可缺少的组成部分，用来形成信号显示，指示运行条件。信号显示方式及其使用，必须严格按《铁路技术管理规程》（以下简称《技规》）的规定执行。

目前，我国普遍采用色灯信号机，包括广泛使用的透镜式色灯信号机和新型的组合式色灯信号机及 LED 信号机，其他类型的信号机已逐渐被淘汰。

一、信号的含义

信号包括听觉信号和视觉信号。听觉信号又称音响信号，是用音响表示的信号，如用号角、口笛、机车鸣笛、响墩等发出的信号，它以音响的强度、频率和时间长短来表达信号含义。视觉信号是用颜色、形状、位置、显示数目及灯光状况表达的信号，如用信号旗、信号灯、信号牌、信号机、信号表示器、信号标志显示的信号。

视觉信号按信号机具是否移动分为手信号、移动信号和固定信号。手持信号旗或信号灯发出的信号，叫手信号。在地面上临时设置的可以移动的信号牌，叫作移动信号，如为防护线路施工地点临时设置的方形红牌、圆形黄牌等。为防护一定目标常设于固定地点的信号，叫固定信号，如设于地面的信号机和信号表示器等。在机车司机室内设置指示列车运行前方条件的信号，叫机车信号，它对于机车是固定的，也属于固定信号。

电务部门负责维护的信号是固定信号，包括地面固定信号和机车信号，其他各种信号机具由使用部门负责使用和维护。平时所说的信号一般专指固定信号，本节介绍的也只是固定信号。

二、禁止信号和进行信号

在我国，按照运营要求，采用以下基本信号。

（1）要求停车的信号。

（2）要求注意或减速运行的信号。

（3）准许按规定速度运行的信号。

要求停车的信号叫作禁止信号或停车信号，要求注意或减速运行的信号及准许按规定速度运行的信号，都叫作进行信号。

我国视觉信号的基本颜色是红色、黄色和绿色。其中红色信号的基本意义是停车，黄色信号是注意或减速运行，绿色信号是按规定速度运行。

三、固定信号分类

1. 按设置部位分类

按设置部位分类，可分为地面信号和机车信号。

地面信号是设于车站或区间固定地点的信号机或信号表示器，用来防护站内进路或区间闭塞分区及道口。机车信号设于机车驾驶室内，用来复示地面信号显示，以及逐步成为主体信号使用。

2. 按信号机构造分类

按信号机构造分类，可分为色灯信号机和臂板信号机。

色灯信号机是用灯光的颜色、数目及亮灯状态表示信号含义的信号机。它具有昼夜显示一致、占用空间小等特点，但需可靠的交流电源。色灯信号机按信号机构的构造又分为探照式、透镜式和组合式，以及 LED 式。

探照式色灯信号机以反射镜为集光器，其特点是一个灯位的信号机构可显示多种（一般为三种）灯光颜色，故又称为单灯信号机。其缺点是易发生卡阻引起信号显示升级，这是万万不允许的。探照式色灯信号机早已停产，也已停止使用。

透镜式色灯信号机是以凸透镜组为集光器的色灯信号机。透镜组由无色的外透镜和有色的内透镜组成，显示的颜色取决于内透镜的颜色。它的每个灯位固定一种颜色，多种颜色由多个灯位完成显示，故又称多灯信号机。其主要优点是结构简单、维修容易，因而使用很广泛。但其光系统存在一定的缺点，光通量不能充分利用，在曲线线段上不能连续显示。

组合式色灯信号机是为克服透镜式信号机的缺点而研制的新型信号机构。信号灯泡发出的光由反射镜会聚，经滤色片变成色光，再由非球面镜聚成平行光束，偏散镜折射偏散，能保证信号显示在曲线线段上的连续性。信号机构采用组合形式，一个灯位为一个独立单元，配一种颜色，使用时根据需要进行组合，故称为组合式色灯信号机。它是信号机比较理想的更新换代产品。

LED 色灯信号机用发光二极管取代的白炽灯泡和透镜组，采用铝合金机构组合而成，其显示距离远，寿命长，安全可靠，是节能、免维护的新型信号机。

臂板信号机是以臂板的形状、颜色、数目、位置表达信号含义的信号机。我国铁路规定：臂板呈水平位置为关闭，与水平位置向下夹 45° 角为开放，夜间则以臂板信号机上的灯光颜色与数目来显示。臂板信号机须通过机械装置由人工开放，也有通过电动机开放的，后者称为电动臂板信号机。臂板信号机存在较多缺点，难以自动化，不能构成现代化信号系统，正在与所从属的臂板电锁器联锁设备一起逐渐淘汰。

3. 按用途分类

按用途分类，可分为信号机和信号表示器两大类。

信号机是表达固定信号显示所用的机具，用来防护站内进路，防护区间，防护危险地点，具有严格的防护意义。信号机按防护用途的不同又可分为进站、出站、进路、调车、驼峰、遮断、预告、复示等信号机。另有设于铁路平交道口的道口信号机。

信号表示器是对行车人员传达行车或调车意图的，或对信号进行某些补充说明所用的器具，没有防护意义。信号表示器按用途又分为发车表示器、调车表示器、进路表示器、发车线路表示器、道岔表示器、脱轨表示器等。

4. 按地位分类

按地位分类，可分为主体信号机和从属信号机。

主体信号机是能独立地显示信号，指示列车或调车车列运行条件的信号机，如进站、出站、进路、通过、驼峰、调车等信号机。从属信号机是本身不能独立存在，只能附属于某种信号机的信号机，如预告信号机从属于进站信号机、所间区间的通过信号机、遮断信号机；复示信号机从属于进站、进路、出站、驼峰、调车等信号机。

5. 按停车信号的显示意义分类

按停车信号的显示意义分类，可分为绝对信号和非绝对信号（亦称容许信号）。

绝对信号是指当显示停止运行的信号时，列车、调车车列必须无条件遵守的信号显示。所有站内信号机的禁止信号显示均为绝对信号（但调车禁止信号对列车来说不作为停车信号）。非绝对信号是指列车在列车信号机显示红灯、显示不明或灯光熄灭时允许列车限速通过，并准备随时停车的信号。如自动闭塞区间的通过信号机显示停车信号时，列车必须在信号机前停车，司机应使用列车无线调度电话通知运转车长，通知不到时（如货物列车取消守车后无运转车长），鸣笛一长声，停车等候 2 min，若该信号机仍未显示进行信号，即以遇到阻碍能随时停车的速度继续运行，最高速度不超过 20 km/h，运行到次一通过信号机时，按其显示的要求运行。

6. 按安装方式分类

按安装方式分类，可分为高柱信号机、矮型信号机、信号托架和信号桥。

高柱信号机安装在信号机柱上，一般用于显示距离要求较远的信号机上。高柱信号机具有显示距离远、观察位置明确等优点。因此，为保证安全，提高效率，进站、正线出站、接车进路、通过、预告、驼峰等信号机必须采用高柱信号机。

矮型信号机设于建筑限界下部外侧的信号机基础上，一般用于显示距离要求不远的信号机上。因高柱信号机的设置受建筑限界的限制，另外应考虑信号机的设置不影响到发线有效长，站线出站、发车进路信号机和一般情况下的调车信号机等应采用矮型信号机。

设于特殊地形和特殊条件下的信号机，其中包括进站信号机，经铁路局批准，亦可采用矮型信号机，如设于桥隧的预告信号机、通过信号机。双线双向自动闭塞区段的反方向进站信号机可采用矮型信号机。

因受限界限制，不能安装信号机柱时，则以信号托架和信号桥代替。信号托架为托臂形结构建筑物，信号桥为桥形结构建筑物。

四、透镜式色灯信号机

色灯信号机以其灯光的颜色、数目和亮灯状态来表示信号。现多采用透镜式色灯信号机，因其结构简单，安全方便，控制电路所需电缆芯线少，所以得到广泛采用。组合式色灯信号机则是为提高在曲线上的显示距离而研制的新型信号机。

1. 透镜式色灯信号机

透镜式色灯信号机有高柱信号机和矮型信号机两种类型，高柱信号机的机构安装在钢筋混凝土信号机柱上，矮型信号机的机构安装在信号机水泥基础上。

高柱透镜式色灯信号机如图 2-6 所示。它由机柱、信号机构、托架、梯子等部分组成。机柱用于安装机构和梯子。机构的每个灯位配备有相应的透镜组和单独点亮的灯泡，以给出信号显示。托架用来将机构固定在机柱上，每一机构需上、下托架各一个。梯子用于供信号维修人员攀登及作业使用。

矮型透镜式色灯信号机如图 2-7 所示。它用螺栓固定在信号机基础上，没有托架，更不需要梯子。

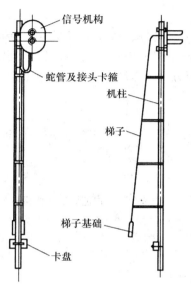

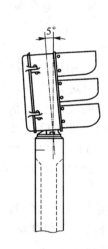

图 2-6　高柱透镜式色灯信号机　　　　图 2-7　矮型透镜式色灯信号机

高柱信号机和矮型透镜式色灯信号机又各有单机构和双机构之分。单机构色灯信号机只有一个机构，可构成二显示、三显示和单显示信号机。双机构色灯信号机可构成四显示、五显示。各种信号机根据需要还可以分别带引导信号机构、容许信号机构或进路表示器。

2. 透镜式色灯信号机的机构

透镜式色灯信号机的每个灯位由灯泡、灯座、透镜组、遮檐和背板等组成，如图 2-8 所示。

灯泡是色灯信号机的光源，采用直丝双丝铁路信号灯泡。

灯座用来安放灯泡，采用定焦盘式灯座，在调整好透镜组焦点后固定灯座，更换灯泡时无须再调整。透镜组装在镜架框上，由两块带棱的凸透镜组成，里面是有色带棱外凸透镜（有红、黄、绿、蓝、月白、无色六种颜色），外面是无色带棱内凸透镜。

之所以采用两块透镜组成光学系统，是利用光的折射和反射原理，将光源发出的光线集中射向所需要的方向，即增强该方向的光强。这样，就能满足信号

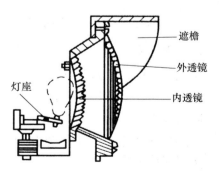

图 2-8　透镜式色灯信号机机构

显示距离远而且具有很好的方向性的要求。信号机构的颜色取决于有色透镜，可根据需要选用。

遮檐用来防止阳光等光线直射时产生错误的幻影显示。

背板是黑色的，构成较暗的背景，可衬托信号灯光的亮度，改善嘹望条件。只有高柱信号机才有背板。一般信号机采用圆形背板。各种复示信号机、遮断信号机及其预告信号机、容许信号则采用方形背板，以示区别。

3. 透镜式色灯信号机构分类

透镜式色灯信号机构分为高柱、矮型两大类。高柱、矮型信号机构按结构又分为二显示、三显示两种。二显示机构有两个灯室。三显示机构有三个灯室。每个灯室内有一组透镜、一副灯座、一个灯泡和遮檐。灯座间用隔板分开，以防止相互串光，保证信号显示的正确。背板是一个机构共用的。各种信号机可根据信号显示的需要选用机构，再按灯光配列对信号灯位颜色的规定安装各灯位的有色内透镜。另有单显示的复示信号机构、灯列式进站复示信号机构、遮断信号及其预告信号机构及引导信号机构和容许信号机构。

透镜式色灯信号机构的型号含义如图2-9所示。

色灯信号机采用铁路直丝信号灯泡，配套定焦盘式灯座，以及点灯和灯丝转换装置。

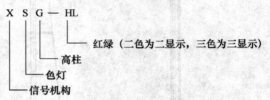

图2-9　透镜式色灯信号机机构的型号含义
A—矮型；B—表示；F—复示、发车；J—进路；
P—棚下；R—容许；Y—引导；Z—遮断；
U—黄色；B—白色；A—蓝色

五、LED 铁路色灯信号机构的优点

LED 铁路色灯信号机构采用轻便、耐腐蚀的单灯铝合金机构，组合灵活、安装简单，显示距离超过 1.5 km 且清晰可辨，使用寿命可达 10^6 h，安全可靠。通过监测控制系统，可监督信号显示系统的工作状态，预警异常情况，有助于准确判断故障点，便于及时处理。LED 铁路信号机构质量大大减小，便于施工安装，密封条件好，使用寿命长。用 LED 取代传统的双丝信号灯泡和透镜组，从而彻底消除了灯泡断丝这一多发性的信号故障，可以做到免维护，结束了普通信号机定期更换信号灯泡的维修方式，减少维修工作量，节省了维修费用。

用发光盘取代信号灯泡具有以下显著优点。

1. 可靠性高

发光盘是用上百只发光二极管和数十条支路并联工作的，在使用中即使个别发光二极管或支路发生故障也不会影响信号的正常显示，提高了信号显示的可靠性。

2. 寿命长

发光二极管的寿命为信号灯泡的 100 倍，改用发光盘后可免除经常更换灯泡的麻烦，且有利于实现免维修。

3. 节省能源

传统信号灯泡耗电量为 25 W，而发光盘的耗电量还不到信号灯泡的 1/2。

4. 聚焦稳定

发光盘的聚焦状态在产品设计与生产中已经确定，现场不需调整，给安装与使用带来了方便，并能始终保持良好的聚焦状态。

5. 光度性好

发光盘除有轴向主光束外，还有多条副光束，有利于增强主光束散角及近光显示效果。

6. 无冲击电流

点灯时没有类似信号灯泡冷丝状态的冲击电流，有利于延长供电装置的使用寿命，并减少对环境的电磁污染。

六、地面信号机的设置

1. 地面信号机的设置原则

1）设于列车运行方向右侧

城市轨道交通采用右侧行车制，其地面信号机设于列车运行方向的右侧，在地下部分一般安装在隧道壁上。特殊情况（如因设备限界、其他建筑物或线路条件等影响）可设于列车运行方向的左侧或其他位置。

2）信号机柱的选择

高柱信号机具有显示距离远，观察位置明确等优点，因此，车辆段的进段、出段信号机及停车场的进场、出场信号机均采用高柱信号机。而其他信号机由于对显示距离要求不远，以及隧道内安装空间有限，一般采用矮型信号机。

3）信号机限界

信号机不得侵入设备限界。设备限界是用以限制设备安装的控制线。

直线地段的设备限界是在直线地段车辆限界外扩大一定安全间隙后形成的：车体肩部横向向外扩大 100 mm，边梁下端横向向外扩大 30 mm，接触轨横向向外扩大 185 mm，车体竖向加高 60 mm，受电弓竖向加高 50 mm，车下悬挂物下降 50 mm。

曲线地段的设备限界应在直线地段设备限界的基础上，按平面曲线不同半径过超高或欠超高引起的横向和竖向偏移量，以及车辆、轨道参数等因素计算确定。

2. 信号机的设置

城市轨道交通的信号机设置不同于铁路，规定在 ATC 控制区域的线路上的道岔区设置防护信号机或道岔状态表示器，其他类型的信号机可根据需要设置。

1）正线上的信号机设置

正线上的道岔区设防护信号机或道岔状态表示器（国内尚未采用）。防护信号机设于道岔岔前和岔后的适当地点，具有出站性质以外的防护信号机应设引导信号。具有两个以上运行方向的信号机可设进路表示器。车站一般不设进、出站信号机，在正向出站方向的站台侧列车停车位置前方适当地点设置发车指示器，也可以根据需要设进站、出站信号机及进站信号机的预告信号，或者只设出站信号机。

线路尽头设阻挡信号机。车站应设发车指示器或发车计时装置。

2）车辆段（停车场）的信号机设置

在车辆段（停车场）入口处设进段（进场）信号机，在车辆段（停车场）出口处设出段（出场）信号机。

在同时能存放两列及以上列车的停车线中间进段方向设列车阻挡信号机（可兼作调车信号机）。

车辆段（停车场）内其他地点根据需要设调车信号机。

3. 信号机命名

正线上的防护信号机、阻挡信号机冠以"X""S""F""Z"等，其下缀的编号方法为：下行方向编为单号，上行方向编为双号，从站外向站内顺序编号。

车辆段的进段信号机冠以"JD"，下缀编号方法为：下行方向编为单号，上行方向编为双号，从段外向段内顺序编号。列车阻挡信号机和调车信号机冠以"D"，下缀编号方法为：下行咽喉编为单号，上行咽喉编为双号，从段内向段外顺序编号。

七、信号显示

1. 信号显示颜色的选择

城市轨道交通信号颜色的选择，应能达到显示明确、辨认容易、便于记忆和具有足够的显示距离等基本要求。经过理论分析和长期实践，铁路信号的基本色为红、黄、绿3种，再辅以蓝色、月白色，构成铁路信号的基本显示系统。

城市轨道交通信号的光源为白炽灯产生的白色光。白光是一种复合光，由红、橙、黄、绿、青、蓝、紫7种颜色的光混合而成。其中红光波长最长，紫光波长最短，一般来说，波长越长，穿透周围介质（如空气、水汽等）的能力越强，显示距离越远。

同样强度的光，红光最诱目，因为人眼对红色辨认最敏感，红色光比其他颜色的光都更能引人注意，并会使人产生不安全感，所以规定红色灯光为停车信号是最理想的。

黄色（实际上是橙黄色，简称黄色）显示距离较远，又具有较高的分辨力，辨认正确率接近100%，故采用黄色灯光作为注意和减速信号。

绿色和红色的反差最大，容易分辨，而绿色灯光显示距离亦较远，能满足信号显示的要求，故采用绿色灯光作为按规定速度运行的信号。

调车信号机的关闭不能影响列车运行，所以它一般不采用红色灯光，而选用蓝色灯光作为禁止调车信号较合适，因其具有较高的诱目性和较大的辨认率。调车信号机的允许信号采用月白色灯光，主要目的是可与一般普通照明电源相区别。蓝色、白色灯光虽显示距离较近，但因为调车速度较低，所以能满足调车作业的需要。

紫色灯光具有较高的区别性，作为道岔状态表示器中表示道岔在直向开通的灯光，基本上能满足需要。

2. 机构选用和灯光配列

色灯信号机的机构有单显示、二显示、三显示。单显示机构仅用于阻挡信号机。二显示和三显示可以单独使用，也可以组合（以及与单显示机构组合）构成各种信号显示。

1）色灯信号机灯光配列和应用的规定

（1）当根据实际情况需减少灯位时，应采用空位停用方式处理。减少灯位的处理方式可以维持信号机应有的外形，以防误认。如防护信号机若无直向运行方向时，仍采用三显示机构，将绿灯封闭；存车线中间进段方向的列车阻挡信号机采用三显示机构，将绿灯封闭。

（2）以两个基本灯光组成一种显示时，应有一定的间隔距离，以保证显示清晰，如防护信号机的红灯和黄灯同时点亮表示引导信号，其间隔一个绿灯位。

（3）双机构加引导信号是一种专门的信号机型式，需要时，进段（场）信号机可采用此型式。

2）各种信号机的灯光配列

（1）防护信号机。

防护信号机采用三显示机构，自上而下灯位为黄（或月白）、绿、红。若设正线出站信号机，其灯光配列同防护信号机。

（2）阻挡信号机。

阻挡信号机采用单显示机构，为一个红灯。

（3）进段（场）信号机。

进段信号机灯光配列可同防护信号机，亦可采用双机构（两个二显示）带引导机构，自上而下灯位依次为黄、绿、红、黄、月白。

（4）出段（场）信号机。

出段（场）信号机采用三显示机构，红、绿带调车白灯。

（5）调车信号机。

调车信号机采用二显示机构，自上而下灯位依次为白、蓝（或红）。

（6）通过信号机。

若采用自动闭塞，其通过信号机为三显示机构，自上而下灯位依次为黄、绿、红。

3. 信号显示制度

1）信号显示基本要求

（1）信号机定位。

将信号机经常保持的显示状态作为信号机的定位。信号机定位的确定，一般是考虑保证行车安全，提高运输效率及信号显示自动化等因素。

除采用自动闭塞时通过信号机显示绿灯为定位外，其他信号机一律以显示禁止信号（红灯或蓝灯）为定位。

（2）信号机关闭时机。

除调车信号机外，其他信号机是当列车第一轮对越过该信号机后及时地自动关闭。调车信号机在调车车列全部越过调车信号机后再自动关闭。

（3）视为停车信号。

信号机的灯光熄灭，显示不明或显示不正确时，均视为停车信号。

（4）区分运行方向。

有两个以上运行方向而信号显示不能区分运行方向时，应在信号机上装进路表示器，由进路表示器指示开通的运行方向。

2）信号显示意义

《地铁设计规范》对信号显示未作统一规定。一般，除预告信号机外，所有正线信号机的主体信号均为绿、红两显示。绿灯表示进行，红灯表示停车。进站信号机带引导月白灯。

预告信号机为黄、绿、红三显示。

各地可对信号显示作出有关规定。

例如，上海地铁一号线信号机的显示规定为：

红色——停车，ATP 速度命令为零；

绿色——运行前方道岔在直股（定位），按 ATP 速度命令运行；

月白色——运行前方道岔在侧股（反位），按 ATP 速度命令运行，一般限制速度为 30 km/h；

红色 + 月白色——引导信号，准许列车在该信号机处继续运行，但需准备随时停车，仅对防护站台的信号机设引导信号。

站台还设有发车表示器，发车前 5 s 闪白光，发车时间到亮白色稳定光，列车出清后灭灯。

3）信号显示距离

各种地面信号机及表示器的显示距离应符合下列规定：

行车信号和道岔防护信号应不小于 400 m；

调车信号和道岔状态表示器应不小于 200 m；

引导和道岔状态表示器以外的各种表示器应不小于 100 m。

任务三　认识转辙机

道岔的转换和锁闭设备，是直接关系行车安全的关键设备。由转辙机转换和锁闭道岔，易于集中操纵，实现自动化。转辙机是重要的信号基础设备，它对于保证行车安全，提高运输效率，改善行车人员的劳动强度，起着非常重要的作用。

转辙机是道岔控制系统的执行机构，用于道岔的转换与锁闭，它是道岔动作的动力部分，其通过杆件做直线运动，从而使道岔尖轨通过进行位移来改变道岔的位置，并给出道岔状态的表示。

一、转辙机概述

1. 道岔的组成

道岔是列车从一个股道转向另一个股道的转辙设备，它是轨道线路中最关键的特殊设备，也是信号系统的主要控制对象之一。所以，信号工作人员必须熟悉它的基本结构，作用和表示符号。

1）道岔结构

道岔结构如图 2-10 所示，它有两根可以移动的尖轨，尖轨的外侧是两根固定的基本轨。

2）道岔的定位和反位

道岔有两根可以移动的尖轨，一根尖轨与基本轨密贴，另一根尖轨与基本轨分离，必须同时改变两根尖轨的位置，使原来密贴的分离，而原来分离的密贴，可见道岔有两个可以改变的位置。我们通常把道岔经常所处的位置叫作定位，临时根据需要改变的另一个位置叫作反位。为改变道岔的两个位置，在道岔尖轨处安装道岔转辙设备，这就是转辙机。

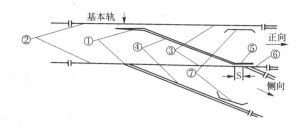
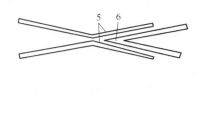

图 2-10 道岔结构示意图

1—尖轨；2—基本轨；3—直合拢轨；4—弯合拢轨；5—翼轨；6—辙岔心；7—护轮轨

尖轨与基本轨密贴的程度如何，对行车安全影响很大，例如列车迎着尖轨运行时，如果尖轨与基本轨不密贴，其间隙超过一定限度（大于 4 mm），则车辆的轮缘有可能撞着或从间隙中挤进尖轨尖端，而造成颠覆或脱轨的严重行车事故。因此，对尖轨和基本轨的密贴程度，有严格的标准，为了保证行车安全，当道岔尖轨与基本轨不密贴时，不能锁闭道岔，也不允许开放信号。

3）单动道岔和双动道岔

当按压一个道岔动作按钮仅能使一组道岔转换，则称该道岔为单动道岔，如果能使两组道岔同时或顺序转换，则称为双动道岔。双动道岔有时也称为联动道岔。

转辙机是控制道岔尖轨动作的信号设备，它的基本任务是转换道岔、锁闭道岔和反映道岔的位置和状态。转辙机除转辙机本身外，还包括锁闭装置和各类杆件及安装装置，它们共同完成道岔尖轨的转换和锁闭。图 2-11 为双机牵引转辙机示意图。

图 2-11 道岔及双机牵引转辙机示意图

城市轨道交通大部分采用电动转辙机，近年来采用电液转辙机和交流转辙机的线路也不少，另外，由于钢轨重量的增加，一般正线道岔采用双机牵引。转辙机的传动机构，是将电动机的高速旋转变换成动作杆的低速直线运动，再由动作杆带动道岔尖轨运动。传动机构的另一作用是带动尖轨的锁闭。

转辙机是转辙装置的核心和主体，除转辙机本身外，还包括外锁闭装置和各类杆件、安装装置，它们共同完成道岔的转换和锁闭。

2. 转辙机的作用

（1）转换道岔的位置，根据需要转换至定位或反位。

（2）道岔转至所需位置而且密贴后，实现锁闭，防止外力转换道岔。

（3）正确地反映道岔的实际位置，道岔的尖轨密贴于基本轨后，给出相应的表示。

（4）道岔被挤或因故处于"四开"（两侧尖轨均不密贴）位置时，及时给出报警并给出表示。

3. 对转辙机的基本要求

（1）作为转换装置，应具有足够大的拉力，以带动尖轨做直线往返运动；当尖轨受阻不能运动到底时，应随时通过操纵使尖轨回复原位。

（2）作为锁闭装置，当尖轨和基本轨不密贴时，不应进行锁闭；一旦锁闭，应保证不致因车通过道岔时的震动而错误解锁。

（3）作为监督装置，应能正确地反映道岔的状态。

（4）道岔被挤后，在未修复前不应再使道岔转换。

4. 转辙机的分类

（1）按传动方式分类，转辙机可分为电动转辙机、电动液压转辙机。

电动转辙机由电动机提供动力，采用机械传动。多数转辙机都是电动转辙机，包括 ZD6 系列转辙机和 S700K 型电动转辙机。

电动液压转辙机简称电液转辙机，由电动机提供动力，采用液力传动。

（2）按供电电源种类，转辙机可分为直流转辙机和交流转辙机。

直流转辙机采用直流电动机，工作电源是直流电。ZD6 系列电动转辙机就是直流转辙机，由直流 220 V 供电。直流电动机的缺点是：由于存在换向器和电刷，易损坏，故障率较高。

交流转辙机采用三相交流电源或单相交流电源，由三相异步电动机或单相异步电动机（现大多采用三相异步电动机）作为动力。S700K 型电动转辙机和 ZYJ7 型电液转辙机为交流转辙机。交流转辙机采用感应式交流电动机，不存在换向器和电刷，因此故障率低，而且单芯电缆控制距离远。

（3）按锁闭道岔的方式，转辙机可分为内锁闭转辙机和外锁闭转辙机。

内锁闭转辙机依靠转辙机内部的锁闭装置锁闭道岔尖轨，是间接锁闭的方式。ZD6 系列等大多数转辙机均采用内锁闭方式。内锁闭方式的锁闭可靠程度较差，列车对转辙机的冲击大。

外锁闭转辙机虽然内部也有锁闭装置，但主要依靠转辙机外的外锁闭装置锁闭道岔，将密贴尖轨直接锁于基本轨，斥离尖轨锁于固定位置，是直接锁闭的方式。

S700K 型和 ZYJ7 型转辙机采用外锁闭方式。外锁闭方式锁闭可靠，列车对转辙机几乎无冲击。

（4）按是否可挤，转辙机分为可挤型转辙机和不可挤型转辙机。

可挤型转辙机内设挤岔保护（挤切或挤脱）装置，道岔被挤时，动作杆解锁，保护了整机。不可挤型转辙机内不设挤岔保护装置，道岔被挤时，挤坏动作杆与整机连接结构，应整机更换。电动转辙机和电液转辙机都有可挤型和不可挤型。此外，各种转辙机还有不同转换力和动程的区别。

5. 转辙机的设置

城市轨道交通的正线上一般采用 9 号道岔，车辆段（停车场）一般采用 7 号道岔，通常一组道岔由一台转辙机牵引。如果正线上采用的是 12 号 AT 道岔，其为弹性可弯道岔，需要两点牵引，即一组道岔需两台转辙机牵引。

二、ZD6 系列电动转辙机

ZD6 系列电动转辙机是我国铁路也是城市轨道交通中使用最广泛的电动转辙机，包括 A、D、E、J 等派生型号。ZD6 型电动转辙机采用内锁闭方式。

ZD6 – A 型是 ZD6 系列转辙机的基本型，ZD6 系列内其他型号的 ZD6 转辙机都是以 ZD6 – A 型为基础改进、完善而发展起来的。故以 ZD6 – A 型转辙机为重点进行介绍。

1. ZD6 – A 型电动转辙机结构

ZD6 – A 型电动转辙机主要由电动机、减速器、摩擦联结器、主轴、动作杆、表示杆、移位接触器、外壳等组成，如图 2-12 所示。

2. 主要部件及作用

电动机采用直流串激电动机，为电动转辙机提供动力。

减速器用来降低转速，以获得足够的转矩，并完成传动。由第一级齿轮和第二级行星传动式减速器组成。两级间以输入轴联系，减速器由输出轴和主轴联系。

用弹簧和摩擦制动板组成输出轴与主轴之间的摩擦联结器，可防止尖轨受阻时损坏机件。

主轴由输出轴通过启动片带动旋转，主轴上安装锁闭齿轮。

锁闭齿轮和齿条块相互动作，将转动变

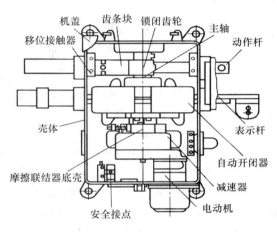

图 2-12 ZD6 – A 型电动转辙机结构

为平动，通过动作杆带动道岔尖轨运动，并完成锁闭作用。

动作杆和齿条块用挤切销相连，正常动作时，齿条块带动动作杆。挤岔时，挤切销折断，动作杆和齿条块分离，避免机件损坏。

表示杆由前、后表示杆及两个检查块组成。表示杆随尖轨移动，只有当尖轨密贴且锁闭后，自动开闭器的检查块才能落入表示杆缺口，接通道岔表示电路。挤岔时，表示杆被推动，顶起检查柱，从而断开道岔表示电路。

自动开闭器由静接点、动接点、速动片、速动爪、检查柱组成，用来表示道岔尖轨所在位置。

移位接触器用来监督挤切销的受损状态，道岔被挤或挤切销折断时，断开道岔表示电路。

安全接点（遮断接点）用来保证维修安全。正常使用时，只有遮断接点接通，才能接通道岔动作电路。检修时，断开遮断接点，以防止检修过程中转辙机转动影响维修人员作业。

壳体用来固定转辙机各部件，防护内部机件免受机械损伤和雨水、尘土侵入，提供整机安装条件。它由底壳和机盖组成。底壳是壳体的基础，也是整机安装的基础。底壳上设有特定形状的窗孔，便于整机组装和分解。机盖内侧周边有盘根槽，内镶有密封用盘根（胶垫）。

　　以道岔由左侧密贴向右转换为例，当电动机通入规定方向的道岔控制电流，电动机按逆时针方向旋转。电动机通过齿轮带动减速器，这时输入轴按顺时针方向旋转，输出轴按逆时针方向旋转。输出轴通过启动片带动主轴，按逆时针方向旋转。锁闭齿轮随主轴逆时针方向旋转，锁闭齿轮在旋转中完成解锁、转换、锁闭三个过程，拨动齿条块，使动作杆带动道岔尖轨向右移动，密贴于右侧尖轨并锁闭。同时通过启动片、速动片、速动爪带动自动开闭器的动接点动作，与表示杆配合，断开原接通接点，接通原断开接点。完成电动转辙机转换、锁闭及给出道岔表示的任务。

　　手动摇动转辙机时，先用钥匙打开盖，露出摇把插孔。将摇把插入减速大齿轮轴。摇动转辙机至所需位置。此后虽抽出摇把，但安全接点被断开，必须打开机盖，合上安全接点，转辙机才能复原。

3. ZD6 系列电动转辙机系列

　　ZD6 系列电动转辙机包括满足各种需求的 ZD6 型转辙机的派生型号。各型 ZD6 电动转辙机的额定工作电压均为直流 160 V。

　　ZD6 - A、D 型转辙机单机使用时，摩擦电流为 2.3 ~ 2.9 A，E 型和 J 型双机配套使用时，单机摩擦电流为 2.0 ~ 2.5 A。

　　（1）ZD6 - D 型转辙机。

　　ZD6 - D 型转辙机是在 ZD6 - A、B、C 型的基础上研制的，适用于牵引道岔尖轨。它扩大了表示杆的功能，使之对尖轨也有机械锁闭作用，构成双锁闭。在表示杆检查块处增加一个销子（称为副锁闭销），使检查块与表示杆连为一体，检查柱落入缺口，道岔便被表示杆锁住。挤岔时副锁闭销切断，表示杆照常有挤岔断表示的功能。在前表示杆上设有前、中、后三个横穿孔，使后表示杆与之配合时有更大的选择余地，这样就扩大了表示杆动程的可调范围，使之既能适应普通道岔尖轨的动程，也能适应交分道岔和可动心轨道岔的动程需要。

　　（2）ZD6 - E 型转辙机。

　　ZD6 - E 型转辙机在原有电流消耗的前提下，增大了牵引力，扩大了转换动程，具有双锁闭功能，还设计了与之配套的新型电动机（与原电机通用）。适用于特种断面的道岔、大号码道岔。将单侧圆弧锁闭改进为卧式圆柱体下方两侧对称圆弧接触面，实现双圆弧组成的圆槽锁闭，提高了锁闭的可靠性。启动齿结构从原来的半齿弱力启动改进为全齿啮合抗过载强力启动，提高了耐磨性能，延长了零件的使用寿命。强化了减速器，采用轴承钢，增设了固化板，行星齿轮的滚动轴承由滚珠式改为滚柱式，增加壳体局部厚度，提高了机械强度。

　　（3）ZD6 - J 型转辙机。

　　ZD6 - J 型是 ZD6 - D 型的派生产品，适用于 AT 道岔的第二牵引点，用来辅助牵引尖轨。它与 ZD6 - E 型转辙机配合牵引 AT 道岔，称为"双机牵引"制式。它更换了 ZD6 - E 型转辙机的第一级减速齿轮，使之与 ZD6 - E 型动作同步；用前表示杆的第一个横穿孔，以适用道岔第二点动程小的需要；取消杆内副锁闭销，使之顺利地实现挤岔报警。

　　此外，复式交分道岔尖轨采用 ZD6 - G 型电动转辙机，岔心采用 ZD6 - F 型电动转辙机。

三、S700K 型电动转辙机

　　S700K 型电动转辙机是由于我国铁路提速需要，从德国西门子公司引进设备和技术，经消化吸收和改进后，迅速在主要干线推广运用的转辙机。经数年的实践表明，该型转辙机结构先进，工艺精良，不但解决了长期困扰信号维修人员的电机断线、故障电流变化、接点接触不良、移位接触器跳起和挤切销折断等惯性故障，而且可以做到"少维护，无维修"，符合中国铁路运营的特点和发展方向，也适用于城市轨道交通。

城市轨道交通运行速度不高，可采用普通的直流转辙机，但采用三相交流电动转辙机优点十分明显。由于采用三相交流电动机，线路上的电能损失大大减少；又由于采用摩擦力非常小的滚珠丝杠传动装置，因此机械效率高。这样，在同样的控制电流下，可增大控制距离，或减小电缆芯线的截面。采用三相交流电动转辙机后，由于没有直流电动机的整流子，维修工作量大为减少。

S700K 型电动转辙机的产品代号来自德文 "Simens-700-Kugelgewinde"，其含义为"西门子—具有 700 kgf 保持力—带有滚珠丝杠"（1 kgf = 9.8 N）的电动转辙机。

1. S700K 型电动转辙机结构

S700K 型电动转辙机主要由外壳、动力传动机构、检测和锁闭机构、安全装置、配线接口 5 大部分组成，其结构如图 2-13 所示。

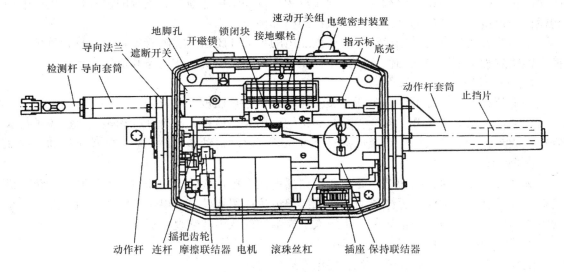

图 2-13　S700K 型电动转辙机结构图

1）外壳

主要由铸铁底壳、机盖、动作杆套筒、导向套筒、导向法兰等组成。

2）动力传动机构

主要由三相交流电动机、齿轮组、摩擦联结器、滚珠丝杠、保持联结器、动作杆等组成。

三相交流电动机为转辙机提供动力。

齿轮组将电机的旋转驱动力传递到摩擦联结器上，并将电动机的高速转速降速，以增大旋转驱动力，适应道岔转换的需要。

摩擦联结器将齿轮组变速后的旋转力传递给滚珠丝杠，当作用于滚珠丝杠上的转换阻力大于摩擦结合力时，主、被摩擦片之间相对打滑空转，保护了电动机。对于交流转辙机来说，其动作电流不能直观地反映转辙机的拉力，现场维修人员不能像对直流转辙机那样，通过测试动作电流来对摩擦力进行监测，必须由专业人员用专业器材才能进行这一调整。转辙机在出厂时已对摩擦力进行标准化测试调整，所以现场维修人员不得随意调整摩擦力。

滚珠丝杠相当于一个直径 32 mm 的螺栓和螺母，当滚珠丝杠正向或反向旋转一周时，螺母前进或后退一个螺距。它一方面将电动机的旋转运动变成丝杠的直线运行；另一方面起到减速作用。

保持联结器是转辙机的挤脱装置，利用弹簧的压力通过槽口式结构将滚珠丝杠与动作杆连接在一起。当道岔的挤岔力超过弹簧压力时，动作杆滑脱，起到整机不被损坏的保护作用。

3）检测和锁闭机构

检测和锁闭机构主要由检测杆、叉形接头、速动开关组、锁闭块和锁舌、指示标等部分组成。

检测杆随尖轨或心轨转换而移动，用来监督道岔在终端位置时的状态。

道岔在终端位置，当检测杆指示缺口与指示标对中时，锁闭铁及锁舌应能正常弹出。锁闭块的正常弹出使速动开关的有关启动接点闭合及表示接点断开。锁舌的正常弹出用于阻挡转辙机中保持联结器的移动，实现转辙机的内部锁闭。

速动开关实际上是采用了沙尔特堡接点组的自动开闭器。它随着尖轨或心轨的解锁、转换、锁闭过程中锁闭块的动作自动开闭，以自动开闭电动机动作电路和道岔表示电路。

4）安全装置

安全装置主要由开关锁、遮断开关、连杆、摇把孔挡板等组成。

开关锁是操纵遮断开关闭合和断开的机构。用来在检修人员打开电动转辙机机盖进行检修作业或车务人员插入摇把转换道岔时，可靠断开电动机动作电路，防止电动机误动，保证人身安全。

遮断开关接通时，摇把挡板能有效阻挡摇把插入摇把齿轮，防止用钥匙打开电动转辙机机盖。断开遮断开关时，摇把能顺利插入摇把齿轮或用钥匙打开电动转辙机机盖，此时，电动机的动作电源将被可靠地切断，不经人工操纵和确认不能恢复接通。

5）配线接口

配线接口主要由电缆密封装置、接插件插座组成。

2. 外锁闭装置

S700K 型电动转辙机配套外锁闭装置。当道岔由转辙机带动转换至某个特定位置后，通过外锁闭装置，直接把尖轨与基本轨密贴夹紧并固定，即道岔的锁闭主要不是依靠转辙机内部的锁闭装置，而是依靠转辙机外部的锁闭装置实现的。外锁闭装置受力合理，基本上避免了轮对对尖轨产生的侧向冲击，克服了内锁闭道岔的缺陷。

外锁闭装置先后出现了燕尾式和钩式两种。

燕尾式外锁式装置在结构受力和安装调整方面不适合我国铁路道岔的实际情况，对道岔尖轨病害的适应能力差，卡阻现象时有发生，故障率较高，产品工艺性差，质量不易控制，于是又研制成钩式外锁闭装置。

钩式外锁闭装置的锁闭方式为垂直锁闭。锁闭力通过锁闭铁、锁闭框直接传给基本轨。锁闭铁和锁闭框基本不承受弯矩，锁闭更加可靠。同时各配件全部是锻造调质处理，具有良好的综合机械性能，避免了原尖轨部分燕尾式外锁闭装置的锁闭铁因承受弯矩和铸造缺陷而出现的断裂现象。钩式外锁闭装置受力结构合理，能有效适应道岔尖轨的不良状态，锁闭可靠，安装调整方便。

钩式外锁闭装置可分为分动尖轨用和可动心轨用两种，城市轨道交通中只用到分动尖轨用钩式外锁闭装置。分动尖轨用钩式外锁闭装置由锁闭杆、锁钩、锁闭框、尖轨连接铁、锁轴、锁闭铁组成，如图 2-14 所示。

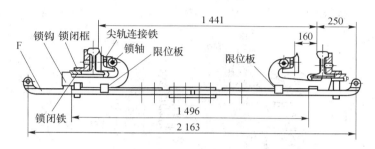

图 2-14　尖轨用钩式外锁闭装置（单位：mm）

锁闭杆的作用是通过安装装置与转辙机动作杆相连，利用其凸台和锁钩缺口带动尖轨。第一牵引点锁闭杆与第二牵引点锁闭杆凸台尺寸不同，不能通用。锁钩头部与销轴连接，下部缺口与锁闭杆凸台作用，通过连接铁带动尖轨运动，尾部内斜面与锁闭铁作用，锁闭密贴尖轨和基本轨。第一点牵引点锁钩与第二牵引点锁钩也不能通用。

锁闭框固定锁闭铁，支承锁闭杆。锁闭铁与锁钩作用，锁闭尖轨和基本轨，导向槽在锁闭杆两侧槽内起导向作用。锁闭框用螺栓与基本轨连接，锁闭铁插入锁闭框方孔内，并用固定螺栓紧固。尖轨连接铁用螺栓与尖轨连接，由锁轴将其与锁钩连接。锁钩底部缺口对准锁闭杆的凸块，并与锁闭杆共同穿入锁闭框。

3. S700K 型电动转辙机的安装装置

S700K 型电动转辙机尖轨的安装装置包括托板、弯头动作杆、尖端铁、长表示杆、短表示杆等。S700K 型电动转辙机安装如图 2-15 所示。

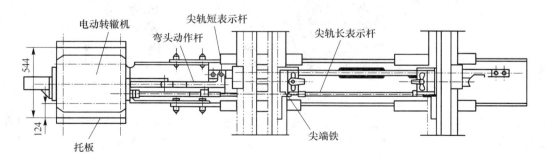

图 2-15　S700K 型电动转辙机安装图（单位：mm）

四、ZYJ7 型电液转辙机

电动液压转辙机（以下简称电液转辙机）是采用电动机驱动、液压传动方式来转换道岔的一种转辙装置。液压式转辙机取消了齿轮传动和减速器，简化了机械结构，将机械磨损降至最低程度，减少了维修工作量，且适用于提速道岔。但液压传动对液压介质要求较高，对元件要求也高，传动效率较低。

目前，在提速道岔上大量采用 ZYJ7 型电液转辙机，故重点介绍 ZYJ7 型电液转辙机。

1. ZYJ7 型电液转辙机结构

ZYJ7 型电液转辙机由主机和 SH6 型转换锁闭器两部分组成，分别用于第一牵引点和第二牵引点。ZYJ7 型电液转辙机结构图、SH6 型转换锁闭器结构图分别如图 2-16、图 2-17 所示。

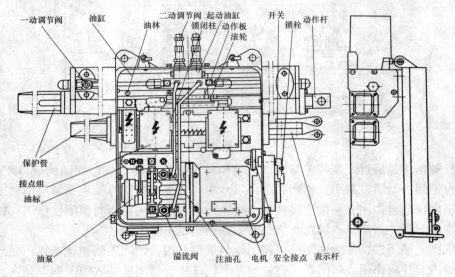

图 2-16　ZYJ7 型电液转辙机结构图

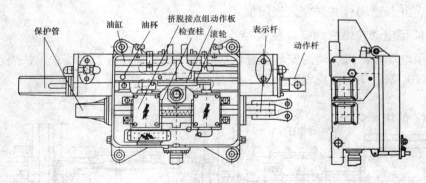

图 2-17　SH6 型转换锁闭器结构图

ZYJ7 型电液转辙机主机主要由电动机、油泵、油缸、启动油缸、接点系统、锁闭杆、动作杆等部分组成。SH6 型转换锁闭器（亦称副机）主要由油缸、挤脱接点、表示杆、动作杆组成。

2. ZYJ7 型电液转辙机各部件功能

1）电动机

ZYJ7 型电液转辙机采用交流三相异步电动机，型号为 Y90S – 6 – B35。额定电压为 380 V，额定电流为 2.2 A，转速为 960 r/min。电动机将电能变为机械能，为整机提供动力。该电动机增加了惯性轮，保证转辙机转换到位后开闭器接点不致颤动。

2）油泵

ZYJ7 型电液转辙机采用双向斜盘轴向柱塞式油泵，额定压力 9 MPa，排油量 2.1 mL/r。双向柱塞泵的特点是构造简单，寿命长，工作可靠，其结构如图 2-18 所示。泵内装有 9 个不同的柱塞，柱上有弹簧和钢球，并装有厚薄不同的钢质片，下边有沟槽，在受力挤压后便吸起和挤出液压油。当电动机带动油泵往一个方向旋转时，泵的柱塞就可从一端吸出液压油注入另一端，经反复高速吸出和注入，即可泵出液压油；电动机反转时，可带动油泵从另一端吸出和注入液压油，泵出反方向液压油，所以称为柱塞式油泵。ZYJ7 型的油泵结构是改进型的，取消了柱塞弹簧（只保留一根弹簧），提高了容积效率和机械效率。

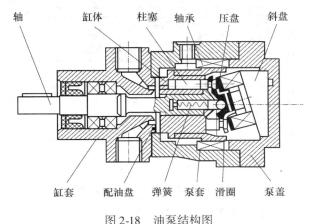

图 2-18　油泵结构图

3）油缸

油缸由活塞杆、缸座、缸筒、缸套、接头体、连接螺栓和密封圈组成，如图 2-19 所示。活塞杆两端的螺孔与连接螺柱的一端紧固，连接螺栓另一端与杆架相连，杆架又连在机体外壳上。这样就使得活塞杆固定，用缸筒运动来推动尖轨或心轨转换。油缸用来将注入缸内的液压力转换为机械力，以推动尖轨或可动心轨转换。油缸动程为转辙机的动程加 50 mm。

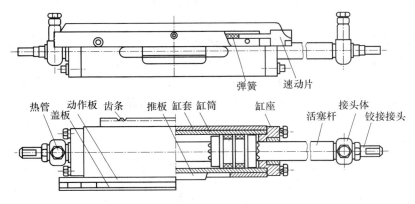

图 2-19　油缸及推板

4）启动油缸

启动油缸的作用是在电动机刚启动时先给一个小的负载，待转速提高、力矩增大时再带动负载，来克服交流电动机启动性能的不足。

启动油缸由缸体、缸筒、柱塞、垫块、螺堵及 O 形圈组成，如图 2-20 所示。启动油缸用两个接头阀将油路板与缸体上的两个孔连接起来，使得其在油路中与油缸并联。柱塞和缸筒位于启动油缸体内。

当电动机刚启动时，若油泵右侧为高压油，则启动油缸右孔为高压，因启动油缸与油缸并联，则高压油先推动启动油缸的柱塞向左移动，由于柱塞力很小，相当于电动机只带一个很小的负载启动。电动机启动后力矩增大，启动油缸也已被充满，液压油再充入油缸，推动油缸动作以带动道岔转换。

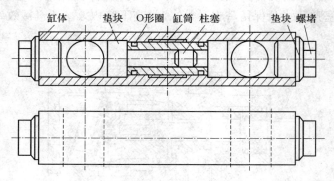

图 2-20 启动油缸

当道岔需向反方向转换时，电动机反转，油缸左孔为高压，这时启动油缸的柱塞向右移动，即可解决反方向操纵道岔时电动机启动力矩小的问题。

5）单向阀

单向阀就像二极管单向导电那样，正向的液压油流畅通，反向的液压油流则被关闭而不能通过。单向阀由阀体、空心螺栓、钢球、O 形圈、挡圈等组成，如图 2-21 所示。阀体内有两个钢球，装在与空心螺栓同心的圆槽内，螺栓与油路板间经加垫的密封圈坚固连接。为防止失灵，做成双层阀门。挡圈用来防止钢球封死上部出油口。

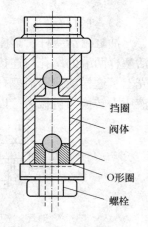

图 2-21 单向阀

单向阀可使液压油从空心螺栓底部掀起钢球顺利进入，此时另一端的单向阀被返回油流冲击而使钢球堵在空心螺栓的圆槽内，封住油口即堵死了油流通道。这样就有效地保证了油流单方向通过。油路中单向阀的通畅和堵塞性能的好坏直接影响着油路的正常工作。

6）溢流阀

溢流阀主要由阀体和阀芯等组成，如图 2-22 所示。阀芯装在阀体顶端并用弹簧、弹垫、密封螺母紧固。溢流阀的作用是：通过调整弹簧弹力，保证油路中液压油的压力不超过一定的限值，以防止道岔转换受阻时，电动机电源没被断开时油路中油液压力不断升高而损坏各液压部件，或当道岔转换到位而电动机仍没停转时，使高压油释放压力，经回油管回油箱。它相当于电动转辙机摩擦联结器的作用。

溢流阀在正常油压下，阀座下部的压力油进入阻尼活塞底部，形成向上的液压力小于调压弹簧的压力，此时阀芯的锥面与阀座压紧，压力油被堵住，溢流阀不溢流。

当道岔受阻或转换到位，电动机还没断开电源时，油压增大，此压力大于弹簧的压力，阀芯就向上移动，溢流阀的阀口开启，高压油进入阀座上部，经阀体侧孔流入溢流板的回油孔使液压油流回油箱，构成溢流。当油路中压力降到小于此数值时，压力弹簧恢复原位，阀芯的锥面又压紧了阀座，将压力油封堵住。这样就可使油路中压力大于一定数值（可根据需要调整弹簧的压力）时开始溢流，既保证了油路正常动作，也保护了液压件不被损坏。

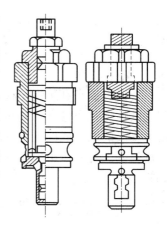

图 2-22　溢流阀

7）调节阀

调节阀（调节螺柱）用来改善副机油缸与主机油缸在转换道岔时的同步性。

8）节流阀

节流阀设在主机油缸活塞杆的两端，用来调节进入主机油缸液压油的流速。

9）滤清器

滤清器也称滤芯，用合金粉末压铸而成。用来防止杂物进入溢流阀及油缸，造成油路卡阻，以保证油路系统的可靠性。

10）推板

推板是嵌在油缸套上的矩形钢板，其大部分嵌在缸套内，斜面凸起露在缸套外面，凸起的斜面动作时推动锁块，从而使动作杆运动。

11）动作杆

方型动作杆上装有两个活动锁块，与油缸侧面的推板配合工作。动作杆外侧有圆孔，用销子和外锁闭杆连接。转换道岔时，油缸带动推板，推板推动锁块，锁块通过轴销与动作杆相连。道岔转换至锁闭位置时，推板将动作杆上的锁块挤于锁闭铁斜面上。

12）锁闭杆

主机的伸出与拉入位置各设一根锁闭杆，外端通过长、短外表示杆与尖轨相连。内方开有方槽，与接点组系统的锁闭柱方棒相配合。当尖轨转换到位锁闭后，锁闭柱落入锁闭杆上的方槽内，使接点接通相应的表示电路。由于锁闭杆上的方槽为矩形，锁闭柱下端也为矩形，所以具有锁闭作用，故称为锁闭杆。两锁闭杆分别连接在两尖轨上，一根作为锁闭杆，另一根作为斥离尖轨的表示杆。

13）表示杆

副机的伸出与拉入位置各设一根表示杆，外端通过长、短表示杆与尖轨连接。内方开有斜槽，与接点组系统检查柱下端的斜角相配合，检查道岔位置。当尖轨转换到位锁闭时，检查柱下端落入表示杆缺口，使接点接通相应位置的表示电路。副机表示杆不起锁闭作用。挤岔时，检查柱上提，断开表示电路。

14）接点组

电液转辙机可采用普通自动开闭器，也可采用沙尔特堡 S800aW40 型速动开关。

任务四　认识轨道电路

轨道电路是利用钢轨线路和钢轨绝缘构成的电路。它用来监督线路的占用情况，自动地和连续地将列车的运行和信号设备联系起来，即为通过轨道电路向列车传递行车信息而在线路上安设的电路式的装置。轨道电路是信号的重要基础设备，它的性能直接影响行车安全和运输效率。对于城市轨道交通，轨道电路不仅用来检测列车是否占用，更重要的是要传输 ATP 信息。

一、轨道电路概述

1. 轨道电路的基本原理

轨道电路是以铁路线路的两根钢轨作为导体，两端加以机械绝缘（或电气绝缘），用引接线连接电源和接收设备所构成的电气回路。最简单的轨道电路如图 2-23 所示。

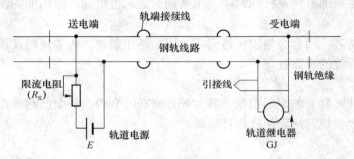

图 2-23　最简单的轨道电路

轨道电路的送电设备设在送电端，由轨道电源 E 和限流电阻 R_x 组成，限流电阻的作用是保护电源不致因过负荷而损坏，同时保证列车占用轨道电路时，轨道继电器可靠落下。接收设备设在受电端，一般采用继电器，称为轨道继电器，由它来接收轨道电路的信号电流。

当轨道电路区段空闲，轨道电源 E 输出的电流经过一根钢轨线路送至轨道继电器 GJ。再经另一根钢轨线路和限流器回到轨道电源，使轨道继电器得到电流而衔铁励磁吸起。当轨道电路区段有机车车辆占用时，电流同时通过轮对和轨道继电器线圈，但由于轮对电阻比轨道继电器线圈电阻小得多，使轨道电路形成短路状态，因而流经轨道继电器 GJ 线圈的电流减小到它的落下值，使衔铁失磁落下。轨道电路能否正常工作，直接关系到列车安全和行车效率。

送、受电设备一般放在轨道旁的变压器箱或电缆盒内，轨道继电器设在信号楼内。送、受电设备由引接线（钢丝绳）直接接向钢轨或通过电缆过轨后由引接线接向钢轨。

钢轨是轨道电路的导体，为减小钢轨接头的接触电阻，增设了轨端接续线。

钢轨绝缘是为分隔相邻轨道电路而装设的。

两绝缘节之间的钢轨线路，称为轨道电路的长度。

当轨道电路内钢轨完整且没有列车占用时，轨道继电器吸起，表示轨道电路空闲。轨道电路被列车占用时，它被列车轮对分路，因轮对电阻远小于轨道继电器线圈电阻，故流经轨道继电器的电流大大减小，轨道继电器落下，表示轨道电路被占用。

2. 轨道电路的作用

轨道电路的第一个作用是监督列车的占用。利用轨道电路监督列车在区间或列车和调车车列在站内的占用，是最常用的方法。由轨道电路反映该段线路是否空闲，为开放信号、建立进路或构成闭塞提供依据，还可利用轨道电路的被占用关闭信号，把信号显示与轨道电路是否被占用结合起来。

轨道电路的第二个作用是传递行车信息。例如，数字编码式音频轨道电路中传送的行车信息，为 ATC 系统直接提供控制列车运行所需要的前行列车位置、运行前方信号机状态和线路条件等有关信息，以决定列车运行的目标速度，控制列车在当前运行速度下是否减速或停车。对于 ATC 系统来说，带有编码信息的轨道电路是其车地之间传输信息的通道之一。

3. 轨道电路的分类

轨道电路有较多种类，也有多种分类方法。

1）按供电方式分类

依此标准，轨道电路可分为直流轨道电路和交流轨道电路。

直流轨道电路又分为直流连续式轨道电路和直流脉冲式轨道电路（包括极性脉冲轨道电路、极频脉冲轨道电路和不对称脉冲轨道电路）；交流轨道电路又分为交流连续式轨道电路（包括工频 50 Hz 整流轨道电路、25 Hz 相敏轨道电路、工频二元二位感式轨道电路、75 Hz 轨道电路、音频轨道电路，其中音频轨道电路也叫移频或无绝缘轨道电路）和交流电码式轨道电路（包括 50 Hz 交流计数电码轨道电路、75 Hz 交流计数轨道电路、25 Hz 电码调制轨道电路）。

用于城市轨道交通的交流工频轨道电路有 50 Hz 相敏轨道电路（包括继电式和微电子式）、PF 轨道电路。它们只有监督列车占用的功能，不能传输其他信息。

城市轨道交通一般采用直流牵引，所以轨道电路可以采用 50 Hz 电源，这与铁路不同（铁路采用交流工频牵引，轨道电路只能采用 50 Hz 以外的电源，一般为 25 Hz）。

2）按所传送的电流特性分类

依次标准，轨道电路可分为工频连续式轨道电路和音频轨道电路，音频轨道电路又分为模拟式和数字编码式。

工频连续式轨道电路中传送连续的交流电流。这种轨道电路的唯一功能是监督轨道的占用与否，不能传送更多信息。

模拟式音频轨道电路采用调幅或调频方式，用低频调制载频，除监督轨道的占用情况外，还可以传输较多信息，但主要传输列车运行前方 3 个或 4 个闭塞分区的占用与否的信息。

数字编码式音频轨道电路采用数字调频方式，但它采用的不是单一低频调制频率，而是一个若干比特的一群调制频率，根据编码去调制载频，编码包含速度码、线路坡度码、闭塞分区长度码、纠错码等，可以传输更多的信息。

3）按使用处所分类

依此标准，轨道电路可分为区间轨道电路和车辆段内轨道电路。

　　区间轨道电路主要用于正线，不仅要监督各闭塞分区是否空闲，而且要传输有关行车信息。一般来说，区间轨道电路要求传输距离较长，要满足闭塞分区长度的要求，轨道电路的构成也比较复杂。

　　车辆段内轨道电路用于段内各区段，一般只有监督本区段是否空闲的功能，不能发送其他信息。

　　4）按牵引电流的通过路径分类

　　依此标准，轨道电路分为单轨条轨道电路和双轨条轨道电路。

　　单轨条轨道电路是以一根钢轨作为牵引电流回线，在绝缘处用抗流线引向相邻轨道电路的钢轨上的一种轨道电路（见图2-24），因其牵引电流流过钢轨时在钢轨间产生相对于电路外界的主要干扰源，而且牵引电流越大，钢轨阻抗越大，对信号电路造成的干扰也越大，并且由于单轨条轨道电路的钢轨阻抗较大，因此传输距离相对缩短，但单轨条轨道电路构造简单，建设成本低，相对功耗小。

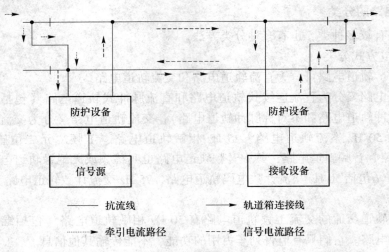

图2-24　单轨条轨道电路

　　双轨条轨道电路是针对单轨条轨道电路不利于信号设备稳定的缺点而设计的。双轨条轨道电路的牵引电流是沿着两根钢轨流通的，在钢轨绝缘处为导通牵引电流而设置了扼流变压器，信号设备通过扼流变压器接向轨道（见图2-25）。

　　双轨条轨道电路是由两根钢轨并联传递牵引电流的，两钢轨间产生的不平衡电流比单轨条要小得多，因此对于牵引电流的阻抗较低，利于信号的传输，设备运行也相对稳定，缺点是造价较高，维修较复杂。

　　5）按轨道电路内有无道岔分类

　　依此标准，轨道电路可分为无岔区段轨道电路和道岔区段轨道电路。

　　无岔区段轨道电路内钢轨线路无分支，构成较简单，一般用于检车线、停车线及尽头调车信号机前方接近区段、两差置调车信号机之间的区段等。

　　按有无分支分，分为一送一受和一送多受轨道电路（见图2-26），道岔区段均为一送多受区段。

　　在道岔区段，钢轨线路有分支，道岔区段的轨道电路就称为分支轨道电路或分歧轨道电路。在道岔区段，道岔处钢轨和杆件要增加绝缘，还要增加道岔连接线和跳线。当分支超过一定长度时，还必须设多个受电端。

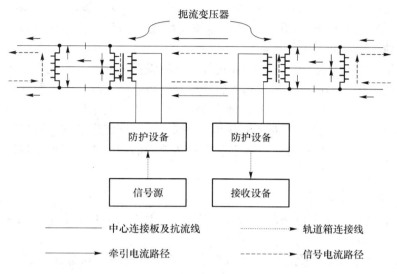

图 2-25 双轨条轨道电路

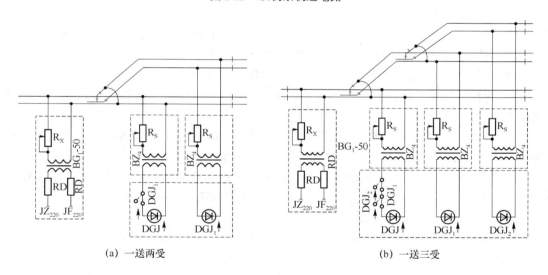

(a) 一送两受　　　　　　　　　　　　(b) 一送三受

图 2-26 一送多受轨道电路

车辆段内轨道电路分为无岔区段轨道电路和道岔区段轨道电路。

6）按分割方式分类

依此标准，轨道电路可分为有绝缘轨道电路和无绝缘轨道电路。

有绝缘轨道电路用钢轨绝缘将本轨道电路与相邻的轨道电路互相电气隔离。一般所说的轨道电路常指有绝缘轨道电路。

钢轨绝缘在车辆运行的冲击力、剪切力作用下很容易破损，从而使轨道电路的故障率较高。绝缘节的安装，给无缝线路带来一定的麻烦，有时须锯轨，因而降低了线路的轨道强度，增加了线路维护的复杂性。电气化铁路的牵引回流不希望有绝缘节，所以，为使牵引回流能绕过绝缘节，必须安装扼流变压器或回流线。因此，无缝线路和电气化铁路希望采用无绝缘轨道电路。

无绝缘轨道电路在其分界处不设钢轨绝缘，而采用电气隔离的方法予以隔离。电气隔离式又称谐振式，它是利用谐振槽路，采用不同的信号频率及谐振回路对不同频率呈现不同阻抗来实现相邻轨道电路间的电气隔离。

无绝缘轨道电路与有绝缘轨道电路相比较，具有较明显的特点和优点。由于去掉了故障率高的轨端机械绝缘，因而大大地提高了轨道电路的可靠性。在长轨区段安装不用锯轨，在电气化区段降低了轨道电路的不平衡系数，改善了钢轨线路的运营质量。

城市轨道交通正线上采用无绝缘轨道电路，取消了机械绝缘节和钢轨接头，大大减少了车辆轮对与钢轨接缝之间的碰撞，降低了轮对和钢轨的磨损，避免了列车过接缝时乘客的不舒适感。

4. 轨道电路的基本要求

（1）必须满足信号安全设备的"故障—安全"原则，出现故障后，分路时应有可靠的分路检查。

（2）在最不利条件下，受电端的接收设备在调整状态时应可靠工作，分路状态时应可靠不工作。如送电端的发送设备兼作机车信号发码电源时，其入口电流应满足机车信号接收灵敏度的要求。

（3）在最不利条件下，用 $0.06\ \Omega$（驼峰轨道电路取 $0.5\ \Omega$）电阻在轨道电路内的任何一处轨面可靠分路时，均应使受电端的接收设备可靠地停止工作。

（4）各种制式的轨道电路，在规定的技术性能范围内均应实现一次调整。

（5）为保证轨道电路能安全、可靠、正常地使用，任何制式的轨道电路均应进行完整的理论分析和计算。

（6）分路时，轨端绝缘破损、电路内任一元件故障，轨道电路不应失去分路检查或造成防护该轨道电路区段的信号机及机车信号机显示升级。

（7）适用于电力牵引区段的轨道电路，应能防护连续或断续的不平衡牵引电流的干扰。当不平衡电流在规定值以下时，应保证调整状态时稳定工作，分路状态时可靠不工作。

（8）电力牵引区段的轨端接续线应采用焊接式钢轨接续线。

（9）各型站内轨道电路，其间传递的信息均应和与其相配实现电码化的机车信号信息不同，且其送、受电端均应能适应电码化的要求。

二、音频轨道电路

音频轨道电路具有检测列车占用和传递 ATP/ATO 信息两个功能。音频轨道电路皆为无绝缘轨道电路，用电气隔离的方式形成电气绝缘节，取代机械绝缘节，进行两相邻轨道电路的隔离和划分。

1. 音频无绝缘轨道电路的基本工作原理

音频无绝缘数字轨道电路的每一个分段都有发送和接收器两个部分，二者经过各自的调谐单元与轨道相连接。调谐单元跨接在每个轨道电路两端的钢轨上。相邻轨道区段选用介于 $20 \sim 2\ 000$ Hz 范围内不同的频率。调谐单元与短路棒和轨道电路终端短钢轨的等效电感对本区段使用的信号载频构成并联谐振，谐振的效果使得相邻轨道区段形成电气绝缘，短路棒对本区段的信号呈低感抗，这样就阻止了本轨道电路区段的信号进入相邻的轨道区段。这种不使用机械绝缘节而起到绝缘作用的方法被称为"电气绝缘节"，即无绝缘轨道电路。调谐单元作为发送和接受的接口，不但可使相邻轨道隔离，还可以起到阻抗匹配的作用。

音频无绝缘数字轨道电路由室外和室内两部分组成，中间通过电缆联系。室外部分有两个主要部件，即钢轨内的分隔点和轨旁的调谐盒。轨旁调谐盒内含有调谐单元和方向转换电路。分隔节点及部分钢轨同调谐盒内的元件构成调谐回路。室内部分通过各自的收发单元与计算机联锁接口。

2. 音频无绝缘轨道电路的分类

（1）按信息处理技术分为模拟轨道电路和数字编码轨道电路。

模拟轨道电路用代表不同速度信息的低频对载频进行调制，该调制信号是模拟量，以实现对列车速度的控制。它只能传输速度信息，不能传输更多的 ATP 信息，因此只能实现阶梯式控制模式的固定闭塞。上海地铁 1 号线采用的原美国 GRS 公司的轨道电路和北京地铁采用的美国西屋公司的 FS – 2500 型轨道电路，就属于这一类。

数字编码轨道电路则用报文形式，通过数字编码对载频进行数字调频，该调制信号是数字量，以实现列车控制用各种信息（包括目标速度、目标距离、线路坡度、区间限制、轨道电路长度等信息）的传输。通过这种轨道电路可实现曲线式控制模式的准移动闭塞。上海地铁 2 号线采用的美国 US&S 公司的 AF – 904 型轨道电路，广州、南京、深圳地铁采用的德国西门子公司的 FTGS 型轨道电路，上海城市轨道交通 3 号线采用法国 ALSTOM 的 DTC921 型轨道电路，都属于这一类。

（2）按调制方式分为调幅轨道电路和调频轨道电路。

调幅轨道电路采用调幅的方式将低频信号调制在载频上予以传送。上海地铁 1 号线用的 GRS 公司的音频无绝缘轨道电路即采用调幅方式，它用 2 Hz、3 Hz 去调制 2 625 Hz、2 925 Hz、3 375 Hz、4 275 Hz 作为检测列车占用。

调频轨道电路采用调频和数字调频的方式将低频信号或报文载在载频上，多数音频轨道电路均采用此种方式。例如，FTGS917 型轨道电路采用 9.5 Hz、10.5 Hz、11.5 Hz、12.5 Hz、13.5 Hz、14.5 Hz、15.5 Hz、16.5 Hz 作为载频，偏频为 ± 64 Hz，+ 64 Hz 为 "1"，– 64 Hz 为 "0"，进行数字调频。

（3）按功能分为检测列车占用与传输 ATP 信息分开和检测列车占用与传输 ATP 信息合一两种方式。

检测列车占用与传输 ATP 信息分开的方式是检测列车占用采用一种方式，而 ATP 信息采用另一种方式。例如，GRS 公司的音频无绝缘轨道电路，用 2 Hz、3 Hz 调制 2 625 Hz、2 925 Hz、3 375 Hz、4 275 Hz 作为检测列车占用，用 8 种低频（0～20 Hz）调制 2 250 Hz，作为传送速度控制命令。VFGS 轨道电路用位模式调制载频作为检测列车占用，用报文调制载频发送 ATP 信息。

检测列车占用与传输 ATP 信息合一的方式是指检测列车占用和传输 ATP 信息由一种方式来实现。例如，FS – 2500 轨道电路，用 14 种速度码传送 ATP 信息，同时作为列车占用的检测，在接收端收不到信号时，即为列车占用本区段，但发送端照样可传送 ATP 命令。

AF－904型轨道电路也是这样，用报文传送 ATP 信息，同时作为列车占用的检测。

3. 短路连接音频轨道电路

早期的音频无绝缘轨道电路采用短路连接式，图 2-27 表示短路连接音频轨道电路的原理图。在发送端，电容器及两段钢轨组成并联谐振电路。在接收端，也由电容器 C 及两段钢轨（4.2 m×2）组成并联谐振电路，从而使该轨道区段 2 中只有其固定频率的信号被接收。该轨道区段两侧的短路铜线的作用之一是确保相邻轨道区段的音频信号互不干扰（另一项确保相邻轨道区段互不干扰的措施是使之具有不同的信号频率）；作用之二是保证两条钢轨共同平衡地作为牵引电流的回气。此连接铜线的截面积约为 600 mm²。

在短路连接音频软道电路中存在有一段"盲区"，当有车轴停留在盲区内时，区段 2 及区 3 的接收电压均高于额定电压，因此，同时向控制中心发出错误的"空闲""通报，这将导致极大的行车危险。从理论上讲，升高音频信号的频率将可缩短盲区的长度，但是，随着信号频率的升高，必须相应提高信号发生器的功率，以补偿钢轨上的损耗。在信号频率为 10 kHz 左右时，盲区的长度为 3 m 左右，具有一定的危险性。

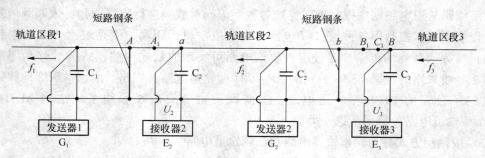

图 2-27 短路连接音频轨道电路

4. S 形连接式音频轨道电路

20 世纪 70 年代中期，国外一些公司研制成功了能克服上述弊端的 S 形连接音频轨道电路，其原理图如图 2-28 所示。与短路连接不同，就是把短路钢条连成"S"形方式，发送器的一个输出端和接收器的一个输入端接在 S 形导线的中间。电容器 C_1 与钢轨 L_1 及"S"形电缆的一半组成谐振于轨道区段 1 音频频率的并联谐振电路；电容器 C_2 与钢轨 L_2 及"S"形电缆的另一半组成谐振于轨道区段 2 音频频率 f_2 的并联谐振电路。两个并联谐振回路分别对 f_1、f_2 信号呈现高阻抗，以使信号能够发送、接收。C_3 与 L_3 组成谐振于轨道区段 3 音频频率 f_3 的并联谐振电路。

"S"形电缆将信号 f_1 与 f_2 阻隔，使它们不能向相邻区段传输。这样，就实现了 f_1 区段（轨道区段 1）与 f_2 区段（轨道区段 2）的相互隔离。

S 形连接电气绝缘节的特点为：

（1）谐振回路的品质因数 Q 值不高，因而频带较宽；

（2）相邻轨道电路区段在电气绝缘节区域存在重叠区，因此在整个轨道电路传输区域不存在"死区"。

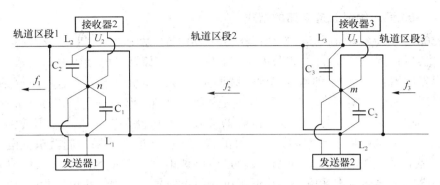

图 2-28　S 形连接式音频轨道电路原理图

三、GRS 公司的音频无绝缘轨道电路

上海地铁一号线采用原美国 GRS 公司的音频无绝缘轨道电路调幅方式（ASK），载频为 2 625 Hz、2 925 Hz、3 375 Hz、4 275 Hz，两种调制频率（码率）为 2 Hz 和 3 Hz，可组成 8 种不同的组合。相邻轨道电路采用不同频率不同码率的组合，可防止干扰，提高安全性。轨道电路最大长度为 400 m，分路灵敏度为 0.15 Ω。该轨道电路作为列车检测设备，并利用双轨条传输 ATP 速度命令和门控命令，还可用作牵引电流回路。

ATP 速度命令采用低频脉冲调幅方式（ASK），载频为 2 250 Hz，有 8 种不同的调制频率，6 种用于 ATP 速度命令，2 种用于门控命令（开左门 4.5 Hz，开右门 5.54 Hz），频率范围 0 ~ 20 Hz。6 个 ATP 速度命令分别为 20 km/h、30 km/h、45 km/h、55 km/h、65 km/h、80 km/h。每个闭塞分区的速度命令选择要符合安全和列车间隔要求，只有当安全制动距离所要求的运行前方轨道电路出清时，才向该分区的列车发送适当的速度命令。图 2-29 所示为 ATP 速度命令控制线。其中粗线表示列车占用的轨道电路区段。

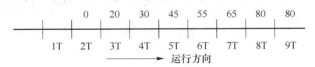

图 2-29　速度命令控制线

四、FS – 2500 型无绝缘轨道电路

北京地铁 1 号线、13 号线、八通线及天津地铁 1 号线采用美国西屋公司的 FS – 2500 型无绝缘轨道电路。该轨道电路是基于模拟无绝缘轨道电路的阶梯式速度控制模式。

1. FS – 2500 型无绝缘轨道电路的功能

（1）有效、及时、可靠地连续检测列车占用空闲，并向列车发送速度码信息。

（2）电源电压或道床电阻变化时保证可靠分路，并向列车发送足够功率的信息，保证车载设备可靠接收。

（3）防止牵引动力对轨道电路的干扰。

（4）断轨检查及自诊断。

2. FS－2500 型无绝缘轨道电路的组成

FS－2500 型无绝缘轨道电路 JTC 由码电源（MDU）、发送器（TX）、接收器（RX）、电源（PSU）、编码发生器（CG）、调谐单元（TU）和终端棒及继电编码电路组成，如图 2-30 所示。编码发生器可产生 14 种速度码的低频调制信号，经轨道电路发送器送至钢轨，为车载设备提供限速命令，实现列车超速防护。发送器向轨道电路发送相位连续、频率准确、输出功率恒定的移频键控（FSK）信号。接收器接收轨道电路的 FSK 信号，用数字信号处理技术检查 FSK 信号的幅度、频率和调制信号的特征，根据检查结果控制轨道继电器的动作。调谐单元、终端棒及其之间的短钢轨构成轨道电路调谐区，对本区段的载频构成并联谐振，轨道电路两端的终端棒对本区段信号呈低阻抗，阻止信号进入相邻轨道区段。

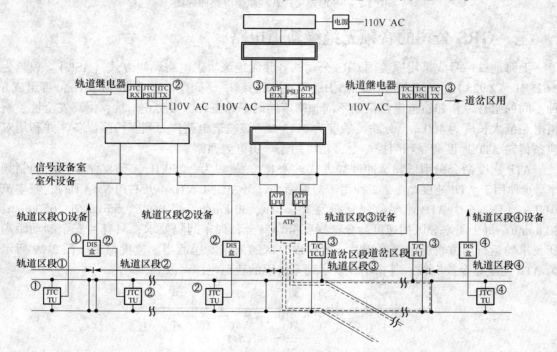

图 2-30　FS－2500 型轨道电路构成框图

ATP—列车运行自动防护；T/C—FS－2500 有绝缘轨道电路；JTC—FS－2500 无绝缘轨道电路；
TX—发送；RX—接收；PSU—电源；LFU—环路馈电单元；TU—调谐单元；DIS—分线盒；
TCU—轨道匹配单元；FU—轨道送电单元；CG—编码发生器
①、②、③、④分别指轨道区段①、轨道区段②、轨道区段③、轨道区段④

无绝缘轨道电路是以微处理器为基础的移频无绝缘轨道电路，具有 8 种载频，在 4 080～6 000 Hz 范围内选用，可供地铁上下行正线交叉配置使用。其中 4 080 Hz、4 560 Hz、5 280 Hz 用于上行线，4 320 Hz、5 040 Hz、5 520 Hz 用于下行线，4 800 Hz 用于道岔区段环路 ATP，6 000 Hz 用于特殊场合。FS－2500 型无绝缘轨道电路分路灵敏度为 0.15 Ω，最大长度可达 400 m。

在道岔区段采用 FS－2500/1－4 单轨条有绝缘轨道电路，在 1 700～2 600 Hz 范围内选用，用 15.6 频率进行调制，该轨道电路用于检测列车的占用/空闲。其 ATP 速度信息采用环路发送，环路最大长度为 150 m。环路内发送频率与无绝缘轨道电路相同。

FS-2500 型无绝缘轨道电路有 4 种速度码的低频调制信号，北京地铁 1 号线（含复八线使用其中 10 种，其频率范围在 28～80 Hz 之间，每 4 Hz 的频差为一种调制频率。低频调制信号经轨道电路发送器载频调制送至钢轨，为车载设备提供限速命令，实现列车超速防护。

五、50 Hz 微电子相敏轨道电路

地铁工程车辆段内的列车无机车信号显示，因此其轨道电路的功能仅为列车占用检查。由于其电力机车一般为直流牵引，且牵引回流为单条钢轨，50 Hz 交流连续式轨道电路需加设滤波器防护，滤波器故障不能保证安全，故轨道电路须采用单轨条回流方式的 50 Hz 相敏轨道电路。

1. 50 Hz 微电子相敏轨道电路技术参数

（1）能适应的最大直流牵引电流为 4 000 A。

（2）分路电阻为 0.15 Ω，分路残压不大于 10 V。

（3）送、受电端防护电阻的阻值不小于 1.6 Ω。

（4）极限长度 300 m。

（5）在钢轨阻抗为 0.8∠60° Ω/km，道碴电阻为 1.5 Ω/km～∞，50 Hz 电源的电压范围为 220 V±6.6 V 时，在轨道电路极限长度内，轨道电路能满足调整和分路检查的要求，并能实现一次调整。

（6）微电子相敏轨道电路接收器的交流工作电压为 13.5～18 V，工作值 12.5 V±0.5 V，理想相位角 0°，失调角不大于 30°，返还系数大于 85%。

（7）电源采用直流 24 V±3.6 V，其中交流分量不大于 1 V。

（8）送电端电缆允许压降不大于 60 V。

（9）当环境温度为 -25℃～60℃时，设备可靠工作。

2. WXJ50 型微电子相敏轨道电路接收器技术条件

（1）WXJ50 型微电子相敏轨道电路接收器安装在安全型继电器罩内，采用继电器插座。

（2）WXJ50 型微电子相敏轨道电路接收器的工作电源为直流 24 V±3.6 V，交流分量不大于 1 V，可由电源屏供给，也可另加独立整流电源供给。每套接收器耗电小于 100 mA（包括驱动 JWXC-1700 型轨道继电器的电流）。

（3）WXJ50 型微电子相敏轨道电路接收器局部电源为 110 V/50 Hz，由电源屏或另加独立电源供给。每套接收器局部输入阻抗为 30 kΩ，输入电流约为 3.7 mA。

（4）WXJ50 型微电子相敏轨道电路接收器的最后执行继电器 JWXC-1700 安全型继电器。

（5）轨道接收阻抗：$Z=500\ \Omega\pm20\ \Omega$，$\theta=160°\pm8°$。

（6）轨道接收信号与局部电源为理想相位 0°时，工作值为 12.5 V±1 V，返还系数大于 85%。

（7）具有可靠的绝缘破损防护性能。

（8）轨道输入采用调相防雷变压器（TFQ），具有较强的雷电防护能力。

（9）调相防雷变压器也安装在安全型继电器罩内，每个继电器罩安装两套设备，供两段轨道电路使用。

3. 50 Hz 微电子相敏轨道电路的原理

50 Hz 继电式相敏轨道电路的接收设备为交流二元继电器，存在较多问题。

（1）返还系数较低，约为 50%，不利于提高轨道电路的传输性能。

（2）由于其机械结构的原因，易发生接点卡阻，列车进入该轨道电路区段时，轨道继电器不能可靠落下，曾造成多起重大行车事故。

（3）抗干扰能力差。当列车升弓、降弓、加速或减速时，在轨道电路中产生较大的脉冲干扰，可能造成继电器错误动作，直接危及行车安全。

50 Hz 微电子相敏轨道电路接收器保留了原继电式相敏轨道电路的优点，克服了其缺点，是一种具有高可靠、高抗干扰能力的一种新型相敏轨道电路。

50 Hz 微电子相敏轨道电路如图 2-31 所示，局部电源和轨道电源分别由电源屏提供，并且局部电源超前轨道电源 90°。送电端轨道电源 GJZ_{220}、GJF_{220} 经节能器、轨道变压器降压后送至钢轨。受电端经中继变压器升压后送至调相防雷器（TFQ），再送至两台 WXJ50 型微电子相敏接收器。两台接收器双机并用，只要有一台接收器有输出，轨道继电器 GJ 即吸起，以提高轨道电路的可靠性。当 50 Hz 微电子相敏轨道电路接收器接收到 50 Hz 轨道信号，且局部电压超前轨道电压一定范围的角度时，微电子接收器使轨道继电器吸起。在 $\theta = 90°$ 时，处于最佳接收状态。当收到的信号不能完全满足以上条件时，轨道继电器落下。

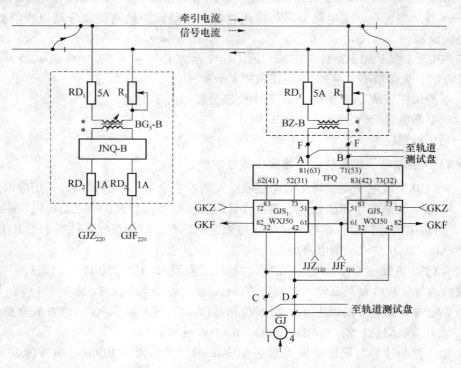

图 2-31　50 Hz 微电子相敏轨道电路

轨道电源、局部电源、调相防雷器、微电子相敏接收器、轨道继电器设在室内，节能器、轨道变压器、送电端防护电阻及熔断器设在室外送电端变压器箱内。中继变压器、受电端防护电阻及熔断器设在室外受电端变压器箱内，室内外设备用电缆相连。

六、数字轨道电路

数字轨道电路（Digital Track Circuit，DTC）的主要功能是：传输的信号使区间和站内股道轨道电路应满足调整、分路、断轨检查及 ATP 车载设备接收四种状态的要求；发送信号的载频、调制信息内容受控于 ATP 联锁控制设备；把轨道电路占用或空闲状态信息实时传送给 ATP 联锁控制设备；把轨道电路受端信号电压、设备故障状态等维护信息实时传送给 ATP 联锁控制设备。

在数字化轨道电路中，对轨道电路的要求是：轨道电路间无机械绝缘节，采用谐振式电气绝缘方式；区间轨道电路采用音频数字调制信号，载波频率为 4 种，区间上下行各两种，按交叉原则设置；满足区间列车双方向运行的运用要求；满足交流电力牵引区段运用。

数字轨道电路在 ATP 系统中起着信息传递的作用，轨道电路把控制中心发出的命令传递给列车，同时将列车的位置信息返回给控制中心，控制中心据此形成后续列车的控制命令。轨道电路具备双重作用——列车占用检知和信息传递。

区域控制中心（ICU）与 DTC 之间的信息交换是通过现场总线 CAN 来实现的，DTC 与车载系统（On-board system）之间的信息传递通过钢轨线路与车载传感器的配合来完成。

1. 国产化试验型数字轨道电路

1）结构及工作原理

DTC 内部结构如图 2-32 所示。通信板接收 ICU 发出的列控命令，将数据解包后，分送给各个轨道电路的发送和接收设备。发送板根据通信板送来的列控命令形成 DTC 信息，调制后送功放，经传输设备、钢轨回送至接收板。接收板对信号解调并判断轨道电路区段是否有列车占用，再将此信息报告给通信板。通信板把轨道电路状态报告给 ICU。同时为了使 ICU 及时了解 DTC 设备的工作情况，各单元设备将自身的工作状态报告给通信板，然后由通信板将数据打包发送给 ICU。列车进入轨道区段后，通过装设在前部的传感器接收控制命令。

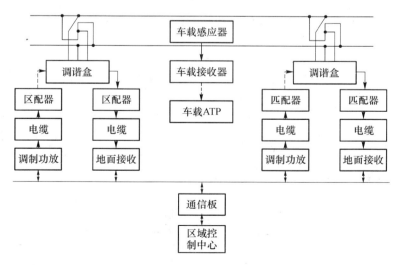

图 2-32　DTC 内部结构图

数字轨道电路采用谐振式电气隔离方式，设备集中在机械室，信号由电缆传送到钢轨。轨道电路与区域控制中心的接口采用数字方式，信息编码及轨道区段列车占用/空闲检测均为无接点方式。

2）技术条件

信号载频共有 8 种：9.5~16.5 kHz，频率间隔为 1 kHz。

频偏：±100 Hz。

调制方式：MSK。

传输速率：400 bit/s。

信息量：最大允许 48 bit/s。

系统工作时的牵引方式：直流 1 500 V/750 V，交流 50 Hz。

3）可靠性及安全性设计

（1）采用模块化设计，功能单一。

（2）设备故障自检测，报警及时。

（3）系统采用双系统结构，不停机更换故障设备。

（4）采用成熟的元器件，以使元器件的缺陷影响降到最小。

（5）设备采用 2 取 2 的结构，比较输出。

（6）采用闭环检查方式，减少故障输出。

（7）通信方式采用定期应答方式。

2. DTC921 型数字轨道电路

上海轨道交通 3 号线采用法国 ALSTOM 的 DTC921 数字无绝缘轨道电路，以频率划分各段轨道电路，其工作频率为：9.5 kHz，11.1 kHz，12.7 kHz，14.3 kHz，15.9 kHz，17.5 kHz，19.1 kHz，20.7 kHz。调制方式 MSK（最小移频键控），频偏为 ±100 Hz，调制速率为 400 bit/s，具有调制效率高、传输信息量大等特点。轨道电路分路灵敏度 0.5，轨道电路长度为 20~400 m。ATP 信息采用与轨道电路同样的频率，调制方式 MSK，调制速率 500 bit/s。

DTC921 型轨道电路由室内处理单元、室外调谐单元、S 棒、连接电缆及钢轨构成，如图 2-33 所示。

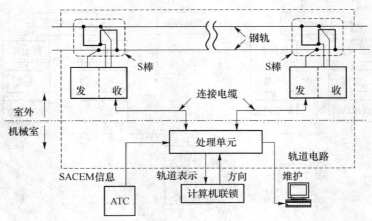

图 2-33　DTC921 型轨道电路框图

处理单元设于车站信号机械室内，用于发送、接收及处理信号；两个调谐单元谐振于本段轨道电路的工作频率；S棒和调谐单元共同把发送信号耦合到钢轨上。处理单元具有与ATC、VPI（计算机联锁）设备的接口，ATC设备提供轨道电路发送给列车的SACEM报文信息（机车信号），另外还提供维护用的接口。

3. AF–904型数字轨道电路

AF–904型数字（音频）轨道电路是美国US&S公司ATC系统的基础设备之一。

AF–904是联锁逻辑处理单元和车载设备之间的通信接口，实现了正线区段轨道占用检测及地对车的ATP数字信号传输双重功能，智能化程度高。AP–904型轨道电路在上海地铁2号线和天津滨海线运用。AF–904型的分路灵敏度，在轨道电路的发射端、接收端和中间点为0.25Ω。

AF–904系统的主要设备包括控制机箱、轨道耦合单元和轨道连接器（S棒），按地点可分为轨旁设备和信号室内设备两部分。

1）轨旁设备

轨旁设备由轨道耦合单元、500MCM连接器（S形电缆）和环线3部分组成，在轨道之间或沿轨旁安装。采用的是互耦方式。

轨道耦合单元将轨道信号连接到控制机箱的接收和发送电路，并调谐到轨道电路的载频频率。它安装在轨旁，包括两个独立的耦合电路。每个耦合电路都由变压器和可调电容器组成槽路。它们也作为轨道电路的端点，并且实现与S棒的阻抗匹配。

500MCM连接器是由截面178 mm²的电缆制成的S形电缆，称为"S棒"。放在两根钢轨中间，两端点被焊接到钢轨上。一匝电线构成的环线与500MCM连接器之间是空气耦合，并通过耦合单元、对绞电缆与轨道电路室内控制柜（TM）的辅助板相连。发送的轨道信号电流在S形电缆中形成环流，并感应进入钢轨。接收的信号也从钢轨感应进入电缆。

借助其外形尺寸，可提供很强的方向性，以设定轨道信号电流的方向。

2）信号室内设备

控制机箱以微处理器为基础，测量轨道信号的幅度，以检测列车的存在，发送和接收ATP信息的移频信号，以及进行内部或本地系统的连续诊断等。控制机箱装在TM柜内，每个TM柜最多可安装3个机笼，每个机笼可配置4段非冗余轨道电路。由于每段轨道电路的应用程序存在一个独立的位于机笼母板上的可擦除可编程只读存储器（EPROM）中，故在定期更换控制板时无须重新设置。这样，任何一段轨道电路的单盘都相同，使得轨道电路的故障诊断和维护更便捷。每段轨道电路由两套设备构成"热备用"，备用设备处于"热备用"状态，不需经过启动程序即可转至在线状态。

3）AF–904系统的工作原理

AF–904系统不间断地向轨道发送数字编码信息，并监视其接收器感应到的信号，作为对列车占用的检测。

AF–904系统与联锁系统之间通过RS485接口进行通信。AF–904系统接收来自联锁系统的串行信息（目标速度、目标距离等），再加上本轨道区段信息（轨道电路ID号、线路速度等），形成复合信息；然后将复合信息用NP，ZI格式编码形成报文帧，结合机笼后面的方向继电器，以频移键控（FSK）调制方式把报文送至相应的耦合电路，经单匝环线与"S"棒耦合；然后由车载ATP接收、解码并校验信息的正确性，验证完毕后执行ATP功能，完成数字车载信号的传输功能。

4. AF－902 数字编码无绝缘轨道电路

AF－902 数字编码无绝缘轨道电路（简称 AF－902），采用 FSK 调制解调方式，双套冗余配置，可以满足故障切换的需要。它提供列车检测和向车载设备传送数字编码机车信号数据的功能，这些数据可用于完成列车自动防护（ATP）。

如图 2-34 所示，AF902 由室内处理设备和轨旁设备构成。室内处理设备包括主设备和备份设备，每个设备均包括主处理板、辅助处理板和电源板；轨旁设备由轨道耦合单元、导接线等构成。室内处理设备、联锁系统 Microlok Ⅱ 单元均采用主备冗余结构，以满足故障切换的需要。

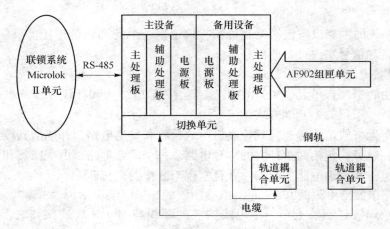

图 2-34　AF－902 结构图

AF－902 从联锁系统获得数据并进行编码，然后将编码数据帧发送到钢轨上，车载 ATP 通过感应器接收并解码该数据帧，完成列车控制功能。该数据帧中包含：线路限速、目标速度、区段长度、坡度、运行方向、门控信号、下一区段载频和编组/解编组等信息。

AF－902 型轨道电路的载频为 9.5 kHz，10.5 kHz，11.5 kHz，12.5 kHz，13.5 kHz，14.5 kHz，15.5 kHz，16.5 kHz，频率偏移为 ±200 Hz；调制方式采用 BFSK（二进制频移键控）；速率为 200 bit/s。机车信号数据传送的信息帧为 71 bit。其中帧头 8 bit，数据 37 bit，填充 0～10 bit，CRC 校验 16 bit。

七、FTGS 型音频无绝缘轨道电路

广州地铁 1 号线、2 号线及深圳地铁、南京地铁 1 号线采用了西门子公司的 FTGS 型音频无绝缘轨道电路，它是报文式数字轨道电路。全线及车站区域采用统一型号的 FTGS 轨道电路。正线和道岔区间不需要不同的轨道电路。连续自动列车控制系统使用 FTGS 的感应发送设备从钢轨向列车发送数据。

1. FTGS 型轨道电路概述

FTGS 是西门子公司的遥供无绝缘音频轨道电路的德文缩写，意思是"西门子公司的遥供无绝缘音频轨道电路"。FTGS 由调频电压远程馈电。

FTGS 型轨道电路用于检测轨道电路的占用状态，并发送 ATP 报文。当区段空闲时，由室内发送设备传来 FSK 信号,通过轨旁单元在轨道电路始端馈入轨道,并由轨道电路终端接收传至室内接收设备,经过信号鉴别判断(幅值计算、调制检验、编码检验),完成轨道区段的空闲检测。当接收器计算出接收的轨道电压幅值足够高,并且解调器鉴别到发送的编码调制正确时,接收器产生一个"轨道空闲"状态信息,这时轨道继电器吸起表示"轨道空闲"。列车占用时,由于列车车轮分路,降低了终端接收电压,以致接收器不再响应,轨道继电器达不到相应的响应值而落下,发出一个"轨道占用"状态信息。当轨道区段被占用时,发送器将 ATP 报文送入轨道,供车上接收。

报文式数字编码从 ATP 轨旁设备向 ATP 车载设备传输,传输速率为 200 Bd。电码有效长度 136 bit,包括车站停车点、下一个轨道电路的制动曲线、运行方向、开门、入口速度、允许速度、紧急停车、限速区段速度、目标速度、目标距离、当前轨道电路识别、下一个轨道电路识别、轨道电路长度、下一个轨道电路的坡度、下一个轨道电路的频率等信息。

FTGS 型轨道电路为兼有选频和数字编码的混合方式,采用选频和数码双重安全措施。发送端由位模式发送器发送调频信号,接收端接收该信号,由位模式校核器检测调频信号的幅值、预置频率和预置数码,才能给出轨道电路空闲的表示。这样,轨道电路就明显提高了安全可靠性。

FTGS 型轨道电路由室内设备和室外设备两部分组成,室内设备主要是发送器和接收器,室外设备为耦合单元和 S 棒。发送器和接收器集中安装在控制室内,从控制室到轨道区段的最大距离可达 6 km。室内外设备通过电缆连接。发送电缆和接收电缆分开使用,排除了由于芯线的接触而引起的电气干扰。

2. 室内设备

FTGS 的所有电子组件都安装在控制站的机械室内。组匣安装在轨道电路组合架上,每个组合架分为 A、B、C、D、E、F、G、H、J、K、L、M、N 共 13 层。其中:A 层为电源层及熔断器层;B 层为电缆补偿电阻设置层;C 层为信息输入、输出及方向转换层;D~N 层为轨道电路标准层。每层为一个轨道电路组匣,一个轨道电路只需一个组匣,即 1 个轨道电路架可安装 10 套 FTGS 轨道电路。发送器、接收器和轨道继电器组件设计成即插即用单元。在轨道上不需安装任何电子组件,只在轨旁盒内安装免维修的调谐单元,以获得高可靠性、高可用性。在组匣上有大量的运行状态指示灯,能迅速定位故障并立即替换故障功能单元,易于维修。

3. 室外设备

室外设备有电气绝缘节和轨旁盒。

1)电气绝缘节

电气绝缘节由短路线(S 棒)和轨旁盒内的调谐单元组成,是划分 FTGS 轨道区段的重要设备。FTGS 型轨道电路除了道岔绝缘为机械绝缘节外,其他都采用电气绝缘节。

2)轨旁盒

轨旁盒是用以连接电气绝缘节与室内设备的中间设备。每个轨旁盒内一般可分为两部分,对称布置。一部分作为一个区段的发送端时,另一部分则作为相邻区段的接收端。每部分由一个调谐单元和一个转换单元组成,调谐单元接电气绝缘节,转换单元接室内设备。每个轨旁盒用一根电缆与室内设备连接,有四根电缆与电气绝缘节相连,另有一根地线。

轨旁盒内一般可分为左、右两部分，对称结构布置。每部分都由一个调谐单元和一个转换单元组成；一部分作为一个区段的发送端时，另一部分则作为相邻另一个区段的接收端。每一部分的调谐单元接电气节，转换单元接室内设备。

4. 与其他设备的接口

FTGS 型轨道电路系统将轨道电路的占用、空闲信息传给联锁计算机，同时把轨道占用信息传给轨旁 ATC 设备。轨旁 ATC 设备收到轨道占用信息后，将 ATP 报文传给 FTGS 轨道电路，再发送至列车上。

5. FTGS 型轨道电路技术指标

应用范围：车站和区间，道岔和交分道岔。

牵引回流：双轨条。

抗干扰：通过频率调制传输。

电缆故障：通过编码传输和混线检测系统检测。

故障—安全措施：接收部分为双通道结构；轨道继电器的相同开关状态，通过两个继电器的不同状态检测错误。

工作/全部频率：9.5～16.5 kHz。

调制：频率调制（移频键控）。

传输速度：时分比特位传输 U_b≤200 bit/s；

LZB 电码传输 U_b≤200 bit/s。

运营可靠性：MTBT＝0.2 个故障/年。

最大控制距离：6.5 km（轨旁盒—联锁柜）。

电缆有效长度：最大值 1.5 km（根据接线情况）。

轨道电路有效长度：30～300 m（见表 3－4 所列）。

环境温度：－30℃～＋70℃。

轨道继电器吸合、释放延迟：$t_{吸}$＝0.6 s，$t_{落}$＝0.35 s。

供电：工作电压交流 184～253 V。

功耗：标准配置 65 V·A；道岔配置 75 V·A；中央馈电 75 V·A；交分道岔 85 V·A。

轨道道碴电阻：最小 R_B＝1.5 Ω/km。

额定分路灵敏度：R_A≤0.5 Ω。

6. FTGS 型轨道电路的特点

FFGS 型轨道电路具有以下特点。

（1）可用于无岔区段和道岔区段，并针对轨道电路的不同位置，分别采用不同类型的电气绝缘节。在站间、道岔区段、站台区段、轨道终端分别采用 S 棒、终端棒、改进型短路棒和短路棒。

（2）可以根据列车运行方向，自动转换轨道电路的发送端和接收端。

（3）列车占用某区段时，其发送设备转发用于控制列车运行的报文。

（4）有电缆混线监督功能。

（5）安全可靠性较高，在接收设备中采用了双通道结构，以保护系统免遭潜在的元件故障而导致系统瘫痪。

（6）室内外设备采用电气隔离。

（7）有较多的故障表示信息，方便维修。

（8）每个区段单独供电，确保了整个系统的高可用性。

（9）标准化电路板的使用可把备件量降至最低。

（10）由于有大量的运行状态指示灯，因此能迅速定位故障并立即替换故障功能单元，易于维修。

FTGS 型轨道电路抗干扰性能高，能有效防止牵引回流的影响。它能与精确停车设备、车地通信设备在同一个轨道区段内使用。采用较高程度的模块化设计，设备安装、维护较容易，可靠性较高。FFGS 型轨道电路的不足是设备投资和维护成本较高，对使用环境要求较高，例如，要求轨面光洁，一般需经打磨后才能正常使用。

任务五　认识微机计轴设备及应答器

由于电气化铁路的牵引电流回流与轨道电路共用一个通道，所以强电流对弱电流的干扰是不可避免的。随着电力机车变流控制技术的发展，牵引电流的高次谐波对轨道电路的干扰影响越来越大。此外，轨道电路的工作状态还严重依赖于道床状态，在道床电阻很低的场合，无论何种轨道电路都无法正常工作。因此，在一些站内轨道电路分路不良及雨季"红光带"等特殊情况下使用计轴器作为检测轨道区段是否空闲的装置是非常有必要的。

计轴技术是以计算机为核心，辅以外部设备，利用统计车辆轴数来检测相应轨道区段占用或空闲状态的技术。发达国家的计轴技术起步比较早，并已开发出技术成熟的产品，如阿尔卡特公司、德国西门子公司等都在开发和使用计轴系统。

一、计轴系统的基本原理

电子计轴器包括室外部分及室内部分（信号楼或控制中心），室外部分包括地面传感器（计数点）、电缆盒、传输电缆；室内部分主要是信号处理电路及计数处理电路。一个计轴区段在入口和出口各设一套轨旁设备（传感器、电缆盒等），同时在控制中心各设有对应的计数器。设在控制中心的计轴运算器把入口和出口的轴数进行比较进而判断轨道区段的状态。

当有列车驶入区段时，入口计数器（初值为零）开始计轴，计轴运算器把入口计数器和出口计数器（初值为零）所计的轴数相减，这时的轴数随列车进入的数量而增加；当列车完全进入区段后，轴数不变；当列车开始从出口驶出时，出口的计数器开始计数，这时计轴运算器的数值随列车驶出的数量而减少。列车完全出清本区段时（即驶出的轴数与进入的轴数相等），轴数等于零。

电子计轴器已经历了近 20 年的发展，有适应于各种情况的多种类型。这里选择最有代表性的 ZP43 型地面传感器（计轴点）及微计算机计轴系统 AzSM 作为例子说明。

1. 电子计轴点 ZP43

西门子公司开发的电子计轴点 ZP43 在计轴系统中作为传感装置。ZP43 对电磁干扰不敏感，安装方便。由于其高机械稳定性及恒定的电气参数，所以几乎不需维护保养。

计轴点是计轴系统的车轮识别点。它位于轨道区段分界点处。装在这个位置上的传感元件、轨旁设备、电缆接线盒组成一个功能单元，称为计数点 ZP。因车轮作用而在 ZP 中形成的脉冲或信号经由区间电缆传送至位于控制中心的计数单元。

随着时代的发展，计数点的使用条件发生了变化，它必须满足越来越高的要求。如：随着列车速度提高，轨旁设备的机械应力也相应增加。较高的机车牵引力就要求大功率的供电网。在列车驶过时，由于较大的回流致使在钢轨内出现强大的电流跳变。此宽阔的高频干扰谱对计轴点产生明显的影响。高速列车上所采用的磁轨制动，在制动时将在轨旁设备的接收线圈中产生较高的干扰电压。

实验室及现场试验表明，用新开发的 ZP43 能足以防护上述几种干扰影响。

计数点 ZP43 是一种车轮电磁识别装置，也即在计数点作用范围内，一对车轮就可改变其交流电磁场的分布，并引发出一个计数脉冲。

每个计轴点 ZP43 包括一个带有固定连接电缆的轨旁设备与一个电缆盒。轨旁设备包括发送器和接收器，它们用两个固定螺栓与一块屏蔽金属板一起固定在轨腰上。由于结构上及生产上的措施（例如：玻璃纤维加强外壳、浸在聚氨酯泡沫中的空心线圈），使得其元件有特别强的抗机械应变的能力。

为了能判别列车不同的运行方向，必须有两个紧密相依的车轮识别系统。ZP43 的发送器和接收器外壳都有双套系统。两个系统间事先给定的距离构成了经由它们的时间差，由此时间差来判定列车运行方向。

2. 计算机计轴系统 AzSM

微计算机计轴系统是一种基于微计算机的轨道区段空闲或占用检测的安全设备。AzSM 是"带有多段计数的西门子计轴系统"的英文缩写。在被检测轨道区段的始、终端置有车轮传感器（计数点）。每个车轮传感器经由通信电缆与中央计数设备相连。对车轮传感器的供电也经由此联系通道实现。在固定方向上作为中央处理和监控的计数单元，其任务是将来自计数点的轴脉冲信息归总成一个总体结果及给出每一个轨道区段的空闲或占用表示。

AzSM 包括：（1）在所监控轨道区段两端的计数点；（2）最多包括 16 个计数点的计轴单元。

计数单元是一种基于微计算机系统的可靠的数据处理设备。其核心是经过安全性证明的计算机系统 SIMIS – 3216，该系统有 3 个数据处理通道，在 3 个通道内的数据流同步。在结构上，计数单元装在 4 排框架上，组件用插入方式安装在框架上。

AzSM 的主要特征为：（1）最多可接续 16 个计数点；（2）自动纠错；（3）经由联锁总线或调制解调器向计算机服务器及维修中心给出故障表示。

AzSM 在轨道区段的始、终端放置车轮传感器，用以识别在该线路上驶过的列车的所有车轮（轴）数以及运行方向。

二、应答器

应答器也称信标，它也是信号系统的基础设备，随着 ATC 系统的普及，应答器在城市轨道交通中得到广泛的应用。不同的应答器应用于不同的信号制式，而且称呼也不相同；应答器有"有源应答器"和"无源应答器"之分，也称为"有源信标"和"无源信标"。

　　在点式 ATP 子系统中，利用设置在每个车站出站信号机处的应答器向列车传送 ATP 信息；在基于模拟轨道电路的 ATC 系统中，利用设于区间和车站的应答器（也称为标志器），实现列车在车站的程序对位停车控制；在基于"距离定位"制式的 ATC 系统用无源应答器进行列车定位校核，有源应答器用于车地信息交换。CBTC 系统中无源应答器主要用于列车定位校准，而有源应答器主要用于信号后备系统中向列车传送点式信息。应答器由地面、车载两部分设备构成，如图 2-35 所示。

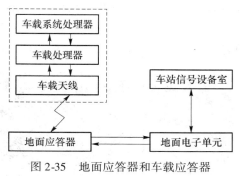

图 2-35　地面应答器和车载应答器
的动作示意图

1. 地面应答器设备

　　信号系统为每一个地面应答器分配一个固定的坐标。地面应答器的主要功能是接收车载应答器天线传递的载频能量和向车载天线发送数据信息。地面应答器是一种可以发送数据报文的高速数据传输设备。地面应答器应能提供上行数据链路，实现地对车的数据传输。地面应答器应具有足够的、可用的固定信息容量，当与地面电子单元连接时，能提供实时可变的数据信息。

　　1）地面电子单元（LEU）

　　地面电子单元是一种数据采集与处理单元，当有数据变化时（如信号显示改变等），将改变后的数据，形成报文传送给应答器进行发送。

　　2）地面应答器

　　地面应答器有无源应答器和有源应答器两种。无源应答器向列车传送的固定的信息；而有源应答器一般都与地面电子单元连接，通过连接的地面电子单元，可实时更新地面有源应答器中存储的数据。地面无源应答器通过接受车载应答器天线传递的载频能量，获得电能量，使地面应答器中的信号发生器工作，然后将事先存储于地面应答器中的数据发送车载天线。

　　当车载应答器天线在有效作用范围内时，地面应答器需发送连续的信息。应答器发送的信息形成一个无缝的报文信息流，该报文由同步码、有效信息及校验码组成。一个应答器只能发送一种长度的报文。

　　无源应答器向列车传送固定的数据信息，以告知列车已经到达线路的某一个固定的位置，例如：告知列车已经接近车站，列车进入自动对位停车程序；又如：列车收到某一个信标信息，列车可以自动校正定位的误差。城市轨道交通无源应答器的使用如图 2 – 36（b）所示。

　　可变编码的有源应答器内的数据报文，是随外部控制条件产生变化。列车接近到应答器的一定距离时，地面应答器内的数据应该保持不变。

　　有的城市轨道交通在车站的出站信号机处设置出站有源应答器，它根据车站联锁确定的列车发车进路状况，向列车传送包括列车运行方向及进路状态等信息。城市轨道交通有源应答器的使用如图 2-36（a）所示。

2. 车载应答器设备

　　每个地面应答器对应于线路的某一个固定的坐标，所以列车收到地面应答器信息可以对列车行走的里程进行精确的定位及校正。列车收到前一个地面应答器的信息后，可判断该应答器的特性、位置。这些信息特性包括：地面应答器所处的位置、位置参数的精度、列车的运行方向等。如果接收到的地面应答器的信息与预期的不同，车载应答器解码设备应有相应的表示或相应的输出，以便车载 ATP 设备做出相应的反应，并采取相应的安全措施。

（a）有源应答器　　　　　　　　　　　（b）无源应答器

图 2-36　有源应答器和无源应答器示意图

车载接收器的主要功能如下。

发送地面应答器需要的能量；接收来自地面应答器的信息；分析接收到的数据流，找出完整的报文、形成处理好的无错码报文、确定定位参考点，从车上向地面发送包括检查码在内的各种信息。

车载应答器设备包括：车载天线、解码器、载频发生器与功率放大器等。

车载天线是一个双工的收发天线，既要向地面发送激活地面应答器的功率载波、还要接受地面应答器发送的数据报文。

载频发生器与功率放大器，用于产生激活地面应答器所需的载频能量，并通过车载天线传递给地面应答器。

车载解码器是用于对地面应答器的数据进行处理的模块，由微处理器、滤波器和其他相关单元组成。解码器用于对地面应答器信息的接收、滤波、数字解调与处理，经处理的数据通过相应的接口传送至相关的设备，如车载 ATP 设备、司机显示单元或无线设备。

项 目 小 结

本项目主要介绍了各种信号设备，包括继电器、信号机、转辙机、轨道电路、微机计轴设备及应答器。重点介绍了城市轨道交通信号机的设置原则、信号机构选择、灯光配列和信号显示制度；阐述了转辙机的作用、基本要求和分类；介绍了 ZD6 系列和 ZYJ7 型转辙机的结构特点和动作原理；阐述了转辙机的作用、基本要求和分类；说明了轨道电路在城轨设备中的重要作用及原理，同时也介绍了微机计轴设备和应答器的功能。

习题

一、单选题

1. 继电器根据电磁原理随着（　　　）的动作，动接点与静接点接通或断开，从而实现对其他设备的控制。

A. 衔铁　　　　　　　B. 线圈　　　　　　　C. 铁心　　　　　　　D. 轭铁

2. 按（　　）分类，可将继电器分为电磁继电器和感应继电器

A. 动作电流　　　　　　　　　　　　B. 接点结构

C. 输入量的物理性质　　　　　　　　D. 动作原理

3. 城市轨道交通的正线上一般采用 9 号道岔，车辆段（停车场）一般采用 7 号道岔，通常一组道岔由（　　）台转辙机牵引。

A. 一　　　　　　　　B. 二　　　　　　　　C. 三　　　　　　　　D. 四

4. （　　）灯光具有较高的区别性，作为道岔状态表示器表示道岔在直向开通的灯光，基本能满足需要。

A. 紫色　　　　　　　B. 红色　　　　　　　C. 黄色　　　　　　　D. 绿色

5. 按传动方式分类，转辙机可分为（　　）。

A. 直流转辙机和交流转辙机　　　　　B. 可挤型转辙机和不可挤型转辙机

C. 电动转辙机和电动液压转辙机　　　D. 内锁闭转辙机和外锁闭转辙机

二、多选题

1. 继电器类型很多，但均由电磁系统和接点系统两部分组成。其中，电磁系统主要包括（　　）等。

A. 线圈　　　　　　　B. 铁心　　　　　　　C. 衔铁　　　　　　　D. 动接点

E. 静接点

2. 以下地面信号机的设置原则正确的有（　　）。

A. 设于列车运行方向右侧

B. 设于列车运行方向左侧

C. 车辆段的进段、出段信号机及停车场的进场、出场信号机均采用高柱信号机

D. 车辆段的进段、出段信号机及停车场的进场、出场信号机均采用矮柱信号机

E. 信号机不得侵入设备限界

3. 直流继电器是由直流电源供电的，它按所通电流的极性，又可分为（　　）继电器。

A. 无极　　　　　B. 偏极　　　　　C. 有极　　　　　D. 感应

E. 整流

4. 关于信号显示距离，以下说法正确的有（　　）。

A. 行车信号和道岔防护信号应不小于 200 米

B. 行车信号和道岔防护信号应不小于 400 米

C. 调车信号和道岔状态表示器应不小于 200 米

D. 引导和道岔状态表示器以外的各种表示器应不小于 100 米

E. 引导和道岔状态表示器以外的各种表示器应不小于 50 米

5. 用发光盘取代信号灯泡具有可靠性高、（　　）等显著优点。

A. 寿命长　　　　　B. 节省能源　　　　　C. 聚焦稳定　　　　　D. 无冲击电流

E. 光度性好

三、判断题

1. ZD6 系列电动转辙机是由于我国铁路提速需要，从德国西门子公司引进设备和技术，

经消化吸收和改进后，迅速在主要干线推广运用的转辙机。（　　）

2. 城市轨道交通信号的光源为白炽灯产生的白色光。（　　）

3. 转辙机在出厂时已对摩擦力进行了标准化测试调整，现场维修人员不得随意调整摩擦力。（　　）

4. 城市轨道交通一般采用交流工频牵引。（　　）

5. 轨道电路的第一个作用是监督列车的占用，第二个作用是传递行车信息。（　　）

四、简答题

1. 简述继电器的基本原理。

2. 继电器在信号中有哪些作用？

3. 信号继电器如何分类？

4. 安全型继电器有哪些特点？

5. 简述无极继电器的结构和工作原理。

6. 透镜式色灯信号机由哪些部件组成？

7. 组合式色灯信号机和透镜式相比有何不同？有何优点？

8. LED 色灯信号机如何组成？有何优点？

9. 城轨信号机位置的设置有哪些原则要求？

10. 对信号显示有哪些基本要求？

11. 转辙机有何作用？如何分类？

12. 简述 ZD6 型转辙机的结构和各部件的作用。

13. S700K 型电动转辙机有何特点？

14. 液压传动有何优缺点？

15. 简述 ZYJ7 型电液转辙机的结构。

16. 简述轨道电路的基本原理。

17. 轨道电路在铁路信号中有哪些作用？

18. 交流连续式轨道电路由哪些部件组成？

19. 简述音频轨道电路的基本原理。

20. 简述音频轨道电路的分类。

五、案例分析

【案例一】

一、事故概况

2001 年 9 月 9 日 15 时 33 分，某次货物列车进××站 4 道停车，补机副司机下车搞解制动软管后，单机 15 时 38 分行至 D5 信号机外方准备进入下行线开单机。司机与闲人说话分散精力，未确认 D5 信号就盲目动车（此时，车站正在办理××次旅客列车 11 道上行进路），在运行中听到异音，立即紧急制动停车，下车检查发现是机车运行方向后台车 4、5 位轮对脱轨，但没发现脱轨机车侵入上行线。司机惊慌上车，用无线列调呼叫车站，没有得到答复，又下车与副司机商量想用复轨器自救。

此时，××次旅客列车进入该车站正常通过，运行至 K246＋488 处时，司机、副司机看到有人用红上衣显示停车，同时发现 13/15 号道岔处有机车停留，使用紧急制动停车不及，××次列车的机车与××号机车侧面冲突。造成内燃机车小破 2 台；人员轻伤 5 人；损坏岔枕 10 根、普枕 10 根；中断正线行车 1 小时 45 分。构成列车冲突险性事故。

二、原因分析

××号机车司机臆测行车，违反了规定——调车机车司机在作业中应做到："时刻注意确认信号，不间断地进行瞭望，认真执行呼唤应答制，正确、及时地执行信号显示的要求；没有信号不准动车，信号不清立即停车。"在调车信号为蓝灯及副司机未到前端的情况下，不执行呼唤应答制度，不认真确认信号，一人盲目动车，擅闯信号，造成机车脱轨。

分析讨论：

1. 调车信号机的显示距离应为多少，当显示达不到要求时怎么处理？
2. 调车信号机有几种显示？各有何意义？
3. 信号机是否会出现乱显示，是否会造成显示升级？为什么？

【案例二】

一、事故概况

1991 年 4 月 27 日 11 时 23 分，××次旅客列车接近沪杭线 K168 线路所上行通过信号机时（已开放），司机发现 2 号道岔开通安全线，立即采取紧急制动措施，但停车不及，致使列车进入安全线并冲出土挡，造成机车及机后 1～6 位车辆脱轨。旅客轻伤 7 名，列车乘务员轻伤 1 名；机车中破 1 台，客车报废 2 辆、大破 3 辆、小破 2 辆，线路损坏钢轨 50 米，枕木 20 根。构成旅客列车脱轨重大事故。

二、原因分析

4 月 27 日，××电务段××信号工区，按计划在沪杭线 K168 线路所进行更换 1/2 号道岔电动转辙机，于 10 点 40 时施工结束，当试验扳动道岔时，发现道岔不转换，施工人员将 1 号道岔电缆盒端子配线互换之后，道岔定、反位能转换，但控制台无表示，又将 2 号道岔表示电路中的整流二极管反接，控制台道岔位置有显示，此时参加施工的段信号技术室工程师、领工员、信号工长及信号工均认为故障已全部排除，但未核对道岔表示和实际位置是否一致，就盲目在《行车设备检查登记簿》上销记签字，交付使用。车站即办理 72 次 168 公里线路所上行通过进路并开放信号，当机车司机发现开通安全线采取紧急制动后，进入安全线造成脱轨重大责任事故。

分析讨论：

1. 信号人员在这起事故中应吸取什么教训？违反了哪些规定？
2. 试分析这起故障的主要原因。

项目三

联 锁 设 备

 【知识目标】

- 理解联锁的含义
- 理解联锁的基本功能
- 了解继电联锁的设备组成
- 理解联锁设备的使用方法

 【能力目标】

- 知道继电联锁的设备组成
- 熟悉联锁关系
- 会进行进路的办理

任务一　学习联锁的含义

一、联锁的定义

为了保证车站的列车、调车作业安全，信号、道岔、进路之间必须建立相互制约的关系，称为联锁关系，简称联锁。

进路是车站范围内列车或调车车列运行的径路。进路分为列车进路和调车进路，凡是进站、出发及通过列车经过的进路，称为列车进路，包括接车进路、发车进路和通过进路。凡是调车车列为完成调车作业所经过的进路，称为调车进路。进路的范围一般由防护该进路的信号机起至同一方向限制列车或调车车列运行的信号机为止的一段线路。

列车进站的进路，或出站的进路，都是由道岔的不同开通位置所确定的。因此，在进路入口处须有信号机。当进路上的道岔开通位置符合进路要求，进路空闲，并未建立敌对进路，信号机才能开放；否则，信号机不能开放，即显示红灯，禁止列车进入。信号机开放后，进路上的道岔被锁在进路要求的位置；而敌对进路也必须锁闭，同时敌对进路的信号机不开放，显示红灯。列车驶入进路后，防护这条进路的信号机立即关闭，显示红灯，不允许其他列车再驶入。这种信号机、进路空闲情况和进路道岔的联锁关系，成为保证列车和机车车辆在车站范围内的运行安全，以及有效地利用车站行车设备，提高车站通过能力的重要措施。

联锁设备是城市轨道交通的重要信号设备，用来在车站和车辆段实现联锁关系，建立进路，控制道岔的转换和信号机的开放，以及进路解锁，以保证行车安全。联锁设备分为正线车站联锁设备和车辆段联锁设备。联锁设备早期采用继电集中联锁，现在多采用计算机联锁。

城市轨道交通的大多数车站只有上、下旅客的功能，因此仅有 2 条到发线，不进行调车作业，也不设置道岔，这类车站称为无岔站，或称为非联锁站。但是，在城市轨道交通的每一条线路上，总要设置几个可以进行调车作业的车站，尤其是存放车辆和对车辆检修的车辆段股道数量多，道岔、信号机的数量也多，为了确保行车安全，在这类车站上必须设置联锁设备。

值班人员通过控制台控制现场设备，并通过表示盘（墙式大表示盘或一般显示器）所反映的现场设备状态来监视车站情况。控制台和表示盘可以设在本站，也可设在控制中心，通过遥控、遥测手段来实现监控。对于城市轨道交通而言，一般视线路的长度而设置 1 ~ 2 套联锁设备，而在车辆段通常必须单设 1 套联锁设备。

联锁设备是为保证行车安全而设置的设备。控制命令必须经由联锁设备进行逻辑运算，确认符合安全要求时，才允许控制命令实施执行，否则控制命令将被阻止执行。为了进行逻辑运算，现场必须反映到联锁设备中来，即联锁设备要根据控制命令和现场设备的状态来进行是否符合安全要求的逻辑运算。

若联锁逻辑和有关的输入、输出控制及表示主要由继电器来完成，则称为继电联锁设备，我国早期城轨使用的是 6502 电气集中。目前新建城轨轨交通线路，几乎无例外地采用微机联锁。

不管是继电器联锁还是微机联锁，其联锁逻辑是完全相同的。

二、联锁的主要内容

（1）不允许建立会导致列车、机车车辆冲突的进路防护。进路的信号开放前，须检查其敌对信号处于关闭状态；信号开放后，应将其敌对信号锁闭在关闭状态，不允许办理与之相敌对的进路。

（2）进路上的道岔必须被锁闭在与所办理进路相符合的位置。车辆段联锁设备通过按压控制台按钮或者利用鼠标点击计算机屏幕上的有关按钮办理进路，当有关道岔转换至开通进路的位置并锁闭后，才能开放信号。

（3）信号机的显示必须与进路的开通状态相符合。车辆段中，调车信号机的显示不表示道岔开通方向，但有些信号机，例如进段信号机的显示，须指示所防护进路中道岔开通方向。

在车辆段联锁设备中，防护进路的信号机显示允许灯光时表示进路已经准备好，允许列车进入。防护进路的信号开放应满足以下技术条件。

① 进路上各区段空闲时才能开放信号。

② 进路上有关道岔在规定位置才能开放信号。

③ 敌对信号未关闭时，防护进路的信号机不能开放。

三、联锁设备

控制车站的道岔、进路和信号，并实现它们之间联锁关系的设备称为联锁设备。

联锁设备分为继电联锁和计算机联锁。

1. 继电联锁

继电联锁（通常所说的电气集中联锁即继电联锁）是用继电电路集中控制和监督全站的道岔、进路和信号，实现车站的联锁关系和对室外设备的控制，操作人员通过控制台集中操纵和监督全站信号设备。

继电联锁具有操作简便、办理迅速、安全可靠等优点，是我国铁路应用数量最多的车站联锁设备。但由于其功能不够完善，不便于与现代化信息系统联网，不适应铁路现代化的需要，正逐步被计算机联锁取代。

2. 计算机联锁

计算机联锁利用计算机实现车站的联锁关系，用继电电路作为计算机主机与室外信号机、转辙机、轨道电路的接口设备，操作人员通过显示器、鼠标等设备实现对现场设备的控制和监督。

计算机联锁充分发挥了计算机的特长，操作表示功能完善，便于与 TDCS、CTC 等系统连接，便于实现信号设备的远程监督、远程控制和自动控制，是车站联锁设备的发展方向。

四、联锁设备的功能

联锁设备能够响应来自 ATS 的命令，在满足安全的前提下，控制进路、道岔和信号机，并将进路、轨道电路、道岔和信号机的状态信息提供给 ATS 和 ATP/ATO。

联锁功能包括如下方面。

（1）联锁逻辑运算：接收 ATS 或车站值班员的进路命令，进行联锁逻辑运算，实现对道岔和信号机的控制。

（2）轨道电路信息处理：处理列车检测功能的输出信息，以提高列车检测信息的完整性。

（3）进路控制：设定、锁闭和解锁进路。

（4）道岔控制：解锁、转换和锁闭道岔。

（5）信号机控制：确定信号机的显示。

五、联锁设备的基本要求

联锁设备应符合下列规定。

（1）确保进路上进路、道岔、信号机的联锁，联锁条件不符时，禁止进路开通。敌对进路必须相互照查，不得同时开通。

（2）装设引导信号的信号机因故不能开放时，应通过引导信号实现列车的引导作业。

（3）联锁设备宜采用进路操纵方式。根据需要，联锁设备可实现车站有关进路、端站折返进路的自动排列。

（4）进路解锁宜采用分段解锁方式。锁闭的进路应能随列车正常运行自动解锁、人工办理取消进路和限时解锁并应防止错误解锁。限时解锁时间应确保行车安全。

（5）联锁道岔应能单独操纵和进路选动。影响行车效率的联动道岔宜采用同时启动方式。

（6）车站站台及车站控制室应设站台紧急关闭按钮。站台紧急关闭按钮电路应符合故障—安全原则。

（7）联锁设备的操纵宜选用控制台。控制台上应设有意义明确的各种表示，用以监督线路及道岔区段占用、进路锁闭及开通、信号开放和挤岔、遥控和站控等。

（8）车站联锁主要控制项目包括：列车进路、引导进路、进路的解锁和取消、信号机关闭和开放、道岔操纵及锁闭、区间临时限速、扣车和取消、遥控和站控、站台紧急关闭和取消。

任务二　学习 6502 电气集中联锁操作

我国北京地铁 1 号线车辆段、上海地铁 1 号线、广州地铁 1 号线车辆段等均采用 6502 电气集中联锁。

一、设备组成

电气集中联锁设备分为室内和室外两部分，如图 3-1 所示。信号楼内设有控制台、继电组合及组合架、电源屏、区段人工解锁盘和分线盘。室外有色灯信号机、电动转辙机、轨道电路和电缆。

1. 室内设备

1）控制台

控制台设置于车站运转室内，盘面由带有按钮及表示灯的单元块拼装而成，用光带组成模拟站场线路图形，是车站值班员指挥列车运行和调车作业的中心。车站值班员利用控制盘面上的按钮操纵全站联锁区域内的道岔，排列列车进路及调车进路，开放和关闭信号，并且通过盘面上的表示灯，监督道岔位置、线路占用情况及信号机显示状态。

2）区段人工解锁按钮盘

区段人工解锁按钮盘安装在车站运转室，盘面设有许多带铅封的事故按钮，每个按钮对应于车站的一个道岔区段或有列车经过的无岔区段。当轨道电路区段因故不能按进路方式解锁时，可以利用有关按钮办理区段人工解锁。当采用取消解锁或人工解锁的办法也不能关闭信号时，可以利用它关闭信号。

区段人工解锁盘须与控制台隔开一定距离，操作时一人按压控制台上的总人工解锁按钮，另一人按压区段人工解锁按钮盘的按钮，避免单人操作危及行车安全。

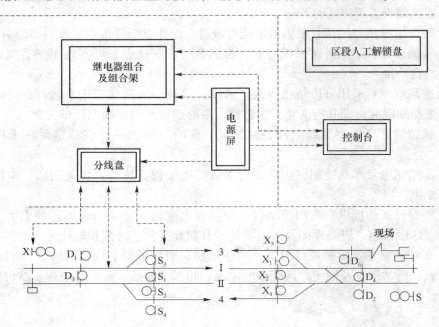

图 3-1　6502 电气集中联锁设备组成

3）继电器组合及组合架

6502 电气集中联锁电路由若干种继电器定型组合构成，每个定型组合电路均由若干继电器组成，称为继电器组合。每个组合最多可以安装十个继电器，并将这些组合按设计要求安装在组合架上，如图 3-2 所示。

图 3-2　继电器组合及组合架

4）电源屏

电气集中联锁车站应有可靠的交流电源，以保证不间断的供电。电源屏提供电气集中联锁需要的各种交、直流电源及闪光电源等。有的车站设有区间电源屏，为区间信号设备供电。

5）分线盘

分线盘是室内、室外电缆连接的地方。

除上述设备外，信号机械室还设有信号微机监测设备、TDCS 站机等，采用 CTCS2 的区段设置有车站列控中心，采用调度集中的区段还设有调度集中分机。

2. 室外设备

1）色灯信号机

各种信号机均采用色灯信号机。

2）电动（液压）转辙机

车站联锁区内的每个道岔都设置一台或多台转辙机。

3）轨道电路

电气集中联锁车站的股道、联锁区道岔区段和无岔区段，均应装设轨道电路，反映列车、调车车列的占用情况。

4）电缆及电缆盒

室内与室外信号设备间、室内控制台与继电器组合架间的联系都使用电缆连接。

室外电缆的分歧点、连接点及终点设有电缆盒或变压器箱，用以实现电缆与电缆、电缆与设备之间的连接。

二、6502 电气集中控制台盘面

6502 电气集中控制台采用控制和表示合用的控制台。控制台上设按钮和表示灯，按钮用来进行各种操作。

按钮均采用二位式。二位式按钮只有定位（平时所处位置）和按下两个位置。

按钮分为自复式和非自复式两种：自复式按钮带复位弹簧，按下时接通，松手后自动恢复定位，非自复式按钮无复位弹簧，按下后处于按下位置，恢复时需手动拉出。

控制台上涉及行车安全的按钮必须加铅封，必要时可装设计数器监督。

在控制台盘面上利用光带模拟站场线路，排列与取消进路时，控制台上有明显的表示，通过光带不同状态监督进路的开通、解锁及轨道电路区段的占用、空闲和故障等，同时利用信号复示器和道岔表示灯监督现场信号机、道岔的状态。

1. 与排列进路有关的按钮和表示灯

1）进路按钮

① 列车进路按钮。

列车进路按钮为二位自复式绿色按钮，设在对应进站及出站信号机处的光带上，办理列车进路时作为始、终端按钮。

② 调车进路按钮。

调车进路按钮二位自复式白色按钮，设在对应调车信号机处光带旁边，办理调车进路时作为为始、终端按钮。

③ 变通按钮。

在大站，咽喉道岔较多，从进路的始端至终端有几条经路时，一般根据作业需要规定其中一条为基本进路，其余均为变通进路。在变通进路与基本进路不重叠的位置上如果无调车进路按钮，则在相应位置的光带上增设变通按钮，为二位自复式绿色按钮，专门用于办理变通进路。

2）按钮表示灯

为了记录或监督按钮的按下，对应每个按钮设置表示灯，按钮表示灯显示闪光或稳定灯光时，表示进行了按下按钮的操作。

3）光带

在控制台盘面上利用光带模拟站场线路，通过光带的不同状态监督进路的锁闭和解锁、轨道电路区段的占用、空闲和故障及道岔的开通方向等。

用于监督站内轨道电路的光带有三种状态：平时应处于灭灯状态；控制台显示红光带时，表示对应的轨道电路区段被占用或故障；当办理好进路时，控制台上该进路有关的轨道电路区段显示白光带。

4）信号复示器

信号复示器用于监督信号机状态。除进站信号机的复示器经常显示红灯外，其他信号复示器平时均处于熄灭状态，表示有关信号机关闭。

2. 与操纵道岔有关的按钮和表示灯

每咽喉区设道岔总定位按钮和总反位按钮各一个，均为二位自复式，总定位按钮上方有一个绿灯，总反位按钮上方有一个黄灯，按下按钮时点亮。

每组道岔设一个道岔单独操纵按钮和一个道岔单独锁闭按钮（双动道岔合用一个道岔按钮）。单独操纵按钮为自复式，用于单独转换该组道岔。道岔单独锁闭按钮为非自复式，按下时，按钮表示灯（红色）点亮，用于单独锁闭该组道岔。

每个道岔按钮上方设两个表示灯，亮绿灯表示道岔在定位，黄灯表示道岔在反位，道岔在转换中或挤岔时，其黄灯和绿灯均不亮。

三、主要技术要求

1. 基本操作原则

6502电气集中采用双按钮操纵方式，办理进路、取消和人工解锁进路、单独操作道岔都要按压两个按钮才能动作设备，这样可以防止由于误操作按钮造成信号设备错误动作。

2. 进路锁闭

列车进路、调车进路均设置进路锁闭。进路锁闭指的是进路排通、防护进路的信号开放后，进路上有关道岔不能转换，有关敌对信号不能开放。控制台上办理好进路后，从防护进路的信号开始至进路的终端显示白光带，称该进路处于锁闭状态。集中联锁的道岔区段是锁闭的主要对象，进路锁闭的实质是由构成该进路的各轨道区段的锁闭构成的。

根据进路的接近区段占用状态不同，进路锁闭分为预先锁闭和接近锁闭。

1）预先锁闭

进路排通、防护进路的信号开放后，接近区段空闲时的进路锁闭，又称为进路的预先锁闭。

2）接近锁闭

进路排通、防护进路的信号机开放后，接近区段有车占用时的进路锁闭，称为进路的接近锁闭，又称为完全锁闭。

当调车信号机未设接近区段时，调车信号开放后即构成接近锁闭。

进路的锁闭程度不同，主要影响人工办理进路解锁的方式。

3. 信号的开放

控制台上操纵按钮办理进路后，满足下列条件信号即可自动开放。

（1）进路空闲。

（2）有关道岔转换至规定位置。

（3）敌对进路未建立并锁闭在未建立状态。

（4）进路锁闭。

4. 信号的关闭

已经开放的信号，在下列情况应即时自动关闭。

（1）当列车进入列车信号机内方第一个轨道区段时。

（2）当调车车列全部越过开放的调车信号机，即出清调车进路接近区段。若接近区段留有车辆，则车列出清调车信号内方第一个轨道区段时信号关闭。

（3）当信号显示与防护进路的条件不符合时（如进路上轨道电路故障或信号机灯丝断丝等）。

（4）办理取消或人工解锁进路时。

5. 进路的自动解锁

进路的自动解锁，指的是进路锁闭信号开放后，随着列车的出发、到达、通过及调车车列的牵出、折返，进路上有关轨道电路区段自动解锁，控制台上相应轨道区段的白光带自动熄灭。

进路的自动解锁根据电路动作的特点不同，包括两种情况。

1）正常解锁

即列车或调车车列顺序占用和出清进路的各轨道区段后，进路上的轨道电路区段自动顺序解锁。

2）调车中途返回解锁

在车站咽喉区调车过程中，调车车列未占用或部分占用的轨道电路区段，能够随着调车车列的折返而自动解锁。

6. 人工办理解锁进路及解锁轨道电路区段

人工办理解锁进路指的是进路建立后，不经列车或调车车列运行，人为将进路解锁。

1）取消解锁

当进路处于预先锁闭时，办理"取消解锁"，可将进路解锁。

2）人工解锁

当进路处于接近锁闭时，须办理"人工解锁"，才能将进路解锁。

当进路处于接近锁闭办理人工解锁进路时，进路自动延时解锁，其中接车进路和正线发车进路延时 3 min，站线发车进路及调车进路延时 30 s。

设置延时解锁，是为了防止解锁原有进路改办其他进路时，处于接近区段的列车或调车车列可能由于停车不及冒进信号而压上正在转换的道岔。延时 3 min 或 30 s 能够确保列车或调车车列有足够的停车时间。

3）区段故障解锁

当发生车站停电后恢复供电，以及进路没有完全解锁等情况时，控制台上全部或部分轨道电路区段显示白光带，此时有关区段均处于锁闭状态，须办理"区段故障解锁"手续，才能将有关轨道区段解锁。

7. 道岔的锁闭

除进路锁闭外，联锁道岔还有以下锁闭方式。

1）区段锁闭

道岔区段有车占用时，区段内有关道岔不能转换，称为区段锁闭，此时控制台上有关道岔区段显示红光带。

2）单独锁闭

单独锁闭指利用控制台上道岔单独锁闭按钮断开道岔控制电路，使该道岔不能转换。对道岔进行单独锁闭后，控制台上该道岔表示灯显示红灯。

3）故障锁闭

在故障情况下道岔区段被锁闭时，控制台上有关道岔区段显示白光带。例如：列车经过进路后，由于分路不良使部分轨道区段不能解锁，控制台遗留有白光带。

8. 道岔的转换

在不受上述任何一种锁闭的条件下，联锁道岔允许进路操纵和单独操纵。单独操纵优先于进路式选用。在进路操纵过程中，如果尖轨转换遇阻不能转换到底时，为保护电机，允许单独操纵转回原来位置。

为保证列车和调车作业安全，联锁道岔一经启动，则不受列车或调车车列进入道岔区段的影响，应继续转换到底。

转换到位后控制台有相应定位或反位表示，联动道岔只有两端尖轨均转换到位才能构成表示。

9. 信号的重复开放

信号因故关闭后，未经人工办理，不能自动重复开放。

10. 引导接车

办理接车进路时，当有关信号机、轨道电路、道岔等故障时，进站信号机不能正常开放，应使用引导接车的方式，进站信号机开放引导信号将列车接入站内。

四、6502 电气集中的工作原理

6502 电气集中电路的动作层次是：先选择进路，再锁闭进路，然后开放信号，最后解锁进路。

6502 电路是继电逻辑电路，包括网路电路和局部电路。网路电路的形状与站场形状相似。6502 电气集中的主要电路由 15 条网路线构成，其中 1～7 线为选路电路，8～15 线为执行电路。据此，可将 6502 电路分为选择组电路和执行组电路两大部分。

选择组电路由记录电路和选路网路组成，主要用来记录车站值班员按压按钮的动作，按要求自动选通所需进路，并将操作意图传给执行组电路。

在记录电路中，由按钮继电器电路记录按压进路按钮的动作，由方向继电器根据所按压进路的顺序来区分进路的性质和运行方向。

选路网路包括选岔电路和开始继电器电路。在7条网路线中，1~6线是道岔操纵继电器动作网路线，组成六线制选岔电路，用来在排列进路的过程中自动选出进路上的各有关道岔所需的位置；第7线是开始继电器励磁网路，用以检查所选进路和所排进路的一致性。进路选定后，即将车站值班员的操作意图传达到执行组电路，构成执行组的动作条件。

执行组电路的作用是检查所有联锁关系，包括检查进路中的道岔位置、区段空闲、未建立敌对进路，实现道岔区段锁闭和开放信号，以及检查各种解锁条件完成进路的解锁。执行组电路可分为信号检查、区段检查、信号开放、锁闭及解锁等环节。

执行组电路主要由8条网路线组成。8线是信号检查继电器电路，用来检查开放信号的可能性，即进路空闲、没有建立敌对进路、道岔位置正确。9线是区段检查继电器和股道检查继电器电路，用来检查区段空闲，实现进路锁闭。10线是区段检查继电器自闭电路，用来防止进路迎面错误解锁。11线是信号继电器电路，检查进路上各区段空闲及道岔位置正确，以及迎面敌对进路检查，符合条件即可开放信号。12、13线为进路继电器网路，用来实现进路锁闭，完成进路的正常解锁、取消、人工解锁、调车中途返回解锁及引导锁闭等。14、15线是控制台光带表示灯电路。

除了8条网路线外，执行组电路还包括一些局部电路，如道岔控制电路、信号灯光控制电路、取消继电器电路、接近预告继电器电路、照查继电器电路、传递继电器电路、锁闭继电器电路，以及控制台的各种表示灯电路、报警电铃电路等。

五、列车进路办理方法

6502电气集中联锁采用双按钮选路方式，即只需在控制台上顺序按压进路的始端、终端按钮就能够按照操作意图自动转换道岔、锁闭进路、开放信号，而且不论进路中有多少组道岔，均自动转换，简化了操作手续，提高了效率。

6502电气集中联锁同一咽喉同时只能办理一条进路，即在排列进路表示灯点亮时不能办理第二条进路。只有第一条进路已经选出，排列进路表示灯熄灭后，才能办理第二条进路。路上有车占用、轨道电路故障、正在进行人工解锁以及敌对进路已建立时，都不能办理进路。

1. 接车进路

办理接车进路时，以对应防护接车进路的进站信号机处的列车按钮为始端按钮，以股道入口处的列车按钮为终端按钮。

2. 发车进路

办理发车进路时，以对应防护发车进路的出站信号机处的列车按钮为始端按钮，以对应发车进路终端处的列车按钮为终端按钮。

3. 变通进路

在大站咽喉区内，进路的始端和终端之间往往有几条径路可走，根据作业需要，一般规定路径最短或对其他进路影响最小的进路为基本进路，其余为变通进路，又称作迂回进路。

（1）在变通进路上的调车信号按钮，无论单置、并置、差置均可作为列车进路变通按钮。如果同时有几个调车信号按钮满足要求，办理时只需按压其中任意一个。

（2）在变通位置没有调车按钮时，应专门设置一个"变通按钮"作为进路的变通按钮。

六、调车进路办理方法

1. 调车基本进路

办理调车进路与办理列车进路的原则相同，只是按压调车进路按钮，按钮为白色。调车进路的始端按钮，是防护进路的信号机的调车按钮，实际操作中按不同情况确定调车进路的终端按钮。

（1）以单置调车信号机为进路终端时，其终端按钮即该调车信号机的调车按钮。

（2）以并置或差置调车信号机为进路终端时，终端按钮是与进路终端调车信号机构成并置或差置关系的另一架调车信号的进路按钮，而不能使用终端调车信号机的进路按钮，这是由电路结构所决定的。

2. 长调车进路

长调车进路可以分段办理，即一段一段地分别办理组成长调车进路的各短调车进路。

为了简化操作手续，长调车进路可以一次办理，只按下长调车进路的始、终端按钮，即可选出整条长调车进路。

3. 变通进路

办理调车变通进路与办理列车变通进路方法相似，即顺序按压始端的调车进路按钮、变通按钮和终端调车进路按钮选出变通进路。其中，变通按钮确定方法如下。

（1）在变通位置上有专门设置的变通按钮时，可作为调车进路的变通按钮。

（2）在变通位置上的反向单置调车信号按钮，可作为调车进路变通按钮。

（3）在变通位置上的并置、差置及同向单置调车信号按钮，不能作为调车变通进路的变通按钮。

七、引导接车办理方法

引导接车是车站联锁设备发生故障时采用的接车办法，采用引导接车时，准许列车在该信号机前方不停车，以不超过 20 km/h 的速度进入站内，并准备随时停车。

办理引导接车时，为了保证行车安全，也要锁闭进路上的道岔，叫引导锁闭。引导锁闭分为两种：一种是按照进路锁闭方式进行，称为引导进路锁闭；另一种是锁闭全咽喉的联锁道岔，称为引导总锁闭。

为办理引导进路锁闭及引导总锁闭，控制台下部的左、右两端对应每个进站信号机分别设置一个带有铅封的引导按钮。按钮上方有白色表示灯。每咽喉设置一个带有铅封的非自复式引导总锁闭按钮，按钮上方有白色表示灯。

1. 引导进路锁闭

当进站信号机或接车进路信号机因故不能正常开放（如允许信号灯泡断丝），以及接车进路上某一段轨道电路区段故障不能正常建立接车进路时，应使用引导进路锁闭方式接车。

引导进路锁闭的办理手续如下。

（1）将进路上的有关道岔转换到规定位置开通进路，如果有道岔区段轨道电路故障，还要对该区段的道岔进行单独锁闭（防止故障排除后，该区段的道岔自动解锁）。

（2）破铅封按压相应的引导按钮，其上方白色表示灯点亮，沿道岔开通方向锁闭进路，控制台显示白光带，进站信号机开放引导信号。

（3）列车驶入进站信号机内方，引导信号自动关闭，引导进路不随列车运行而自动解锁，列车沿进路通过后，除股道显示红光带外，整条引导进路显示白光带，引导按钮上方的表示灯不灭，进路仍继续处于锁闭状态。

（4）车站值班员确认列车全部驶入股道停妥后，办理引导进路解锁手续，即同时按压本咽喉总人工解锁按钮和接车进路始端按钮，进路不经延时立即解锁，白色光带熄灭。

引导信号开放后，如果需要关闭信号，可办理引导解锁手续，即步骤（4），则进路解锁，引导信号关闭。

如果接车进路范围内轨道电路故障，而且故障区段内道岔需要转换，须在现场采用手摇道岔的方式，这将使道岔失去表示，不能按进路方式进行锁闭，只能采用引导总锁闭的方式办理接车。

2. 引导总锁闭

引导总锁闭用于接车进路上道岔失去表示，以及向非接车线路接车或向无联锁线路接车（如向调车线、货物线接车）时，是将全咽喉联锁道岔全部进行锁闭的方式。这种方式由于没有进路锁闭，因此在控制台上没有白色光带。

引导总锁闭的办理手续如下。

（1）将进路上的有关道岔转换到规定位置开通进路。

（2）破铅封按下本咽喉的引导总锁闭按钮，其上方白色表示灯点亮，表示将全咽喉联锁道岔锁闭。

（3）破除铅封按下相应的引导按钮，进站信号机开放引导信号，但没有白光带。

（4）列车驶入进站信号机内方，引导信号自动关闭，在控制台上可以通过红光带监督列车运行情况。

（5）车站值班员确认列车全部驶入股道停妥后，办理解锁手续，拉出引导总锁闭按钮，本咽喉道岔解锁。

采用引导总锁闭方式接车，不检查本咽喉的联锁条件，也不锁闭另一咽喉的敌对进路，此时应停止本咽喉区的一切其他接发车和调车作业，以及另一咽喉的敌对作业，行车安全完全由人工保证。

开放引导信号后，如果要关闭引导信号，拉出引导总锁闭按钮即可。

采用上述两种方式引导接车时，都是利用进站信号机内方第一段轨道电路区段关闭引导信号。当进站信号机内方第一段轨道电路区段故障时，引导信号不能保持，需一直按压引导按钮才能保证引导信号开放，待确定列车头部进站后才能松开。

八、进路的解锁

1. 进路的自动解锁

进路的自动解锁，就是进路锁闭、防护进路的信号开放后，随着列车的出发、到达、通过以及调车车列的牵出、折返，进路上有关轨道区段自动解锁，控制台相应轨道区段的白光带自动熄灭，无须任何操作。

1）正常解锁

信号开放后，列车顺序接近、占用、出清进路上各轨道电路区段，自进路的始端至终端，各轨道电路区段顺序解锁。

调车进路的正常解锁与列车进路基本相同，只是调车信号要调车车列全部越过调车信号机后才自动关闭。

需要说明的是，进路中各区段逐段解锁的一个条件是前一个区段已经解锁，当由于轨道电路分路不良等原因造成某区段没有显示红光带时，该区段及其以后的各区段不能解锁，列车或调车车列经过后，这些区段又重新显示白光带，需要人工操作才能解锁各区段。

2）调车中途返回解锁

调车中途返回解锁是指调车中途折返时对原调车进路上不能正常解锁的区段，在调车车列折返后，也能使之自动解锁。

2. 进路的取消

信号开放后，列车或调车车列尚未进入进路的接近区段，即进路处于预先锁闭时，如需解锁进路、关闭信号，可使用取消的方法，同时按压进路始端按钮和本咽喉的总取消按钮，信号自动关闭，进路解锁，进路上白光带熄灭。

为了办理进路的取消，控制台下方每个咽喉设有一个总取消按钮，按钮上方有红色表示灯。

3. 进路的人工解锁

列车或调车车列驶入进路的接近区段后一般不允许解锁进路，如特殊情况需解锁进路，必须使用人工解锁的方法。

为了办理进路的人工解锁，控制台下方每个咽喉设带有铅封的总人工解锁按钮，按钮上方3个红色表示灯，分别标有"X 30秒人工解锁""X 总人解锁""X 3分钟人工解锁"，用于表示当前正在进行的任务。

办理人工解锁的方法是：同时按压进路的始端按钮和本咽喉的总人工解锁按钮，信号随即关闭，进路延时解锁。自信号机关闭时起，接车进路和正线发车进路延时3 min解锁，此时人工解锁按钮上方"3分钟人工解锁"表示灯点亮，到发线发车进路和调车进路延时30 s解锁，此时总人工解锁按钮上方"30秒人工解锁"表示灯点亮。

同一咽喉区不能同时办理两条进路的人工解锁，只有前一条进路延时解锁后，才能办理另一条进路的人工解锁。

4. 区段解锁

在列车或调车车列沿进路通过后，某些区段因故不能正常解锁，或由于某种原因（如停电后恢复供电）引起错误锁闭时，应采用区段故障解锁的方法使有关轨道电路区段解锁。办理时需要两个人协同操作，一个人按压控制台上本咽喉的总人工解锁按钮，另一个人同时按压区段人工解锁盘上需解锁区段的事故按钮，光带熄灭，区段解锁。对于无列车通过的无岔区段，不设事故按钮，其两端道岔区段实施区段人工解锁后，其白光带即自动熄灭。

九、控制台其他操作

1. 道岔的单独操纵

控制台上方对于每组道岔设一个道岔单独操纵按钮，每个咽喉设一个总定位按钮和一个总反位按钮。

当有关道岔区段未处于锁闭状态时，可以单独转换道岔。同时按下道岔单独操纵按钮和本咽喉的道岔总定位按钮，道岔转换至定位，道岔表示灯显示绿灯；同时按下道岔单独操纵按钮和本咽喉的道岔总反位按钮，道岔转换至反位，道岔表示灯显示黄灯。

2. 道岔的单独锁闭

当需要单独锁闭某组道岔时，按下道岔单独锁闭按钮，此时按钮内红灯亮，表示该道岔被单独锁闭，不能转换。解除单独锁闭时，再次按下道岔按钮即可使之恢复定位，按钮内红灯熄灭。

3. 重复开放信号

车站办理好进路信号开放后，由于进路上轨道电路瞬间显示红光带等原因，会造成防护进路的信号自动关闭。电气集中联锁设备要求故障恢复后信号不能自动重复开放，需人工操作信号才能开放。

重复开放信号的方法是：经有关部门（如工务、电务部门）确认故障恢复并签认后，在已有进路处于锁闭状态（即白光带完好）的基础上，按下进路始端按钮，防护进路的信号即可重复开放。

4. 取消对进路按钮的误操作

6502电路能够自动记录对于进路按钮的按下操作。当由于误按某进路按钮造成按钮表示灯闪光时，控制台上本咽喉的排列进路表示灯也显示红灯。此时，只有取消对该按钮的操作，该咽喉才能办理其他进路。

取消对进路按钮误操作的方法是：按下本咽喉的总取消按钮，本咽喉所有进路按钮表示灯及排列进路表示灯均熄灭，取消对进路按钮的按下操作。

当由于道岔、轨道电路故障等原因，按下进路的始、终端按钮后进路不能建立时，有关按钮的表示灯也处于闪光状态，按上述方法同样能够取消对按钮的操作。

5. 接通表示灯

（1）接通光带。

每咽喉区设置一个接通光带按钮（二位自复式），按下该按钮时，可使本咽喉区内按道岔开通位置点亮全部光带（但不说明进路已经建立），便于了解各道岔的开通方向。

（2）接通道岔。

每咽喉区设置一个接通道岔按钮（二位非自复式），按下该按钮，使本咽喉区所有道岔表示灯按道岔所在位置点亮；拉出时，道岔表示灯熄灭。

6. 切断报警

当发生挤岔、跳信号、主灯丝断丝等故障时，6502电气集中控制台有声光报警，每种故障均设置有二位非自复式按钮，用于切断声音报警。

1）挤岔报警

控制台下方中部设置挤岔按钮，按钮上方设置红色的挤岔表示灯，以监督全站道岔。

控制台上电铃鸣响，挤岔表示灯亮，相应道岔的定、反位表示灯均熄灭，其他道岔表示正常。说明无表示的道岔挤岔或失去表示超过 13 s。

车站值班员按下挤岔按钮使电铃暂停鸣响，并通知维修人员及时修复。修复后，电铃再次鸣响，通知车站值班员故障修复，拉出挤岔按钮后，电铃停止鸣响。

2）主灯丝断丝报警

控制台下方每个咽喉设置一个灯丝报警按钮，按钮上方设置红色的灯丝断丝报警表示灯。控制台上电铃鸣响，主灯丝报警表示灯亮。说明本咽喉某一列车信号机正点亮的灯泡主灯丝故障，应改点副灯丝。

车站值班员按下灯丝报警按钮使电铃暂停鸣响，并通知电务维修人员及时更换灯泡。修复后，电铃再次鸣响，通知车站值班员故障修复，拉出灯丝报警按钮后，电铃停止鸣响。

3）跳信号报警

控制台下方每个咽喉设置一个跳信号报警按钮，按钮上方设置红色的表示灯。

控制台上电铃鸣响，跳信号报警表示灯亮。说明本咽喉已开放的进站信号机或正线出站信号机在列车未接近时因故自动关闭。

车站值班员按下跳信号报警按钮使电铃暂停鸣响，并通知电务维修人员及时维修。修复后，电铃再次鸣响，通知车站值班员故障修复，拉出跳信号报警按钮后，电铃停止鸣响。

任务三　学习计算机联锁操作

一、计算机联锁的发展

车站联锁控制系统是车站信号的基础设备，基于布线逻辑的继电联锁装置自 1927 年问世以来已整整统治了近 70 年。社会在发展，技术在进步，电子技术和计算机技术在不断发展，一场信息技术大革命正在世界范围内迅速展开。随着计算机技术的发展，特别是对可靠性和冗余容错技术的深入研究，车站信号联锁安全技术也正在不断地更新、发展。1978 年世界上第一个计算机联锁系统在瑞典哥德堡问世，随后从 20 世纪 80 年代起各国竞相开发研究计算机联锁，并取得了显著的成绩，90 年代已有不少国家开始大面积推广计算机联锁系统。它与继电集中联锁设备相比，在安全性、可靠性、经济性及设计、施工、维修、使用等方面，具有明显的优势，更适应铁路信号设备数字化、网络化、综合化、智能化的要求，是车站联锁设备的发展方向。

我国第一套微机联锁设备于 1984 年在南京梅山铁矿地下运输线正式开通，而后陆续在冶金、矿山等铁路试用。1989 年，铁科研通号所研制的微机联锁系统首先在郑州北编组站峰尾开通，这是微机联锁系统应用于国家铁路的开始。而后，铁科研通号所于 1993 年在哈尔滨铁路局平房站安装计算机联锁，通号总公司于 1994 年在浦口交通站安装计算机联锁。至此，我国铁路开始在铁路干线采用微机联锁系统。

目前，我国已经研制出了多套适合我国铁路和城市轨道交通特点的计算机联锁系统。以铁科研通号所、通号总公司、北京交通大学、卡斯科公司等单位为代表的生产厂家相继通过铁道部的技术鉴定，有的已经达到了国际先进水平。

二、计算机联锁的功能与特点

计算机联锁是用微型机算计的软硬件和其他一些电子、继电器件组成的，具有故障—安全性能的实时控制系统。其安全可靠、处理速度快，与继电集中联锁相比具有十分明显的技术经济优势。计算机联锁无论在安全性、可靠性、经济性等方面都是继电集中联锁无法比拟的，而且设计、施工、维修和使用大为方便，是一套全新的系统设备。

（1）计算机联锁控制系统的联锁功能包括如下几点。

① 联锁逻辑运算：接收 ATS 或车站值班员的进路命令，进行联锁逻辑运算，实现对道岔和信号机的控制。

② 轨道电路信息处理：处理列车检测功能的输出信息，以提高列车监测信息的完整性。

③ 进路控制：设定、锁闭和解锁进路。

④ 道岔控制：解锁、转换和锁闭道岔。

⑤ 信号机控制：确定信号机的显示。

（2）计算机联锁控制系统的特点有以下几个方面。

① 性能方面：大大减少了系统的设计与施工工作量，并方便系统的功能扩容与完善；提供现代化的声像图文显示，人机交互功能完善；系统可靠性和安全性更高。

② 经济方面：性能价格比高，适于大型车站的系统应用；采用分布式系统结构，节省干线电缆的使用造价；体积小、占地面积小，车站规模越大，面积节省更为显著。

③ 维护方面：安装、运行、维修费用大幅度减少；具有自诊断、故障定位等功能，可实现远程实时控制；继电部分结构简单，便于维护。

④ 其他方面：系统便于联网，为铁路信号系统的智能化和网络化方向发展创造条件。

三、计算机联锁操作形式

计算机联锁基本保留了 6502 电气集中联锁的操作原则，但计算机联锁多采用显示和操纵分开的方式。按人机会话硬件设备形式的不同，计算机联锁有以下几种。

1. 控制台方式

在计算机联锁发展的初级阶段，系统的操作通过控制台实现，有的采用专用按钮盘（由绘制站场图的金属板和按钮组成），配备显示器，有的直接采用原有电气集中控制台。但这种设备不能完全体现计算机联锁的特点，在站场改扩建时，控制台的配线和开关量输入板改动较大。

2. 数字化仪方式

数字化仪由各种标准尺寸的面板和控制定位工具组成，与 PC 机通过串行口连接，通过编制通用程序即可实现上位机的按钮发送任务。车站值班员的操作意图通过操作光笔动作数字化仪而实现，与传统按压按钮操作方式相像。其特点是不用另外增加硬件设备，只需通过各种绘图软件绘制相应站场图并输入相应数据即可完成控制台的设计。

3. 鼠标方式

鼠标方式即通过鼠标点击显示器上的按钮实现各种功能。目前多采用鼠标方式。

使用数字化仪方式或者鼠标方式，计算机联锁系统一般都使用大屏幕显示器（CRT、LCD或LED），使车站值班员清晰地看到站场的实际状态及各种信息。当站场规模较大时，可以采用多屏显示卡，连接多个大屏幕显示器，分屏显示站场的结构。显示器能给出控制台的全部信息，以彩色光带和图形符号模拟表示出整个站场线路、轨道电路区段、信号机及道岔等设备的位置及状态，给出各种操作表示。还能提供当前时间、无效操作的提示，配合语言系统发出各种报警信号。

四、TYJL - Ⅱ型计算机联锁系统

1. 计算机联锁设备组成

TYJL - Ⅱ型微机联锁系统为分布式多微机系统，其主要设备包括监控机（上位机）、控制台、联锁机、执行表示机、继电接口电路、维修机、电源屏、人机接口设备和室外设备等。TYJL - Ⅱ型微机联锁系统的结构框图如图3-3所示，从中可以看到系统硬件设备的组成与关系。TYJL - Ⅱ型微机联锁系统的系统软件包括人机对话层、联锁逻辑运算层和执行层3个层次，并采用C语言和汇编预言进行程序编写，采用通信软件进行数据的传输，实现微机控制联锁的功能。

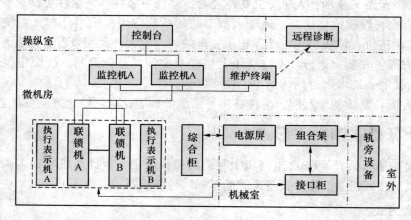

图3-3　计算机联锁系统结构

1）人机会话计算机

它的主要功能是操作人员通过操作向联锁机构输入操作命令和接收联锁机构输出的反映设备工作状态和行车作业情况的表示信息，人机会话用的操作显示设备设置于运转室。

2）联锁计算机

它是联锁系统的核心，必须具有故障—安全性能。联锁控制计算机除了接受来自操作表示计算机的操作信息外，还接受采集到的信号机、转辙机和轨道电路状态信息，并根据联锁条件，对输入的操作命令和状态信息，以及联锁机构的当前内部信息进行处理，产生相应的输出信息，控制信号机显示和道岔转换。联锁计算机设置在信号楼的计算机房。

3）控制器

控制器一方面通过采集信号机、转辙机和轨道电路状态的信息提供给联锁计算机；另一方面，接受来自联锁计算机的控制命令，驱动道岔转换，控制信号显示。其中信号、道岔控制电路必须符合合故障—安全原则，因此仍然采用继电电路作为现场设备与计算机设备的接口。

4）电务维修机

电务维修机是专门为电务维修人员设置的计算机，主要任务包括站场状态跟踪与回放、操作命令记录与故障记录和输入/输出故障定位等。

计算机联锁系统与 CTCS2 的列控中心、TDCS 车站机以及 CTC 车站自律机等设备均有接口。

2. TYJL－Ⅱ 型微机联锁系统的设备布置

图 3-4 是 TYJL－Ⅱ 型微机联锁系统的设备布置示意图，从中可以看出该系统的实际设备在现场的实际分布。

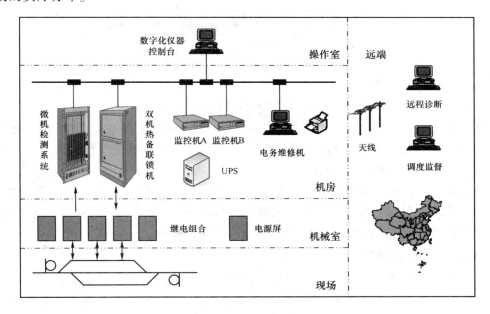

图 3-4   TYJL－Ⅱ 型微机联锁系统的设备布置示意图

3. TYJL－Ⅱ 型微机联锁系统的硬件优势

（1）为地铁行车组织和安全运营提供了先进、可靠的设备保障。

（2）提高了城市快速轨道交通国产信号联锁设备的技术水平。

（3）为提高地铁信号联锁系统设备管理和检修作业水平创造了必要条件。

（4）减少了地铁信号联锁设备安装、调试和维护的工作强度。

（5）为城市快速轨道交通新线建设和旧线改造在联锁设备上节约了大量外汇和资金。

（6）可节约联锁设备维修备品和功能扩展软、硬件修改所需经费。

（7）降低了运营成本，为近一步降低信号系统的设备投入创造了条件。

4. TYJL – II 型微机联锁系统的软件

TYJL – II 型微机联锁系统的软件结构划分为三个层次：人机对话层、联锁逻辑运算层和执行层，各个层次又可以根据功能划分为几个模块。其系统软件的结构如图 3-5 所示，各种软件包之间由专用通信软件实现沟通。

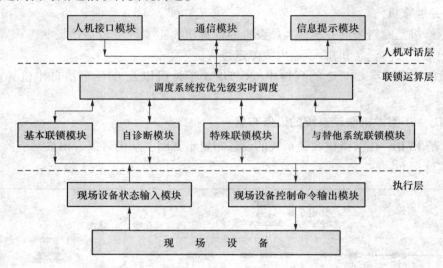

图 3-5　TYJL – II 型微机联锁系统的软件层次结构

此外，TYJL – II 型微机联锁系统还可以与 ATS、试车线和正线联锁等设备良好的结合，并可以向 ATS 中央系统提供进路、信号机、道岔、轨道电路、股道等状态信息，并采用可靠的隔离措施确保不影响联锁设备的正常工作。

TYJL – II 型计算机联锁系统是第一个在国内城市轨道交通投入使用的微机联锁系统。1999 年开通北京地铁四惠车辆段，2002 年开通北京西直门—东直门快速轨道交通全线 16 个车站，重庆轻轨较新线全线也采用了该制式的计算机联锁系统。

5. 控制台和屏幕显示

TYJL – II 型联锁系统的控制台可根据用户要求采用按钮盘 + 屏幕显示、拼装式光带显示按钮控制台、数字化仪或鼠标 + 屏幕显示等显示方式。目前推广应用最多的是数字化仪控制台，最新系统中的数字化仪能与鼠标控制兼容。它的最大特点是便于站场改造，勿需改动硬件设备，只需更换一张彩色控制台盘面图和屏幕的图像显示即可。这里主要介绍数字化仪控制台和鼠标控制台。

控制台的主要功能是采集控制命令信息和实现与监视控制机的通信。数字化仪通过封装在数字化仪内部的单片机，采集控制命令，并通过 RS – 232 接口将控制命令传送给监视控制机。

图 3-6 为某站数字化仪盘面图。在盘面上设置了各种信号"按钮"和道岔"按钮"此外还有各种功能按钮，并用不同的颜色标出。操作方式类同于 6502 继电式电气集中。

1）轨道区段屏幕显示

平时轨道区段为粗线，当该区段的轨道继电器前后接点校核错时为细线。

灰色光带——基本图形。

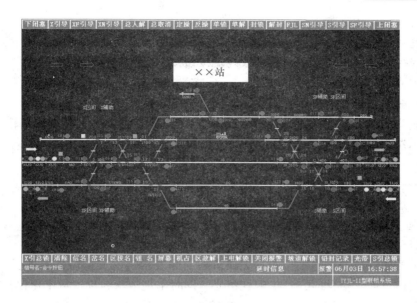

图 3-6 某站数字化仪盘面图

白色光带——进路在锁闭状态。

红色光带——轨道区段有车占用或故障。

绿色光带——区段出清后尚未解锁。

蓝色光带——进路初选状态。

青色光带——接通光带，或连溜时溜放区的道岔位置。

2）列车信号屏幕显示

红色——信号关闭。

绿色——信号开放；另外单黄，绿黄，双黄，双绿、黄闪黄均代表信号开放。

红色、白色同时显示——引导信号开放。

红色闪光——灯丝断丝。

白色外框（方形）——表明信号处于封闭状态，按钮失效。

粉红色外框（圆形）闪光——表明信号前后接点校核错。

信号名称显示意义见"调车信号屏幕显示"。

3）调车信号屏幕显示

蓝色——调车信号机关闭。

红色——调车信号机关闭，用在某些地方（如专用线入口处）起阻挡作用。

白色——调车信号机开放。

白色闪光——溜放信号开放。

红色闪光——灯丝断丝。

白色外框（方形）——信号处于封闭状态，按钮失效。

粉红色外框（圆形）闪光——信号前后接点校核错。

信号机旁平时不显示名称，只有在信号开放、相应股道有机占，信号前后接点校核错，灯丝断丝或办理进路时显示，若要显示，可点压"信号名称"按钮。

信号名称显示的含义如下。

绿色闪光——办理列车作业，始端或终端按钮按下，进路尚未排通。

黄色闪光——办理调车作业，始端或终端按钮按下，进路尚未排通。

粉红色闪光——办理总取消。

红色闪光——办理总人解锁，正延时解锁。

黄色——提示该信号在开放状态或相应股道有机占，信号前后接点校核错或断丝（断丝时信号复示器为红闪）。

浅灰色——办理总人解锁时，等待输入口令。

深灰色——按下信号名称按钮，显示全部信号名称。

青色——进路的始端标志存在。

红色外框（方形，在名称外）——表明该信号的接进轨道有机占。

4）道岔屏幕显示

道岔岔尖处用缺口表示道岔位置，无缺口的一侧表示道岔开通位置。当道岔无表示时，道岔岔尖处闪白色光，挤岔时，岔尖闪红色光，同时出现道岔名称。数字化仪盘面上道岔处箭头所指方向为道岔定位位置。点压"道岔名称"时，在 CRT 上，道岔岔心处的短绿光带表示定位，短黄光带表示反位。

道岔名称有以下含义。

黄色——道岔正在转换。

红色——道岔单独锁闭。

白色——道岔封闭。

灰色——按下道岔名称按钮，显示全部道岔名称。

道岔单独锁闭的含义是指可通过该道岔锁定位置排进路，但不能操纵；道岔封闭是指不能通过该道岔排进路，但道岔可以单独操纵。道岔封闭是专为电务人员维修道岔而设。

5）按钮设置屏幕显示

采用数字化仪的站，按钮设在数字化仪控制台上，操作时用光笔在控制台上点压有关按钮进行。信号员在用数字化仪办理完操作后，不要将光笔放在数字化仪上站场平面图的有效范围内。采用鼠标控制的站场，利用按压鼠标左键来实现在屏幕上按压"按钮"的功能，屏幕上设置的按钮有通用按钮及其他按钮，除信号和道岔按钮外，其他按钮平时都隐含在屏幕内。在屏幕空白处按压鼠标左键，屏幕上方和下方会出现功能按钮，在屏幕空白处按压鼠标右键可取消这些按钮。屏幕下方虚框为提示窗口。

（1）信号按钮。

数字化仪盘面线路上的绿色方块是列车按钮，线路旁的兰色方块是调车按钮。变通按钮也是蓝色方块。使用鼠标时，股道旁的列车信号机作列车按钮，调车信号机作调车按钮。列车按钮用鼠标右键，调车按钮用左键。另外，列车终端，调车终端和变通按钮为灰色方块。

（2）道岔按钮。

数字化仪上设于道岔岔尖处的黄色圆块为道岔按钮，双动道岔两端均设有黄色圆块，用鼠标时，屏幕上道岔岔尖处为道岔按钮，双动道岔两端均为道岔按钮，点压任意一个均可。

（3）功能按钮。

包括"总取消""总人解""道岔总定""道岔总反""道岔单锁""道岔单解""封

闭"清封闭""区段故障解锁""破封检查"等按钮。办理时，先点压功能按钮，屏幕上出现该功能的提示，再点压有关的道岔或信号按钮。点压一次功能按钮，只能有效一次。对于铅封按钮，需再按口令，凡是按压带口令的按钮时，屏幕均有计数器记录使用次数。倒机时，该记录可自动叠加。按下破封检查按钮，可依次查看各个铅封按钮的使用次数。

（4）上电解锁按钮。

开机或人工切换时，出现全场锁闭，只有此时才可以点压"上电解锁"按钮解锁，其他任何时候均不可以按压此按钮。用鼠标控制的站场，屏幕上平时无显示，办理时，按压鼠标左键，屏幕上显示"上电解锁"按钮，点压此按钮前，必须确认全场车列已停止运行，否则将可能造成迎面解锁。点压上电解锁按钮时必须按照屏幕提示点压口令，使用该按钮后，应记录原因。

（5）信号名称按钮。

全场设一个，点压后屏幕上出现所有信号机名称，再点压一次显示消失。

（6）道岔名称按钮。

全场设一个，点压后屏幕上出现所有道岔名称及道岔所在位置，绿色短光带表示道岔处于定位，黄色短光带表示道岔处于反位，再点压一次显示消失。

（7）接通光带按钮。

全场设一个，点压后屏幕上沿道岔开通位置用青色光带显示，再点压一次显示消失。

（8）清提示按钮。

全场设一个，点压后可清除屏幕上提示窗口内不需要的汉字提示。

（9）清按钮按钮。

对于任何已点压但尚未执行的按钮，可通过点压该按钮取消操作。

（10）车次按钮。

先点压股道号，再依次点压车次号码，最后点压车次按钮，即可输入列车车次。先点压股道上的车次号，再次点压车次按钮，可取消车次号。

（11）区段解锁按钮（区段故障解锁按钮）。

用于轨道区段故障修复后的区段解锁，在屏幕上显示为"区段解"按钮。只对道岔区段有效。办理区段故障解锁时，须确认该区段确实没有车占用，并且该区段所在进路的始端和终端均已解锁。办理时，先按区段解按钮，再按相应道岔区段内的任一道岔按钮，再按口令"7、8、9"即可，以上每一步操作，屏幕提示窗口均有提示。

（12）与站联有关的按钮（闭塞、复原、事故、接车辅助按钮、发车辅助按钮和总辅助按钮等）。

用于办理与站间联系电路有关的操作手续。

例如自动闭塞电路，当自动闭塞方向电路故障而不能自动改变运行方向时，若本站为要发车的车站，须先点压总辅助按钮及口令，再点压辅助发车按钮（10 s 之内要重复点压），同时，接车站也要先点压总辅助按钮及口令，再点压辅助接车按钮（10 s 之内要重复点压），总辅助灯从闪光变成稳定灯光，直至方向电路恢复。

（13）机占按钮。

点压机占按钮和股道内的调车信号按钮，屏幕上显示该信号名，同时名称外套上红色方框，表示该信号对应股道的一侧有机车占用股道，再次办理机占时，该信号名和外框消失，表示机占清除。有机占时，不允许向该股道排列进路。

（14）其他按钮。

根据站场情况可以增加其他特殊按钮，以实现特殊操作。

6. 进路的办理与操作

进路的办理方法如下。

点压始端、终端——开通基本进路。

点压始端、变通（或多个变通）、终端——开通变通进路。

1）列车进路

先点压始端信号按钮，例如点压 X 信号，相应的 X 信号名称绿色闪光，并在屏幕下端提示："始端--X"。再点压终端信号按钮，例如点压 S1 信号，相应的 S1 信号名称绿闪，屏幕下端提示变为："始端--X---终端--S1"。若满足选路条件，则开始动岔、锁闭进路、开放信号。若选路条件不满足，则在上提示后面加"--按钮不符"或"--选路不通"或"--有区段锁闭"或"--有区段占用"或"--有道岔要点"等，并给出道岔或区段名称。

2）调车进路

调车进路同样点压始端、变通、终端按钮办理。

反向单置信号可作调车变通，并置或差置信号可作同向进路变通。变通按钮不受此限。调车进路的办理方法和显示与列车进路相同。

3）对原铅封按钮的相应办理

为慎重起见，相对于原铅封按钮点压后，屏幕将提示输入口令，点压口令后操作才被执行，微机系统自动记录，并且在屏幕提示栏有记录显示。

以总人解 X 进路为例：先点压"总人解"，再点压 X 按钮，此时屏幕下方提示"总人解--X--请输入口令--123--"，据此依次点压数字 1，2，3，正确后屏幕下方提示"OK"，此时操作被执行。

4）误办的进路

误办的进路需要变更时，在进路未锁闭前可点压本咽喉的"总人解"或"总取消"按钮取消，然后还需点压清按钮按钮；锁闭后的进路需点压"总取消"或"总人解"按钮和"始端"按钮取消进路；当接近区段有车占用时，必须点压"总人解"按钮和进路始端按钮，延时 30 s 或 3 min 后解锁。

5）进路的故障解锁

由于计算机联锁取消了继电联锁的区段事故解锁盘，而采用始、终端进路故障解锁。共有以下几种故障解锁情况。

尚未使用的进路中某区段发生故障，会出现红光带，此时信号关闭，进路处于锁闭状态，如接近区段无车，点压"总人解"和"始端"按钮及口令，进路自始端至故障区段解锁，若接近区段有车，进路延时 30 s 或 3 min 解锁。故障区段至终端之间的进路，需点压"总人解"和"终端"按钮及口令，延时 30 s 解锁。若接近区段有车时进路的第一区段故障，此时进路无法解锁，应等待设备恢复后再解锁。

某进路列车已顺序驶入，但由于进路中的某区段故障，在列车驶离后，仍保留红光带，致使此区段到终端的部分进路无法解锁。若故障区段为进路的第一区段，则需点压"总人解"和"始端"按钮及口令，将进路的始端取消（始端信号的青色名称显示消失），再点压"总人解"和"终端"按钮及口令，将进路解锁。

第二种情况是故障区段非第一区段，在列车正常驶过第一区段后，第一区段自动解锁，原进路的始端已不存在（始端信号名称非青色显示），待列车驶出该进路后，点压"总人解"和"终端"按钮及口令，故障区段至终端的进路解锁。

对列车已顺序驶入的进路，为保证自进路终端的故障解锁不会导致迎面解锁，要求故障区段（红光带）至终端的各区段均被车列占用过又出清后，终端人解才能生效。对其余的未解锁区段应采用区段解锁的方式分别解锁。

进路中某区段轨道电路分路不良时，在列车通过后进路不能正常解锁。若进路始端尚存在时，点压"总人解"和"始端"按钮可将整条进路解锁；若第一区段已正常解锁，进路始端消失，或始端信号已作别的进路的始端或始端至未解锁区段间道岔已改变位置，则可用"总人解"和"终端"按钮将进路解锁。如果终端也找不到时，就要用区段故障解锁的办法来解，即点压区段故障解锁按钮和故障区段中任一道岔按钮将该区段解锁。

车列出清道岔区段和股道时先显示绿光带，待3 s解锁后恢复灰光带。

进路排通后，因某种原因使轨道继电器瞬间落下，此时信号关闭，该区段屏幕显示由白光带转为绿光带，进路仍处在锁闭状态，点压进路信号始端按钮，信号重复开放后绿光带仍保持不变，以利于查找故障。

6）单独操纵和单独锁闭道岔

道岔区段在解锁状态时，允许办理单独操纵道岔。同时点压"总定位"（总反位）按钮和"道岔"按钮，屏幕提示处显示"道岔总定（总反）……C×××"。在道岔转换过程中，屏幕道岔岔尖处闪白光，同时道岔号显示黄色。

点压"单独锁闭"按钮和"道岔"按钮，屏幕提示处显示"单独锁闭……C×××"，同时显示红色道岔号。点压"单独解锁"和"道岔"按钮，道岔解锁。

7）封闭信号和封闭道岔

先按压封闭按钮，再按压信号按钮或道岔按钮，这时信号机外套上白色方框，道岔名显示白色，表明信号机按钮已不能再进行操作，道岔也不能再排路。

先按压清封闭按钮，再按压信号按钮或道岔按钮，这时信号机外的白色方框消失，白色道岔名消失，表明该信号或道岔的封闭取消。

8）闭塞办理

闭塞办理方式与现有技术条件相同，所不同的是，闭塞及复原按钮需点压"确认"后才能执行。

屏幕上相应闭塞状态由红、绿、黄三色箭头分别表示。

事故复原按钮需点压口令后才能执行。

9）引导接车

（1）进路引导接车。

当某轨道区段故障影响正常接车时，可用进路引导接车。办理方法是：首先车务人员必须确认要开通的进路上无车，将道岔单操到需要的位置后点压该进路信号的"引导"按钮，如下行接车，点压"X引导"按钮，屏幕提示"进路引导接车---X，请按口令234！"，值班员依次点压2，3，4，屏幕上显示"OK"，进路锁闭，引导信号开放。

和继电设备所不同的是，当进站信号内方第一区段故障时，信号开放 10 s 就会关闭，为保证引导信号持续开放，需要每间隔不大于 8 s 即重复点压一次"X 引导"按钮（此时无须输入口令，点压完后屏幕提示窗有倒计时提示），直到列车进入进站信号机内方。

引导信号开放后，可用"总人解"的方法关闭该引导信号，解锁引导进路。

（2）引导总锁闭。

通常每个咽喉设一个引导总锁闭按钮。当道岔因电气故障失去表示时，可用引导总锁闭接车，但车务人员必须确认道岔位置走向正确，进路上无机车车列占用，没有办理敌对进路后，才可用引导总锁闭接车。

办理引导总锁的方法是：先点压该咽喉的"引导总锁"按钮，如点压下行咽喉的"引导总锁"按钮，屏幕提示："下行引导总锁，请按口令 369！"，然后依次点压数字按钮 3，6，9，屏幕提示"OK"，同时有红色闪光的"引导总锁"汉字提示，接着再点压进站信号的"引导"按钮，引导信号开放。

取消引导总锁的办理方法是：先点压"总人解"按钮，再点压"引导总锁"按钮，并输入口令 123 即可。

五、SICAS 联锁系统

SICAS 是西门子计算机辅助信号系统（Siemens Computer Aided Signalling）的英文缩写。它是一个模块化的、灵活的联锁系统，可以通过单独操作、进路设置等方式实现对道岔、轨区段、信号机等室外设备的监督和控制。SICAS 型计算机联锁被广泛地应用在干线铁路、城市铁路。

1. SICAS 联锁系统组成及功能

SICAS 型计算机联锁分别对应为：LOW（现场操作员工作站）、SICAS（联锁计算机）、STEKOP（现场接口计算机）、DSTY（接口控制模块）及现场的道岔、轨道电路和信号机，如图 3-7 所示。

系统中联锁计算机对现场设备的控制有三种基本配置。一是带 DSTI 的系统，由 SICAS 直接经 DSTT 控制现场设备；二是带 DSTT 和 STEKOP 的系统，SICAS 经 STEKOP 和 DSTT 控制现场设备；三是带 ESTT（电子元件接口模块系统）的系统，SICAS 直接经 ESTT 控制现场设备。

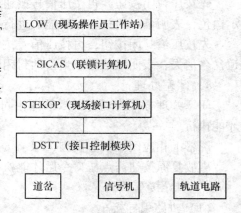

图 3-7 SICAS 型计算机联锁总体结构

除上述外，SICAS 联锁系统还有与 ATC 系统、其他联锁（车辆段联锁设备、相邻 SICAS）的接口。

（1）LOW（现场操作工作站）是人机操作界面，将设备和列车运行情况图形化显示，接受操作人员的操作指令并传递给联锁计算机进行处理。

（2）SICAS 的联锁计算机根据需要可采用二取二结构或三取二结构，主要功能是接收来自 LOW 的操作指令和来自现场的设备状态信息，联锁逻辑运算，排列、监督和解锁进路，动作和监督道岔，控制和监督信号机，防止同时排列敌对进路，向 ATC 发出进入进路的许可，并将产生的结果状态和故障信息传送至 LOW。

（3）根据配置不同，SICAS 对现场设备控制部分包括 ESTT、STEKOP、DSTT 几部分。

2. 联锁主机的结构

为保证设备安全和提高设备可靠性，目前联锁主机主要采用两种冗余方式：二取二系统和三取二系统。

二取二系统由两个各自独立的、相同的、对命令同步工作的计算机通道组成，过程数据由两个通道输入、比较并进行处理，并且只有两个通道处理结果相同时才能输出。独立于数据流的在线计算机监测功能在一定的周期内完成一次，一旦检测到故障，此系统将停止工作，以避免连续出现故障引起的危害。

三取二系统由三个各自独立的、相同的、对命令同步工作的计算机通道组成。过程数据由三个通道输入、比较并进行处理，只有当三个或两个通道处理结果相同时结果才能输出。如果其中一个通道故障，在该检测周期内相关通道会被切除，联锁计算机按二取二系统方式继续工作，只有当又一个通道故障时，系统才停止工作。采用这种三取二的方式，提高了系统的可靠性和安全性。

3. 与有关设备接口

（1）与车辆段联锁的接口。

正线车站与车辆段的信号接口设有相互进路照查电路，操作人员只有确认设置于控制台或计算机屏幕的照查表示灯显示后才能开放信号。主要联锁关系包括：

① 不能同时向对方联锁区排列进路。

② 当进路中包含有对方轨道电路时，必须根据对方相关轨道电路空闲信息进行进路检查，进路排出后须将排列信息传送至对方并要求对方排出进路的另一部分。

③ 列车入段时，车辆段必须先排接车进路，正线车站才能排列入段进路，以减少对咽喉区的影响。

（2）与洗车机接口。

只有得到洗车机给出的同意洗车信号时，才能排列进入洗车线的进路，否则，不能排列进路。

（3）与防淹门的接口。

在特别情况发生时，SICAS 联锁通过与防淹门的接口保证列车运行安全。联锁设备与防淹门间传递的信息包括：防淹门"开门状态"信息、"非开状态"信息、"请求关门"信号及信号设备给出的"关门允许"信号。其基本联锁关系主要表现如下。

① 只有检测到防淹门的"开门状态"信息而且未收到"请求关门"信号时才能排列进路。

② 信号机开放后，收到防淹门"非开状态"信息时，立即关闭并封锁信号机。

③ 信号机开放后，收到防淹门"请求关门"信号时，关闭并封锁始端信号机并取消进路（接近区段有车时延时 30 s 取消进路），通过轨道电路确认隧道内没有列车后立即发出"关门允许"信号，否则需要防淹门操作人员人工确认列车运行情况并根据有关规定人工关门。

（4）与 ATC 接口。

SICAS 联锁与 ATC 的连接通过逻辑的连接来实现，响应来自 ATS 的命令，进行联锁逻辑运算，在满足安全的前提下，控制进路、道岔和信号机，并将进路、轨道电路、道岔、信号机的状态信息提供给 ATS（列车自动监视）、ATP（列车自动防护）、ATO（列车自动运行），主要设备状态信息包括如下方面。

进路状态——进路的锁闭、占用、空闲。

信号机的状态——信号机的开放、关闭。

道岔位置——道岔的定位、反位、四开、挤岔。

轨道电路状态——占用、锁闭、空闲。

（5）与相邻联锁系统接口。

城市轨道交通正线车站被划分为数个联锁区，各联锁区的相互连接经由联锁总线通过连接中央逻辑层实现，联锁边界处的每个设备均以其进路特征反映至相邻联锁系统。

当一条进路的始端信号机和终端信号机位于不同联锁区时，进路由始端信号机所在的联锁区来设定，进路包括带有自身联锁区内进路部分和相邻联锁区内进路部分的连接点，两部分相互作用实现 SICAS 联锁的链接。

六、进路控制

1. 进路设置

为确保城市轨道交通高密度行车下的安全，SICAS 联锁系统与 ATP 相结合，进路由防护信号机防护，但列车在进路中的运行安全由 ATP 负责。SICAS 联锁系统共有 4 种进路设置方式。

（1）ATS 的自动列车进路。

ATS 按照运行图，根据列车的车次号，结合列车的运行位置，发送排列进路的命令给 SICAS 联锁，自动排列进路。

（2）远程终端单元的自动列车进路。

当中央 ATS 系统故障或与 OCC（控制中心）中央设备的传输通道故障时，驾驶员在列车人工输入目的地码，车站 ATS 的远程终端单元（RTU）能根据从轨旁 PTI 环线（即车地通信轨旁接收设备）接收到的目的地码，向 SICAS 联锁发布排列进路命令，自动排列进路。

（3）追踪进路。

这是 SICAS 联锁自有的功能，在列车占用触发轨时，SICAS 可向带有追踪功能的信号机发布排列进路命令，自动排列出一条固定的进路，开放追踪进路的信号。

（4）人工排列进路。

人工排列进路可由操作员在获得操作权的 LOW（现场操作工作站）或中央 ATS 的 MMI（人机接口）上，通过鼠标和键盘输入排列进路命令，人工排列进路。

人工排列进路始终优先，自动列车进路与追踪进路功能是对立的，对于单个信号机而言，选择了自动排列进路，就不能选择追踪进路。操作员可在 LOW 或 MMI 输入命令，开放、关闭信号机的自动排列进路或追踪进路功能。

2. 进路排列的条件

（1）进路中的道岔没有被征用在相反的位置上。

（2）进路中的道岔没有被人工锁定在相反的位置上。

（3）进路中的道岔区段、轨道区段没有被封锁。

（4）进路中的信号机没有被反方向进路征用。

（5）进路中的监控区段没有被进路征用。（如：列车正在通过进路的监控区段或列车通过进路后，监控区段不能正常解锁，出现绿光带现象，则进路不能排列。）

（6）进路的非监控区段没有被其他方向进路征用。如：要排列进路的轨道区段（含保护区段）被其他方向的进路征用或其他方向进路的轨道区段在解锁时出现非正常解锁且这些区段刚好属于要排列进路的某些区段，则进路不能排列。注：如果进路的非监控区段是被同方向的进路征用，则可以再次征用。

（7）从洗车厂接收到一个允许洗车的信号（只适用于排列进洗车线的进路）。

（8）与相邻联锁通信正常（只适用于排列跨联锁区的进路）。

（9）防淹门打开且未请求关闭（只适用于排列通过防淹门的进路）。

（10）与车厂的照查功能正常（只适用于排列进车厂的进路）。

符合以上条件，进路能排列。进路在排列过程中，进路的道岔（含侧防道岔）能自动转换至进路的正确位置。

3. 有关概念

（1）进路的组成。进路一般由三部分组成，分别为主进路、保护区段及侧面防护。主进路是指进路上从始端信号机至终端信号机的路径，分为监控区段（含道岔区段）、非监控区段。保护区段是指终端信号机后方的一至两个区段。侧面防护由道岔、信号机及轨道区段的单个元素或组合元素组成。

（2）多列车进路。SICAS联锁中一般不设通过信号机，只设置防护信号机，有些进路包含了若干个轨道区段（多至十几个轨道区段以上）。由于城市轨道交通运行间隔小、车流密度大，列车运行安全由ATP系统保护，因此一条进路中允许多个列车运行，如图3-8所示。

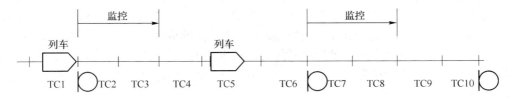

图3-8　多列车进路示意图

对于多列车进路，当列车1出清监控区后，即可排列第二条相同始端的进路。进路排出后，只有当列车2通过后才能解锁。

（3）联锁监控区段。为了提高建立进路的效率，联锁系统把进路的区段分为监控区段和非监控区段两部分。进路建立后，当列车没有出清监控区段时，该进路不能再排列。当列车出清监控区段进入非监控区段时，即使非监控区段还没有全部解锁，该进路仍可再次排列，且信号能正常开放。

在无岔进路中，通常始端信号机后两个区段为监控区段，如图3-9所示，其他为非监控区段。

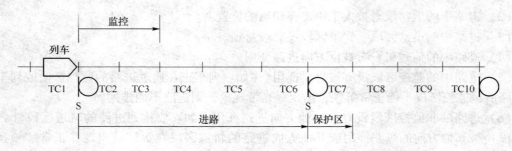

图 3-9　进路保护区段示意图

在有岔进路中，从进路的第一个轨道区段开始，一直到最后一个道岔区段的后一区段为止都是监控区段，其他为非监控区段。

监控区段的长度应足够完成列车驾驶模式的转换。列车通过监控区段后自动将运行模式转换为 ATO 自动驾驶模式或 SM 模式（ATP 监督下的人工驾驶模式），列车之间的追踪保护就由 ATP 来实现。

监控区段有故障，信号只能达到非监控层或引导层。非监控区段有故障，信号能正常开放，但列车以 SM、ATO 或 AR 模式驾驶时，由于具有 ATP 的保护功能，列车会在故障区段的前一区段自动停稳。

（4）保护区段。保护区段（overlap）也叫重叠区段，如图 3-9 所示，设置保护区段的目的是避免列车由于某种原因不能在信号机前方停车而冲出信号机导致危及列车安全的事故的发生。

进路可以带保护区段或不带保护区段排出。对于短进路，保护区段与进路同时建立；为了不妨碍其他列车运行，对于长进路，可以通过目的轨的占用来触发保护区段延时设置。

如进路短，排列进路时带保护区段；多列车进路无保护区段时，进路的防护信号机可以正常开放。

当 SICAS 联锁不能提供保护区段或其侧防条件不满足时，ATP 会计算出自己的保护区段，列车会在终端信号机前方一段距离（ATP 保护区段的长度）停车，确保行车安全。

从保护区段的接近区段被占用开始经过一个设计的延时（默认为 30 s），保护区段解锁。

（5）侧面防护（侧防）。SICAS 联锁中没有联动道岔的概念，所有道岔都按单动道岔处理。排列进路时通过侧面防护把相关的道岔及信号机锁闭在联锁要求的位置，以避免其他列车从侧面进入进路，确保安全。侧面防护包括主进路的侧面防护和保护区段的侧面防护，如图 3-10 所示。

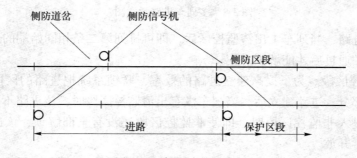

图 3-10　侧面防护示意图

侧面防护的任务是通过转换、锁闭和检查相邻分歧道岔位置，切断所有通向已排进路的路径。如果侧防道岔实际位置与要求的位置不一致，则发出转换道岔命令，当命令不被执行时（如道岔已锁闭），操作命令被储存，直到达到要求的终端位置。否则通过取消或解锁该进路来取消操作命令。

侧面防护也可由位于进路需要侧面防护方向的主体信号机显示禁止信号来完成。

道岔为一级侧面防护，信号机为二级侧面防护。排列进路是首先确定一级侧面防护，再确定二级侧面防护。没有一级侧面防护时，则将信号机作为侧面防护。

（6）进路的解锁 SICAS 联锁中正常的进路解锁采用类似国内铁路集中联锁的三点检查方式，列车出清后，后方的进路元素自动解锁。

人工取消多列车进路时，进路的第一个轨道电路必须空闲。如果接近区段逻辑空闲，进路及时解锁，如果接近区段非逻辑空闲，进路延时 60 s 解锁。

多列车进路排出后，如果进路中有列车运行，则人工取消进路时只能取消最后一次排列的进路至前行列车所在位置的部分，其余部分随前行列车通过后自动解锁。

进路解锁后，相应的侧防道岔、侧防信号机及保护区段都随之解锁。

（7）轨道区段的 Kick – off 功能。

① 物理空闲和物理占用。轨道区段的物理空闲是指列车检测设备（轨道电路、计轴设备等）反映室外的轨道电路区段实际没有被列车占用的状态，此时轨道继电器处于吸起状态。

轨道区段的物理占用是指列车检测设备（轨道电路、计轴设备等）反映室外的轨道电路区段实际被列车占用的状态，此时轨道继电器处于落下状态。

② 逻辑空闲和逻辑占用。轨道区段物理占用时，系统认为该区段也处于逻辑占用状态。

当轨道区段从物理占用状态切换为物理空闲状态时，系统将结合相邻区段的状态变化判空闲且有两个 Kick-off 状态时，系统认为该区段逻辑空闲并重置 Kick-off，否则认为逻辑占用。

七、LOW 的组成

1. 设备组成

LOW 的全称是 Local Operator Workstation，中文含义为现场操作员工作站。

LOW 是信号系统网络的区域终端设备，每个联锁站都有一套 LOW 设备，主要由一台电脑和一台记录打印机组成。SICAS 联锁系统的本地操作和表示是通过 LOW 来完成的。

联锁等设备和行车状况（轨道占用、道岔位置和信号显示等）在彩色显示器上以站场图形式显示，使用鼠标和键盘，在命令对话窗口上可以实现常规命令及安全相关命令的联锁操作。所有安全相关命令的操作、操作员登录/退出操作、设备故障报警等信息将被记录存档。根据实际控制需要，可以每个联锁系统拥有几个操作控制台，或者几个联锁系统采用一个控制台。

2. 屏幕显示

LOW 的屏幕显示由三部分组成，自上而下依次如下。

计算机启动进入后第一个出现的窗口为基本窗口，如图 3-11 所示。

（1）按钮的主要功能。

① 登记进入/登记退出按钮。系统将检查姓名及口令，如果正确，登记进入按钮将改为

登记退出按钮，并且下面的输入框将使用者的姓名灰显，说明已成功登录 LOW，可以根据权限对 LOW 进行操作。

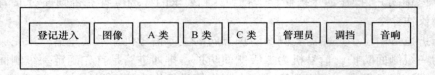

| 登记进入 | 图像 | A 类 | B 类 | C 类 | 管理员 | 调挡 | 音响 |

图 3-11　LOW 基本窗口

② 图像按钮。用于在主窗口中显示联锁区的站场图。

③ 报警按钮。分为 A、B、C 三类，A 类级别最高，C 类级别最低。如果不存在报警，报警按钮显示灰色。一旦出现报警，相应级别的报警按钮开始闪烁并发出声音报警，报警级别越高，报警声越持久，越响亮。点击相应的报警按钮即可对报警进行确认，就可以打开相应的报警单，然后选择需要确认的报警信息，再在对话窗口中点击报警确认按钮就可以对报警进行应答。报警单中只要有一个报警未被应答，报警按钮会保持红色闪烁，当报警单中的所有报警都被应答，报警按钮呈永久红色，报警声被关闭，故障修复后红色消失。

④ 管理员按钮。只有用管理员身份及密码登记进入时才可以显示出来，并可以设置或更改操作员的操作权利，不是管理员身份登录时，此按钮会显示灰色。

⑤ 调挡按钮。用于查询、打印联锁装置 48 小时内的特别情况记录存档，如来自现场设备或联锁的信息和报警、来自 RTU／ATS 的信息和报警、LOW 内部出现的错误和登记进入/登记退出报告等。

⑥ 音响按钮。单击该按钮可关闭报警声音，直到下一次报警出现。

⑦ 日期和时间显示按钮。显示当前日期和时间。

⑧ 版本号。显示现用的版本，版本号必须在故障信息报告中注明。

（2）主窗口。

启动 LOW 后进入主窗口，显示整个联锁区线路、信号等设备状态，并能够选择元件进行操作。

（3）对话窗口。

对话窗口主要由命令按钮栏、执行按钮、取消按钮、记事按钮及综合信息显示栏组成。

① 命令按钮栏。可以显示当前的所有命令按钮，以供操作员选择，命令按钮栏可根据不同要素的选择，显示出所选要素的所有操作命令，如果没有选择任何要素，命令按钮栏显示的命令为对联锁的所有操作。

② 执行按钮。用于执行当前的操作，当点击了执行按钮，当前的操作就会被联锁记录执行。

③ 取消按钮。用于取消当前的操作。

④ 记事按钮。用于打开记事输入框、记录情况（平时不用）。

⑤ 综合信息显示栏。用于显示信号系统的各种供电情况及自排、追踪情况。如果相应的供电正常，相应的显示为绿色字体，如果故障则显示红色字体，而如果没有打开自排功能，自排全开的字体为白色，一旦打开了自排功能则自排全开字体为绿色。对于追踪进路，如果打开追踪功能，追踪进路字体为黄色，没有打开追踪功能，则追踪进路字体为白色。

八、LOW 的操作命令

操作命令根据安全等级分为"常规操作命令"（用 R 表示）和"安全相关操作命令"（用 K 表示）。

安全相关操作命令是指该命令执行后可能会影响行车安全或设备安全的命令。安全相关命令只有在 LOW 上才可以操作，其安全责任主要由操作员负责，故必须确认相关的操作前提，输入正确的命令，操作完毕后必须在值班日记中做好记录。

持有 LOW 操作证者，在 LOW 工作站上的操作命令见表 3-1。

表 3-1　LOW 工作站上的操作命令

按钮名称	命令含义
自排全开	本联锁区全部信号机处于自动排列进路状态
自排全关	本联锁区全部信号机处于人工排列进路状态
追踪全开	本联锁区全部信号机处于联锁自动排列进路状态
追踪全关	本联锁区全部信号机取消联锁自动排列进路状态
关区信号	关闭并封锁联锁区全部信号机
交出控制	向 OCC 交出控制权
接收控制	从 OCC 接收控制权
强行站控	在紧急情况下，车站强行取得 LOW 的控制权
重启令解	系统重新启动后，解除全部命令的锁闭
全区逻空	设定全部轨道区段空闲
封锁区段	将区段封锁，禁止通过该区段排列进路
解封区段	取消对区段的封锁，允许通过该轨道区段排列进路
强解区段	解锁进路中的轨道区段
轨区逻空	把轨道区段设为逻辑空闲
轨区设限	设置该轨道区段的限制速度
轨区消限	取消对轨道区段的限制速度
终止站停	取消运营停车点
单独锁定	锁定单个道岔，阻止电操作转换
取消锁定	取消对单个道岔的转换，道岔可以转换
转换道岔	转换道岔
强行转岔	轨道区段占用时，强行转换道岔
封锁道岔	将道岔封锁，禁止通过道岔排列进路
解封道岔	取消对道岔的封锁，允许通过道岔排列进路
强解道岔	解锁进路中的道岔
岔区逻空	把道岔区段设置为逻辑空闲
岔区设限	对道岔区设置限制速度

按钮名称	命令含义
岔区消限	取消对道岔区段的限制速度
挤岔恢复	取消挤岔逻辑标记
关单信号	设置信号机为关闭状态
封锁信号	封锁关闭状态下的信号机
解封信号	取消对关闭状态下的信号机的封锁
开放信号	设置信号机为开放状态
自排单开	设置把单个信号机为自动排列进路状态
自排单关	设置单个信号机为人工排列状态
追踪单开	设置单个信号机为联锁自动排列进路状态
追踪单关	单个信号机取消由联锁自动排列进路状态
开放引导	开放引导信号

在操作 LOW 过程中，操作员必须确认进路要素以正确的方式显示，否则应立即停止和取消该项操作，并报告行车调度员（以下简称"行调"）。行调根据具体情况，当确认 LOW 不能正常操作时，发布停止使用命令，按 LOW 工作站设备故障进行处理，组织行车。

LOW 操作员在结束操作或临时离开车站控制室时，应将工作站退回到登记进入状态，严禁中断 LOW 工作站工作，进行与行车无关的工作。

LOW 的设备管理人员或维修人员需操作 LOW 时，应征得车站值班站长同意，并经行调授权，以自己的用户名和口令登记进入系统后，在不影响行车的情况下方可进行操作。

九、LOW 的操作举例

1. 对进路的操作

（1）排列进路。在 LOW 排列进路，只要用鼠标的左键点击 LOW 主窗口上要排列进路的始端信号机，再用鼠标的右键点击要排列进路的终端信号机，此时所选始端信号机和终端信号机都会被打上灰色底色，然后在对话窗口中的命令显示栏（在 LOW 的左下角）用鼠标的左键点击"排列进路"的命令，最后用鼠标的左键点击对话窗口中的"执行"按钮即可。此时，联锁计算机就会自动检查该进路的进路建立条件，如果满足进路的建立条件，相应的进路会自动建立，并进入相应的监控层，如果达到了主信号层，且始端信号机正常时，始端信号机就会自动开放，但如果只达到了引导层，始端信号机不会开放，只能在满足开放引导信号的条件下人工开放引导信号。

（2）取消进路。在 LOW 上取消一条已排好的进路，只要用鼠标的左键点击 LOW 主窗口上该进路的始端信号机，再用鼠标的右键点击该进路的终端信号机，此时所选始端信号机和终端信号机都会被打上灰色底色，然后在对话窗口中的命令显示栏（在 LOW 的左下角）用鼠标的左键点击"取消进路"的命令，最后用鼠标的左键点击对话窗口中的"执行"按钮即可。

说明：在对 LOW 进行操作过程中，只有在排列进路及取消进路时，才会用到鼠标的右键，其他的操作都只用鼠标的左键。

2. 对道岔的操作

在 LOW 上对道岔进行操作，必须用鼠标的左键点击 LOW 主窗口上的道岔元件或道岔编号，此时所选元件被打上灰色底色，然后在对话窗口中的命令显示栏（在 LOW 的左下角）用鼠标的左键点击所需的命令，最后用鼠标的左键点击对话窗口中的"执行"按钮即可。

道岔区段设置了限速，限速的列车最高速度会以红色的 60、45、30、15 字体在相应的区段下方显示出来。此时，列车通过该道岔区段的最高速度不能大于此限制速度，可设置的速度分别为：60 km/h、45 km/h、30 km/h、15 km/h 四种。

3. 对轨道区段的操作

对轨道区段进行操作，必须用鼠标的左键点击 LOW 主窗口上的轨道元件或轨道编号，此时所选元件被打上灰色底色，然后在对话窗口中的命令显示栏用鼠标的左键点击所需的命令，最后用鼠标的左键点击对话窗口中的"执行"按钮即可。

4. 对信号机的操作

LOW 上信号机各部分的显示意义如表 3-2 所示。对信号机进行操作，必须用鼠标的左键点击 LOW 主窗口上的信号机元件或信号机编号，此时所选元件被打上灰色底色，然后在对话窗口中的命令显示栏用鼠标左键点击所需的命令，最后用鼠标的左键点击对话窗口中的"执行"按钮即可。

表 3-2　LOW 上信号机的显示意义

元素	显示及状态	显示意义
信号机编号	红色	处于人工排列进路状态
	绿色	处于自动排列进路状态
	黄色	处于追踪进路状态
	稳定	信号机正常
	闪烁	信号机红灯断主丝故障或绿灯/黄灯灭灯
信号机基础	绿色	主信号控制层（处于监控层：在进路状态）
	黄色	引导信号控制层（处于监控层：在进路状态）
	红色	非监控层（无进路状态或进路未建立）
	稳定	信号机正常
	闪烁	在延时中（进路延时取消，进路延时建立或保护区段延时解锁）
信号机机柱	绿色	信号机开放，且开放主信号
	黄色	信号机开放引导信号
	红色	信号机关闭，且未开放过（针对本次进路）
	蓝色	信号机关闭，但曾经开放过（针对本次进路：在重复锁闭状态）

续 表

元素	显示及状态	显示意义
信号机 灯头	绿色	信号机处于开放主信号状态
	红色	信号机处于关闭状态（但可以开放引导信号）
	蓝色	信号机处于关闭状态，且被封锁（但可以开放引导信号）
照查显示	绿色	可排列相应进路入车辆段
	红色	不能排列相应进路入车辆段。（车辆段已排列了进路）
	灰色	无数据

十、LCP 盘的操作

1. 紧急停车

（1）有效操作紧急停车的前提条件是：列车在 SM、ATO 及 AR 模式下驾驶。

（2）紧急停车有效的区段范围是：相应的站台区段及其相邻的区段（或者列车运行正方向离去的第一个区段）。

在必要时，可以按压站台的紧急停车箱里的按钮或 LCP 盘上的紧急停车按钮。

（3）在 LCP 盘上对紧急停车的操作步骤及现象如下。

① 在 LCP 盘上按压相应的紧急停车按钮。

② LCP 盘上相应的紧急停车指示灯亮红灯，并发出电铃报警声音，同时在 LOW 上相应的站台区段出现红色 1 – 1 闪烁。

③ 执行切除报警操作，按压相应的切除报警按钮，消除报警声音。

（4）在 LCP 盘上切除紧急停车功能的操作步骤及现象如下。

① 在 LCP 盘上按压相应的取消紧停按钮。

② LCP 盘上相应的紧急停车指示灯灭，并发出电铃报警声音，同时在 LOW 上相应的站台区段的红色消失。

③ 此时应执行切除报警操作，按压相应的切除报警按钮，消除报警声音。

（5）在站台上操作紧急停车按钮后，在 LCP 盘上出现的现象如下。

① 在站台上按压紧急停车箱里的按钮，LCP 盘上相应的紧急停车指示灯亮红灯，并发出报警声音，同时在 LOW 上相应的站台区段出现红色按钮闪烁。当执行切除报警操作后，电铃报警声音消除。

② 当需要切除紧急停车功能时，在 LCP 盘上按压相应的取消紧停按钮，LCP 盘上相应的紧急停车指示灯灭，并发出电铃报警声音，同时在 LOW 上相应的站台区段的红色按钮消失。当执行切除报警操作后，电铃报警声音消除。

2. 扣车

在 LCP 盘上进行扣车的操作步骤及现象如下。

（1）有效操作扣车的前提条件是列车在 SM、ATO 及 AR 模式下驾驶，列车未进入站台或停稳在站台时运营停车点未取消。满足以上两个条件，扣车操作才有效。

（2）扣车的有效区段是站台区段。

（3）扣车操作的步骤及现象：在 LCP 盘上按压相应的"扣车"按钮，在 LCP 盘上相应的扣车指示灯红灯闪烁（说明：如果是 OCC 扣车，LCP 盘上相应的扣车指示灯为稳定红灯），同时在 LOW 上发生 B 类报警，记录了对应的站台区段的扣车提示内容，并发出报警声音，此时应点击 LOW 基础窗口上音响按钮，消除报警声音。

（4）在 LCP 盘上对扣车进行"放行"操作的步骤及现象：在 LCP 盘上按压相应的"取消扣车"按钮，在 LCP 盘上相应的扣车指示灯灭，然后再按压相应的"扣车"按钮一次（复位），最后再按压相应的"取消扣车"按钮一次（复位）。同时在 LOW 上对应的 B 类报警的第三栏有"扣车恢复"的提示信息。

（5）扣车的原则：如果 LCP 盘上运营停车点指示灯亮黄灯时，扣车操作有效；在 ATS 系统正常时，如果 LCP 盘上运营停车点指示灯黄灯灭时，扣车操作无效，因为此时运营停车点已被取消。如果只是黄灯指示灯灯丝断丝，可以进行扣车操作；在 ATS 系统故障时，信号系统将自动进入 RTU 降级模式或 LOW 人工控制模式，此时只要运营停车点未取消，扣车操作有效。

项 目 小 结

本项目介绍了联锁的概念、内容及联锁设备的功能。对继电集中联锁和计算机联锁的组成及功能进行简要的阐述，着重介绍了继电集中联锁和计算机联锁的实际操作。

计算机联锁是铁路信号最重要的新技术之一，是用微型计算机和其他一些电子、继电器及各种计算机软件组成的具有"故障—安全"性能的实时控制系统。

车站计算机联锁系统是实现联锁功能的系统，它以进路控制为主要内容。由专用的软件来实现车站信号、进路、道岔之间的联锁关系。它能自动采集、处理各种信息，把车站值班员的控制命令和现场的各种表示信息输入计算机，根据储存在计算机内的有关条件，进行联锁关系的逻辑运算和判断，然后输出信息至执行机构，实现对车站信号设备的控制和监督。

联锁设备能够响应来自 ATS 的命令，在满足安全的前提下，控制进路、道岔和信号机，并将进路、轨道电路、道岔和信号机的状态信息提供给 ATS、ATP 和 ATO。

习题

一、单选题

1. 当进路处于接近锁闭办理人工解锁进路时，进路自动延时解锁，其中接车进路和正线发车进路延时（　　）。

A. 3 s　　　　B. 13 s　　　　C. 30 s　　　　D. 3 min

2. （　　）是车站范围内列车或调车车列运行的径路。

A. 进路　　　B. 基本进路　　　C. 变通进路　　　D. 迂回进路

3. 计算机联锁充分发挥了（　　）的特长，操作表示功能完善。

A. 联锁　　　B. 计算机　　　C. 微机　　　D. 继电器

4. LOW 上信号机的显示黄色为：（　　　）

A. 处于人工排列进路状态　　　　　　　B. 处于追踪进路状态

C. 处于自动排列进路状态　　　　　　　D. 信号机正常

5. 采用引导接车时，准许列车在该信号机前方不停车，以不超过（　　　）的速度进入站内，并准备随时停车。

A. 5 km/h　　　　　　B. 10 km/h　　　　　　C. 15 km/h　　　　　　D. 20 km/h

二、多选题

1. 根据进路的接近区段占用状态不同，进路锁闭分为（　　　）。

A. 预先锁闭　　　　　　　　　　　　　B. 接近锁闭

C. 基本进路锁闭　　　　　　　　　　　D. 变通进路锁闭

2. 联锁道岔有（　　　）锁闭方式。

A. 区段锁闭　　　　　B. 单独锁闭　　　　　C. 故障锁闭　　　　　D. 预先闭锁

3. TYJL – II 型联锁系统控制台的主要功能是（　　　）

A. 采集控制命令信息　　　　　　　　　B. 实现与监视控制机的通讯

C. 控制明命令信息　　　　　　　　　　D. 监视和控制

4. 安全相关操作命令是指该命令执行后可能会影响（　　　）的命令。

A. 控制安全　　　　　B. 车站安全　　　　　C. 行车安全　　　　　D. 设备安全

5. 列车进路，包括（　　　）3 种运行模式。

A. 调车进路　　　　　B. 接车进路　　　　　C. 发车进路　　　　　D. 通过进路

三、判断题

1. 计算机联锁利用继电电路实现车站的联锁关系。（　　　）

2. LOW 的全称是 Local Operator Workstation，中文含义为现场操作员工作站。（　　　）

3. LOW 的设备管理人员或维修人员需操作 LOW 时，应征得车站值班站长同意。（　　　）

4. 信号开放后，列车顺序接近、占用、出清进路上各轨道电路区段，自进路的始端至终端，各轨道电路区段顺序闭锁。（　　　）

5. LOW 是信号系统网络的区域终端设备，每个联锁站都有一套 LOW 设备，主要由一台电脑和一台记录打印机组成。（　　　）

四、简答题

1. 什么是联锁？联锁的基本内容有哪些？

2. 继电集中联锁有哪些主要技术特征？

3. 简述继电集中联锁的组成？

4. 计算机联锁有哪些优点？

6. 举例说明怎样办理调车进路？

7. 举例说明怎样办理列车时路？

8. 举例说明怎样办理进路的取消解锁和人工解锁？

9. 什么情况下使用引导进路锁闭方式接车？怎样办理？

10. 在 LCP 盘上如何进行扣车的操作？

五、案例分析

一、事故概况

2000 年 4 月 2 日零时 23 分左右，某地铁 1 号线司机与值班员进行车机联控呼唤时，车站通知司机下行 1 道通过，但司机反映进站信号显示侧线（3 道）停车信号（控制台显示 1 道通过），故司机采取停车措施，列车停于站内 9 号道岔处，从而构成未准备好进路接车险性事故。

二、原因分析

这起事故是由于计算机联锁显示分机双机加电造成的。主要原因是车站计算机联锁系统本身没有对显示分机双机加电进行技术上的防护，存在双机加电的可能，而且在使用中对双机加电没有严格的规定，仅有"双机冷备"4 个字。加之，系统实行技术保密措施，厂家终生维护，使用人员对双机加电可能造成的后果不清楚（使用说明书未对其进行说明）。特别是双机加电导致通信故障的情况下，系统不能有效防止控制台显示与联锁机表示信息的一致性，且无任何警示，致使进路错误不能及时发现，违反了"故障—安全"的原则。信号工在处理设备故障时，忽略了"双机冷备"的要求，致使控制台分机双机加电，是造成事故的次要原因。

分析讨论：

1. 通过本案例分析在本次事故中电务部门的责任。如何杜绝类似事件的再次发生？
2. 在今后信号工处理设备故障时应注意哪些问题？

项目四

列车运行自动控制

【知识目标】

- 了解 ATC 系统在城市轨道交通系统中的作用
- 了解 ATC 系统的功能
- 了解 ATP、ATO、ATS 各子系统的主要功能
- 了解 CBTC 的功能及应用

【能力目标】

- 知道 ATC 系统的组成结构
- 懂得 ATP、ATO、ATS 的功能
- 会使用 ATC 系统功能

任务一　了解列车运行自动控制系统

列车运行自动控制系统（ATC）是我国城市轨道交通保证列车行车安全、提高列车运行效率的重要技术设备，它能以有效的技术手段对列车运行速度、运行间隔进行实时监控和超速防护。目前，先进的城市轨道交通信号系统通常由列车运行自动控制系统和联锁（Interlocking System，IS）设备两大部分组成，用于列车运行控制、行车调度指挥、信息管理和设备维护等，可实现行车指挥和列车运行自动化，减轻运营人员的劳动强度，发挥城市轨道交通的通过能力，是一个高效的综合自动化系统。

列车运行自动控制系统是列车运行的指挥和控制系统，它取消了传统的地面信号，将机车信号作为主体信号，信号的含义发生了质的化，传递给列车的是具体的速度或距离信息。根据与先行列车之间的距离和进路条件，在车内连续地显示出容许的速度信息，或给出按设

定的运行条件达到该容许速度的距离信息。根据上述信息，列车自动控制运行速度，进行超速防护，以达到自动调整行车间隔的目的，并实现列车在车站内精确的定位停车。同时，ATC 系统还可实现对运行列车的实时监督及运行信息的管理。

一、列车自动控制系统的构成

ATC 系统由列车自动监控（Automatic Train Supervision，ATS）子系统、列车自动防护（Automatic TrainProtection，ATP）子系统、列车自动运行（Automatic Train Operation，ATO）子系统组成。分别完成防止列车出轨和撞车、控制列车运行和车站停车及按照列车时刻表监督列车运行的功能。其设备分别装设在中央控制室、车站和列车上，如图 4-1 所示。三个子系统的功能既相对独立，又紧密相连，通过信息交换网络构成闭环系统，实现地面控制与车上控制结合、现地控制与中央控制结合，构成一个以安全设备为基础，集行车指挥、运行调整及列车驾驶自动化等功能为一体的列车自动控制系统。

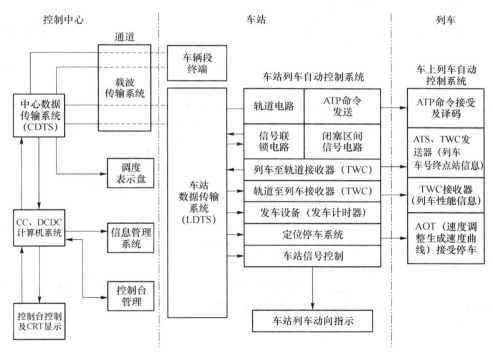

图 4-1　ATC 系统框图

1. 列车自动防护子系统

列车自动防护护子系统的作用是确保列车运行安全，通过强制规定列车运行的速度极限，达到既能保持前行列车和续行列车之间的安全间隔，又可以确保列车运行速度在不超过极限的条件下，保持一个较优的运行速度。

在有联锁车站，ATP 子系统确保联锁的要求实现，即确保列车通过联锁车站的一条进路有效，且相应的道岔均已闭锁在正确的位置，进路才能开通，列车才能运行。

ATP 子系统确保在任何情况下，不会出现两列或两列以上列车同时占用一个轨道区段的可能，仅允许一个列车占用，其他列车将被锁在该区段外。

ATP 子系统监督列车停站时车门和站台屏蔽门的开和关的顺序，并确保其以安全准确的方式操作。ATP 子系统还确认防淹门充分开启的功能。

2. 列车自动监控子系统

ATS 子系统完成自动转换道岔，排列进路；根据列车运行计划与实际客流情况能够自动合理地调度列车运行，提供使列车响应中央控制中心的监督命令。

3. 列车自动运行子系统

ATO 子系统完成各种类型列车的自动启动、自动调速、自动停车、定点停车等列车运行控制主要工作。

ATO 子系统能准确、合理地按照列车运行最佳曲线控制列车运行状况，能够非常方便地完成由 ATO 状态转换为人工驾驶状态的过程。

二、ATC 系统的功能

（1）ATC 系统包括五个原理功能：ATS 功能、联锁功能、列车检测功能、ATC 功能和 PTI（列车识别）功能。

① ATS 功能：可自动或由人工控制进路，进行行车调度指挥，并向行车调度员和外部系统提供信息。ATS 功能主要由位于 OCC（控制中心）内的设备实现。

② 联锁功能：响应来自 ATS 功能的命令，在随时满足安全准则的前提下，管理进路、道岔和信号的控制，将进路、轨道电路、道岔和信号的状态信息提供给 ATS 和 ATC 功能。联锁功能由分布在轨旁的设备来实现。

③ 列车检测功能：一般由轨道电路完成。

④ ATC 功能：在联锁功能的约束下，根据 ATS 的要求实现列车运行的控制。ATC 功能有 3 个子功能：ATP/ATO 轨旁功能、ATP/ATO 传输功能和 ATP/ATO 车载功能。ATP/ATO 轨旁功能负责列车间隔和报文生成；ATP/ATO 传输功能负责发送感应信号，它包括报文和 ATC 车载设备所需的其他数据；ATP/ATO 车载功能负责列车的安全运营和列车自动驾驶，而且它还给信号系统和司机提供接口。

⑤ PTI 功能：通过多种渠道传输和接收各种数据，在特定的位置传给 ATS，向 ATS 报告列车的识别信息、目的号码、乘务组号和列车位置数据，以优化列车运行。

（2）ATC 系统功能组成。

ATC 系统功能组成如图 4-2 所示。

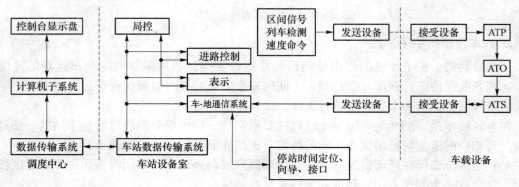

图 4-2　ATC 系统功能组成

三、ATC 系统分类

按结构的不同，ATC 系统可分点式 ATC 系统和连续式 ATC 系统。

1. 点式 ATC 系统

点式 ATC 系统是指基于点式设备（查询应答器）的列车控制系统，因其主要功能是实现列车超速防护，所以又称为点式 ATP 系统。它用点式传递信息，用车载计算机进行信息处理。

点式 ATC 系统在城市轨道交通中有所应用。其主要优点是采用无源、高信息容量的地面应答器，结构简单，安装灵活，可靠性高，价格明显低于连续式 ATC 系统。缺点是行车间隔大，自动化程度不高。上海轨道交通 5 号线采用的是德国西门子公司的点式 ATC 系统。

1）点式 ATP 系统组成

点式 ATP 系统由车载设备和地面设备组成，主要是地面应答器、轨旁电子单元（LEU，又称为信号接口）以及车载设备，如图 4-3 所示。

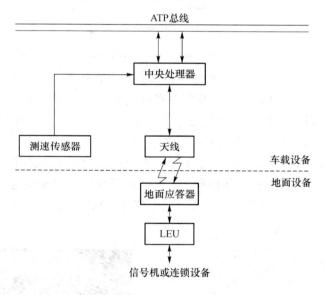

图 4-3　点式 ATP 系统的基本结构

（1）地面应答器。

地面应答器通常设置在信号机的旁侧或者设置在一段需要降速的缓行区间的始、终端。

应答器传输系统是基于感应耦合和移频键控技术的系统。每条应答器报文都含有唯一的标识，可使列车确定它在线路上的绝对位置。报文是在列车经过应答器时传送的，应答器车载天线激活应答器传输报文。应答器安装在轨道内，如安装在轨枕上。可使用两种类型的应答器：固定数据应答器和可变数据应答器。

固定数据应答器是无源设备，无须安装电缆或者其他设备。固定数据应答器存储一个可再编程的报文并将其传输给通过列车。当列车驶过地面应答器，且车载应答器与地面应答器对准时，车载应答器首先以一定的频率，通过电磁感应方式将能量传递给地面应答器，地面应答器的内部电路在接收到来自车上的能量后即开始工作，将所存储的数据以某种调制方式

（通常用 FSK 方式）仍通过电磁感应传送至车上。图 4-4 表示点式列车速度控制系统及车载应答器与地面应答器之间的耦合关系。其中 100 kHz 为能量通道，850 kHz 为信息数据通道，50 kHz 是为增大可靠性而设置的监视通道。

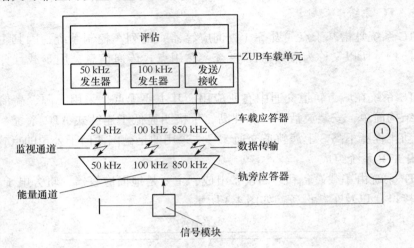

图 4-4　车载应答器与地面应答器之间的能量与数据传输

　　可变数据应答器（见图 4-5）通过 LEU 连接到一个轨旁信号机。正常情况下，可变数据应答器接收 LEU 连续发送的报文，该报文内容取决于与 LEU 相连接的信号机的显示信息。列车通过该应答器的瞬间，该报文被传送到列车上。一旦与 LEU 的连接中断，将向通过的列车传送存储在可变数据应答器中的默认报文。

　　可变数据应答器通过一根连接电缆与 LEU 相连，该连接电缆铺设在钢轨下的道床内。应答器天线（见图 4-6）安装在列车底盘上，并与车载计算机单元相连。当车载天线经过轨旁应答器时，发射的能量信号激活应答器，轨旁应答器利用此能量上传信息，车载查询器接收信息后，通过数据总线传输给车载计算机单元。

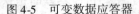

图 4-5　可变数据应答器

图 4-6　欧式应答器和车载应答器天线

　　（2）轨旁电子单元 LEU。

　　轨旁电子单元 LEU 是地面应答器与信号机之间的电子接口设备，其任务是将不同的信号显示转换为约定的数码形式。一个信号显示可以被转化为电压及电流值，LEU 是一块电子印制板，可根据不同类型的输入电流输出不同的数码。由 LEU 读取后，选择对应报文通过电缆传送至可变应答器。图 4-7 给出一种 LEU 变换的示例。

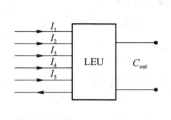

电流	含义	C_{out}
I_1	绿灯灯丝电流	11111
I_2	黄灯灯丝电流	11011
I_3	双黄灯灯丝电流	10111
I_4	红灯灯丝电流	00100
I_5	白灯灯丝电流	10010

图 4-7　LEU 变换的一种示例

（3）车载设备。

图 4-8 所示为点式 ATP 系统车载设备框图，包括应答器，测速电机，雷达单元，接收和发送单元，中间存储器，车载计算机单元，用于输出制动命令的继电器组、速度表、操作及指示盘。

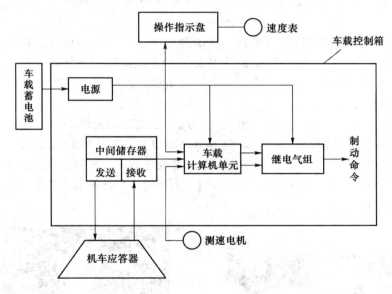

图 4-8　车载设备框图

驾驶台上的显示、操作与记录装置是根据用户的要求而设置的，其显示应该是多信息的。经过一个接口，即可将中央处理单元内的列车现有速度及列车最大允许速度显示出来，这种显示可以是指针式或液晶显示屏方式，按照需要，还可显示出其他有助于司机驾驶的信息，如距目标点的距离、目标点的允许速度等，这些值对司机正确驾驶是十分有用的。对于出现非正常的情况，如出现超速报警、启用常用或紧急制动，都可以由记录仪进行记录。

车载计算机单元安装在列车内，该单元为车载设备的核心。ATP 车载计算机单元执行必要的程序来确保列车依据移动权限安全运行。移动授权允许列车行驶至下一个运行停车点，最远至防护点。根据移动授权和线路数据库，ATP 车载计算机单元计算制动曲线，一旦出现与 ATP 车载计算机单元得出的制动曲线相背离的情况，将会触发紧急制动促使列车停车。

车载 ATP 设备具有下列功能。

① 设备故障（包括地—车通信中断）时实施紧急制动及报警。

②接近防护速度时预报警，超过最高允许速度时实施常用制动或紧急制动，以及常用制动率不足时自动转换为紧急制动。

③列车运行方向的检测和监督。

④列车非正常移动的检测并实施紧急制动。

⑤监控车门、站台屏蔽（安全）门的开启及监督其关闭状态。

⑥向车载 ATO 传送有关信息。

⑦系统自检、自诊断、故障报警和列车运行数据的记录及报警信息传送至车站/控制中心 ATS。

车载计算机单元通常采用前后端冗余方式，即在前后驾驶室内各安装一套，且互为备用。正常运行下，前端的车载计算机单元控制和监督列车运行，后端的车载计算机单元处于备用模式。通过驾驶室的转换，后端的车载计算机单元取得控制权，而前端的将切换为备用模式。

测速电机用来采集列车的位移和速度。该测速电机安装在列车的车轴上，如图 4-9 所示。

测速电机给 ATP 功能提供输入信息。该信息对于计算列车的速度、距离、方向信息和保证列车安全都是必需的。每个驾驶室/车载计算机单元配置一个测速电机，也就是说每列车需要装备 4 个测速电机。这样可使测速电机与雷达单元结合，即使在空转和打滑的情况下，速度检测也是可能的。

雷达传感器（见图 4-10）和测速电机一起用于速度和距离的测量。通过使用雷达传感器，可以提高速度测量的精度。24.125 GHz 微波辐射到轨道，然后经过反射后被雷达传感器检测到。根据多普勒效应，将会发生随列车速度变化的频率漂移，由此检测实际列车速度和行驶距离，并且不受车轮空转或打滑的影响。不同的位置传感器可以和相应的车载计算机单元连接，来测量行进的距离。

图 4-9　安装在车轴上的测速电机

图 4-10　安装在车体下的雷达传感器

每个车载计算机单元使用一个测速电机，一个雷达传感器和一个应答器天线。结合测速电机和雷达传感器，车载计算机单元的定位功能将不受车轮空转（或打滑）的影响。

2）点式 ATP 系统的基本工作原理

点式 ATP 系统的主要功能是实现列车超速防护。车载计算机单元根据地面应答器传至车上的信息（距目标点的距离、目标点的允许速度、线路的坡度等）及列车自身的制动率（负加速度），计算得出两个信号机之间的速度监控曲线。

点式 ATP 系统速度监控曲线如图 4-11 所示。图中 V_1，V_2，V_3，V_4 的含义说明如下。

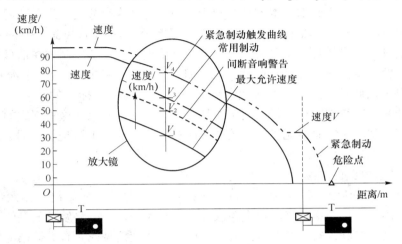

图 4-11　点式 ATP 系统的速度监控曲线

V_1——所允许的最高列车速度。

V_2——当列车车速达到此值时，车载中央控制单元给出音响报警，如果此时司机警惕降速，使车速低于 V_1，则一切趋于正常。

V_3——当列车车速达到此值时，车载中央控制单元给出启动常用制动（通常是启动最大常用制动）的信息，列车自动降速至 V 以下。若列车制动装置具有自动缓解功能，则在列车速度降至 V_1 以下时，制动装置即可自动缓解，列车行驶趋于正常。若列车制动装置不具备自动缓解功能，则常用制动使列车行驶一段路程后停下，列车由驾驶员经过一定的手续后重新人工起动。

V_4——当列车车速达到此值时，车载中央控制单元给出启动紧急制动的信息，确保列车在危险点的前方停住。

为了提高行车效率，有时要求在红灯信号机前方留出一段低速滑行区段，以防止列车行驶在信号机之前时红灯信号已变为允许信号，而列车必须完全停下和经过一套手续后再重新起动。在留出低速滑行段后，列车可以以低速（例如 20 km/h）驶过第二个地面应答器，如果列车被告知信号仍是红灯，通过紧急制动还来得及停在危险点前方；如果列车被告知信号已改为允许信号，则司机可在此基础上加速，从而提高了行车效率。

2. 连续式 ATC 系统

目前，不论是法国高速铁路、德国高速铁路、西班牙高速铁路、日本新干线等干线铁路，还是近几年开通的瑞典斯德哥尔摩地铁系统，上海、广州的地铁，无一例外地采用连续式自动列车运行控制系统。连续式自动列车运行控制系统是适应高速干线与高行车密度的地铁、轻轨交通而发展起来的一项铁路信号技术，其技术基础正是目前飞速发展的信息传输与处理技术。

按地车信息传输所用的媒体分类，连续式自动列车运行控制系统可分为有线与无线两大类，前者又可分为利用轨间电缆与利用数字编码音频轨道电路技术两类。用无线通道实现地车数据传输的自动列车运行控制系统是真正意义上的移动闭塞，而地车之间用有线方式传输数据的自动列车运行控制系统通常也认为是一种移动闭塞，但严格来说，其与完全实现目标追踪的移动闭塞仍有一定区别。按地车之间所传输信息的内容分类，列车速度自动控制系统可分为速度码系统（Speed Code System）与距离码系统（Distance Code System）。前者由控制中心通过信息传输媒体将列车最大允许速度直接传至车上，这类制式在信息传递与车上信息处理方面比较简单，速度分级是阶梯式的，日本新干线的 ATC 系统，上海地铁 1 号线的 ATC 系统均是采用此种制式。后者从地面传至车上的是前方目标点的距离等一系列基本数据，由车载计算机进行实时计算得出列车的最大允许速度。显然，这种制式的信息传输比较复杂，而速度控制则是实时、无级的。欧洲的高速铁路干线，上海地铁 2 号、3 号线，广州地铁 1 号、2 号线均是采用此种制式。

1）采用轨道电路的连续式 ATC 系统

该 ATC 系统有速度码系统和距离码系统两种。不论是速度码系统还是距离码系统，其轨道电路都被用作双重通道：当轨道电路区段上无车时，轨道电路发送的是轨道电路检测信号或检测码；当列车驶入轨道电路区段时，立即转发速度信号或者有关数据电码。

（1）速度码系统（Speed Code System）。

速度码系统通常使用频分制方法，采用的是移频轨道电路，即用不同的频率来代表不同的允许速度。由控制中心通过信息传输媒体将列车最大允许速度直接传至车上，这类制式在信息传递与车上信息处理方面比较简单，速度分级是阶梯式的。

上海地铁 1 号线采用的是从原美国 GRS 公司引进的 ATC 系统，是一种典型的频分制速度码系统。在无列车经过时，轨道电路用于检测列车占用。与每一个阻抗线圈相对应的发送与接收电路都与固定的频率相对应。

速度码系统从地面传递给列车的允许速度（限速值）是阶梯分级的，在轨道电路区段分界处的限速值是跳跃式的（见图 4-12），这对于平稳驾驶、节能运行及提高行车效率都是非常不利的。因此，速度码系统已逐渐被能实时计算限速值的距离码系统所取代。

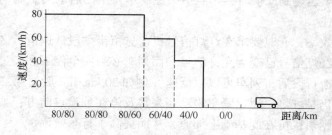

图 4-12　阶梯式限速曲线

注：图中 "80/80" 是区段 "入口/出口" 限制速度，其他类同

（2）距离码系统（Distance Code System）。

距离码系统由于信息电码的多样性和复杂性，所以必须使用时分制数字电码方式，按协议来组成各种信息。距离码系统采用数字编码音频轨道电路，是目前使用最广泛的 ATC，我国大多数城市轨道交通的 ATC 就是采用这种系统。

距离码系统从地面传至车上的是前方目标点的距离等一系列基本数据，车载计算机根据地面传至车上的各种信息（包括区间的最大限速、目标点的距离、目标点的允许速度、区间线路的坡度等）以及储存在车载单元内的列车自身的固有数据（如：列车长度、常用制动及紧急制动的制动率、测速及测距信息等），实时计算出允许速度曲线，并按此曲线对列车的实际运行速度进行监控。

由于数据传输、实时计算及列车车速监控都是连续的，所以速度监控是实时、无级的，可以有效地实现平稳驾驶与节能运行。但这种制式的信息传输比较复杂。

2）采用轨间电缆的 ATC 系统

ATC 系统利用轨间铺设的电缆传输信息。控制中心储存线路的固定数据包括区间线路坡度、弯道、缓行区段的位置及长度等。经联锁设备，将沿线的信号显示、道岔位置等信息传送至控制中心。列车将其数据（如载重量、列车长度、制动率、所在位置、实际速度）经电缆传给控制中心。控制中心的计算机根据这些数据计算出该时刻的列车允许速度。此速度值经电缆传送给运行在线路上的相应列车。列车获得此速度值对列车速度进行监控。这种方式统一指挥全部列车运行，遇有发生行车晚点或其他障碍，可极迅速地将行车命令传给列车。但控制中心故障则全线瘫痪。因此采用另一种控制方式，控制中心将有关信息（线路坡度、缓行区段位置、目标距离或目标速度等）通过电缆送至列车，由车载计算机计算其允许速度。

武汉轻轨 1 号线和广州地铁 3 号线采用的就是用轨间电缆构成的 ATC 系统，是由加拿大的阿尔卡特交通自动化部开发的 SelTracS40 移动闭塞 ATC 系统。

这类 ATC 系统主要由控制中心设备、轨间传输电缆及车载设备组成，如图 4-15 所示。

采用轨间电缆超速防护系统的室内室外设备联系用两级控制方式来实现，即控制中心与若干个沿线设置的中继器相连，一个中继器最多可连接 128 个轨间电缆环路，在控制中心与敷设在轨间的电缆之间的信息交换将在中继器内进行中间变换（频率变换、电平变换、功率放大等）。

3）无线 ATC 系统

无线 ATC 系统利用无线通信的方式传输信息。地面编码器生成编码信息，通过天线向车上发送。信号显示控制接口负责检测要发送的信号显示，并从已编程的数据中选出有用数据传送编码器，同时选出与限制速度、坡度、距离等有关的轨道数据。编码器用高安全度的代码将这些数据编码，经过载波调制，馈送至无线通道并向机车发送。车上接收设备接收限制速度、坡度、距离后，由车载计算机计算出目标速度，对机车进行监控。

用无线通道实现地车数据传输的 ATC 才是真正意义上的移动闭塞。目前，阿尔卡特、阿尔斯通、西门子、庞巴迪和西屋等公司，均开发出了各自的移动闭塞技术并已广泛应用。无线通信有采用波导管、漏泄电缆和无线空间天线 3 种方式。

典型的移动闭塞线路中，线路被划分为若干个区域，每一个区域由一定数量的线路单元组成。区域的组成和划分预先定义，每一个区域均由本地控制器和通信系统控制。本地控制器和区域内的列车及联锁等子系统保持连续的双向通信，以控制本区域内的列车运行。列车从一个控制区域进入下一个区域的移交是通过相邻区域控制器之间的无线通信实现的。当列车到达区域边界，后方控制器将列车到达信息传递给前方控制器，同时命令列车调整其通话频率；前方控制器在接收并确认列车身份后发出公告，移交便告完成。两个相邻的控制区域有一定的重叠，保证了列车移交时无线通信不中断（见图4-13）。

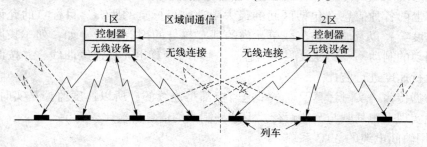

图 4-13　分布式移动闭塞技术的无线传输示意图

图中虚线表示无线蜂窝信号的重叠，车载无线电根据信号强度决定与哪一个轨旁基站进行通信。

在采用轨旁基站的无线通信系统中，一般考虑 100% 的无线信号冗余率进行基站布置，以消除在某个基站故障时可能出现的信号盲区。

典型无线移动闭塞系统的系统结构如图 4-14 所示。该系统以列车为中心，其主要子系统包括：区域控制器、车载控制器、列车自动监控（中央控制）、数据通信系统和司机显示等。

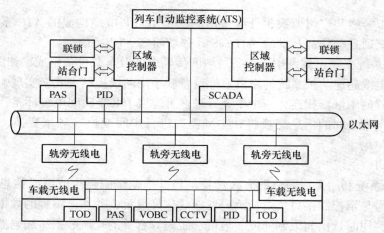

图 4-14　典型无线移动闭塞系统的系统结构

CCTV—闭路电视；PAS—乘客广播系统；PID—乘客向导系统；

SCADA—电力监控系统；TOD—司机显示；VOBC—车载控制器

区域控制器（ZC）即区域的本地计算机，与联锁区一一对应，通过数据通信系统保持与控制区域内所有列车的安全信息通信。ZC 根据来自列车的位置报告跟踪列车并对区域内列车发布移动授权，实施联锁。区域控制器采取三取二的检验冗余配置。

冗余结构的 ATS 可实现与所有列车运行控制子系统的通信，用于传输命令及监督子系统状况。

车载控制器（VOBC）与列车一一对应，实现列车自动保护（ATP）和列车自动运行（ATO）的功能。车载控制器也采取三取二的冗余配置。车载应答器查询器和天线与地面的应答器（信标）进行列车定位，测速发电机用于测速和对列车定位进行校正。

司机显示提供司机与车载控制器及 ATS 的接口，显示的信息包括最大允许速度、当前速度、到站距离、列车运行模式及系统出错信息等。

数据通信系统实现所有列车运行控制子系统间的通信。系统采用开放的国际标准：以 802.3（以太网）作为列车控制子系统间的接口标准，以 802.11 作为无线通信接口标准。这两个标准均支持互联网协议 IP。

四、不同闭塞制式的 ATC 系统

按闭塞制式，城市轨道交通 ATC 可分为：固定闭塞式 ATC 系统、准移动闭塞式 ATC 系统和移动闭塞式 ATC 系统。

1. 固定闭塞

固定闭塞信号系统的概念是在控制系统的发展中，由于信号工程的技术限制而出现的。从一百年前的臂板信号机到轨道电路控制的自动闭塞，固定闭塞的概念也有一个漫长的逐渐演变的过程。

传统的自动闭塞就属于固定闭塞范畴，传统的自动闭塞一般设地面通过信号机，装备有机车信号，保证列车按照空间间隔控制运行的技术方法是用信号或凭证来实现的。自动闭塞一般以地面信号为主，可分为：二显示、三显示自动闭塞、四显示自动闭塞、多信息自动闭塞。

二显示固定闭塞系统中，信号机只给出"行进"（绿）及"禁止"（红）信息。两列车间的最短间隔是两个空闲的闭塞分区，这些闭塞分区的长度应大于一个制动距离及一个安全距离。

三显示自动闭塞能预告列车前方两个闭塞分区状态的自动闭塞。

四显示自动闭塞能预告列车前方三个闭塞分区状态的自动闭塞。

多信息自动闭塞也称多显示自动闭塞，是对四显示及以上自动闭塞的统称。多于四显示时，往往地面通过信号机不具备多显示的条件，而以机车信号显示为主，但客货混运的低速列车仍以地面信号为主。

控系统采取分级速度控制模式时，采用固定闭塞方式。运行列车间列的空间间隔是若干个闭塞分区，闭塞分区数依划分的速度级别而定。一般情况下，闭塞分区是用轨道电路或计轴装置来划分的，它具有列车定位和占用轨道的检查功能。固定闭塞的追踪目标点为前行列车所占用闭塞分区的始端，后行列车从最高速开始制动的计算点为要求开始减速的闭塞分区的始端，这两个点都是固定的，空间间隔的长度也是固定的，所以称为固定闭塞。

固定闭塞方式的 ATC 系统，通常以轨道电路检测列车位置和列车间距。线路条件和列车参数等均在闭塞设计过程中予以考虑，并体现在地面闭塞分区的划分中。ATP 根据每个闭塞分区的限速指令，监控列车的速度。固定闭塞方式 ATC 系统的速度控制模式一般都是分级速度控制方式。分级速度控制方式以分阶梯式和小曲线式。

阶梯式的车载信号设备不要求闭塞分区的线路参数，小曲线式车载信号设备只要求提供最近一个闭塞分区的线路参数，这是其基本技术特征。固定闭塞方式的 ATC 系统属 20 世纪 80 年代技术水平。

2002 年开通的大连快轨 3 号线使用的 ATC 系统也属于此种类型，它是我国自主开发研制的国产 ATC 系统。该方式的 ATC 系统采用阶梯式控制方式，为了保证列车运行安全，运行前方需要较长的保护区段；另外，它利用钢轨作为传输载体，通过模拟轨道电路信息来完成列车定位功能，因而传输的信息量少，对列车运行控制精度不高，对列车运行的舒适度控制不好，司机的劳动强度较大，不易实现列车的优化控制和节能控制，限制了行车效率的提高。

在固定闭塞设计中，要求运行间隔越短，闭塞分区（设备）数也越多，列车最小行车间隔为 100~105 s。

如图 4-15 所示，台阶式速度控制线为限制速度，分段的小曲线为允许速度，台阶式中小曲线大都是由车载信号设备虚构的，实际上是每一闭塞分区始端入口限制速度的小曲线连接，并非真正是由地面提供线路参数计算后得到的。

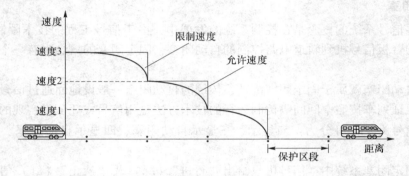

图 4-15　台阶式速度控制示意图

上海地铁一号线引进 GRS（现属 ALSTOM）公司的 ATP 系统和北京地铁一号线引进西屋公司的 ATP 系统均为台阶式速度控制方式。

由于列车定位是以固定区段为单位的（系统只知道列车在哪个区段中，而不知道在区段中的具体位置），所以固定闭塞的速度控制模式必然是分级的，即阶梯式的。在这种制式中，需要向被控列车“安全”传送的只是代表少数几个速度级的速度码。

固定闭塞方式，无法满足提高系统能力、安全性和互用性的要求。

传统 ATP 的传输方式采用固定闭塞，通过轨道电路判别闭塞分区占用情况，并传输信息码，需要大量的轨旁设备，维护工作量较大。此外，传统方式还存在以下缺点。

① 轨道电路工作稳定性易受环境影响，如道床阻抗变化、牵引电流干扰等。

② 轨道电路传输信息量小。要想在传统方式下增加信息量，只能通过提高信息传输的频率。但是如果传输频率过高，钢轨的集肤效应会导致信号的衰耗增大，从而导致传输距离缩短。

③ 运行调整弹性小。利用轨道电路难以实现车对地的信息传输，驾驶员无法确定其前行列车的工况、速度和位置等数据，驾驶完全根据地面信号的显示，运行调整很困难。

④ 固定闭塞的闭塞分区长度是按最长列车、满负载、最高速度、最不利制动率等不利条件设计的，分区较长，且一个分区只能被一列车占用，这样就造成了铁路线路设备的空闲程度很大并且不利于缩短列车运行间隔。

⑤ 固定闭塞系统无法知道列车在分区内的具体位置，因此列车制动的起点和终点总在某一分区的边界。为充分保证安全，必须在两列车间增加一个防护区段，这使得列车间的安

全间隔较大，影响了线路的使用效率。

2. 准移动闭塞

准移动闭塞方式的 ATC 系统，根据列车前方目标距离、线路状态、列车性能等因素确定的速度控制曲线对列车的速度进行监控。原则上当列车速度超过速度控制曲线限定的速度值时，对列车实施安全制动控制，其速度控制模式具有一次连续的特点。

准移动闭塞对前、后列车的定位方式是不同的。前行列车的定位仍沿用固定闭塞的方式，而后续列车的定位则采用连续的或称为移动的方式。为了提高后续列车的定位精度，目前各系统均在地面每隔一段距离设置 1 个定位标志（可以是轨道电路的分界点或信标等），列车通过时提供绝对位置信息。在相邻定位标志之间，列车的相对位置由安装在列车上的轮轴转数累计连续测得。

由于准移动闭塞同时采用移动和固定两种定位方式，所以它的速度控制模式既具有无级（连续）的特点，又具有分级（阶梯）的性质。若前行列车不动而后续列车前进时，其最大允许速度是连续变化的；而当前行列车前进，其尾部驶过固定区段的分界点时，后续列车的最大速度将按"阶梯"跳跃上升。

由于准移动闭塞兼有移动和固定的特性，与"固定"性质相对应的设备，必须在工程设计和施工阶段完成。而被控列车的位置是由列车自行实时（移动）测定的，所以其最大允许速度的计算最终只能在车上实现。

为了使后续列车能够根据自身测定的位置，实时计算其最大允许速度，必须用数字编码轨道电路向其提供前方线路的各种参数及前行列车处在哪个区段上的信息。

准移动闭塞在控制列车的安全间隔上比固定闭塞进了一步。它通过采用报文式轨道电路辅之环线或应答器来判断分区占用并传输信息，信息量大；可以告知后续列车继续前行的距离，后续列车可根据这一距离合理地采取减速或制动，列车制动的起点可延伸至保证其安全制动的地点，从而可改善列车速度控制，缩小列车安全间隔，提高线路利用效率。但准移动闭塞中后续列车的最大目标制动点仍必须在先行列车占用分区的外方，因此它并没有完全突破轨道电路的限制。

利用轨道电路作为车地信息的传送载体的称为基于轨道电路的 ATC 系统。地面轨道电路可以向列车传递足够用于列车连续曲线速度控制的信息（包括目标速度、目标距离、线路状态、线路允许速度、轨道电路识别号及长度等），车载设备可以实现列车的连续曲线速度控制。该系统提高了列车控制的精度和行车效率，使得司机在驾驶中比较轻松，不需要进行频繁的制动、牵引，可以达到较好的节能效果，提高乘客的乘坐舒适度。

设计中，要求的运行间隔越短，闭塞分区（设备）的个数也越多，列车最小运行间隔为 85～90 s。

准移动闭塞的 ATC 系统连续曲线速度控制示意图如图 4-16 所示。

3. 移动闭塞

1）移动闭塞的基本概念

移动闭塞的特点是前、后两列车都采用移动式的定位方式，不存在固定的闭塞分区，列车之间的安全追踪间距随着列车的运行而不断移动且变化。

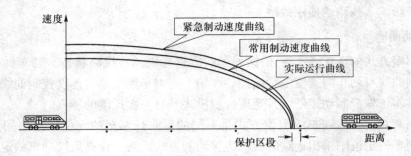

图 4-16　准移动闭塞的 ATC 系统连续曲线速度控制示意图

移动闭塞可借助感应环线或无线通信的方式实现。早期的移动闭塞系统大部分采用基于感应环线的技术，即通过在轨间布置感应环线来定位列车和实现车载计算机（VOBC）与车辆控制中心（VCC）之间的连续通信。而今，大多数先进的移动闭塞系统已采用无线通信系统实现各子系统间的通信，构成基于无线通信技术的移动闭塞。

2）移动闭塞的特点

移动闭塞具有如下特点。

（1）线路没有固定划分的闭塞分区，列车间隔是动态的，并随前一列车的移动而移动。

（2）列车间隔是按后续列车在当前速度下所需的制动距离，加上安全余量计算和控制的，确保不追尾。

（3）制动的起点和终点是动态的，轨旁设备的数量与列车运行间隔关系不大。

（4）可实现较小的列车运行间隔。

（5）采用地车双向传输，信息量大，易于实现无人驾驶。

3）移动闭塞的技术优势

（1）移动闭塞是一种新型的闭塞制式，它克服了固定闭塞的缺点。基于通信的列车控制（Communications Based Train Control，CBTC）则是实现这种闭塞制式的最主要技术手段。采用这种方法以后，实现了车地间双向、大容量的信息传输，达到连续通信的目的，在真正意义上实现了列车运行的闭环控制。当列车和车站一开始通信，车站就能得知所有列车的位置，能够提供连续的列车安全间隔保证和超速防护，在列车控制中具有更好的精确性和更大的灵活性，并能更快地检测到故障点。而且，移动闭塞可以根据列车的实际速度和相对速度来调整闭塞分区的长度，尽可能缩小列车运行间隔，提高行车密度进而提高运输能力。此外，这种系统与传统系统相比将大大减少沿线设备，车载设备和轨旁设备的安装也相对较容易，维修方便，有利于降低运营成本。

（2）移动闭塞系统通过列车与地面间连续的双向通信，提供连续测量本车与前车距离的方法，实时提供列车的位置及速度等信息，动态地控制列车运行速度。移动闭塞制式下后续列车的最大制动目标点可比准移动闭塞和固定闭塞更靠近先行列车，因此可以缩小列车运行间隔，有条件实现"小编组，高密度"，从而使系统可以在满足同等客运需求条件下减少旅客候车时间，缩小站台宽度和空间，降低基建投资。

（3）由于系统采用模块化设计，核心部分均通过软件实现，因此使系统硬件数量大大减少，可节省维护费用。

（4）移动闭塞系统的安全关联计算机一般采取三取二或二取二的冗余配置，系统通过故障—安全原则对软、硬件及系统进行量化和认证，可保证系统的可靠性、安全性和可用度。

（5）移动闭塞还常常和无人驾驶联系在一起。两者的结合能够避免司机的误操作或延误，获得更高的效率。

（6）无线移动闭塞的数据通信系统对所有的子系统透明，对通信数据的安全加密和接入防护等措施可保证数据通信的安全。由于采取了开放的国际标准，可实现子系统间逻辑接口的标准化，从而有可能实现路网的互联互通。采取开放式的国际标准也使国内厂商可从部分部件的国产化着手，逐步实现整个系统的国产化。

4）移动闭塞的工作原理

移动闭塞与固定闭塞的根本区别在于闭塞分区的形成方法不同，如图4-17所示，移动闭塞系统是一种区间不分割、根据连续检测先行列车位置和速度进行列车运行间隔控制的列车安全系统。这里的连续检测并不意味着一定没有间隔点。实际上该系统把先行列车的后部看作是假想的闭塞区间。由于这个假想的闭塞区间随着列车的移动而移动，所以叫作移动闭塞。在移动闭塞系统中，后续列车的速度曲线随着目标点的移动而实时计算，后续列车到先行列车的保护段后部之间的距离等于列车制动距离加上列车制动反应时间内驶过的距离。

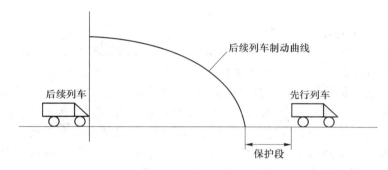

图4-17　移动闭塞原理示意图

移动闭塞技术在对列车的安全间隔控制上更进了一步。通过车载设备和轨旁设备连续地双向通信，控制中心可以根据列车实时的速度和位置动态地计算列车的最大制动距离。列车的长度加上这一最大制动距离并在列车后方加上一定的防护距离，便组成了一个与列车同步移动的虚拟闭塞分区（见图4-18）。由于保证了列车前后的安全距离，两个相邻的移动闭塞分区就能以很小的间隔同时前进，这使列车能以较高的速度和较小的间隔运行，从而提高运营效率。

无线移动闭塞系统的组成主要包括无线数据通信网、车载设备、区域控制器和控制中心等。其中，无线数据通信是移动闭塞实现的基础。通过可靠的无线数据通信网，列车不间断地将其标识、位置、车次、列车长度、实际速度、制动潜能和运行状况等信息以无线的方式发送给区域控制器。区域控制器追踪列车并通过无线传输方式向列车发送移动授权，根据来自列车的信息计算、确定列车的安全行车间隔，并将相关信息（如先行列车位置、移动授权等）传递给列车，控制列车运行。车载设备包括无线电台、车载计算机和其他设备（如传感器、查询器等）。列车将采集到的数据（如车辆信息、现场状况和位置信息等）通过无线数据通信网发送给区域控制器，以协助完成运行决策；同时对接收到的命令进行确认并执行。

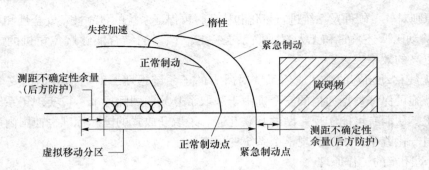

图 4-18   移动闭塞系统的安全行车间隔

5）移动闭塞 ATC 系统分类

移动闭塞 ATC 系统就车地双向信息传输速率而言，可分为基于电缆环线传输方式、基于无线通信和数据传输媒介的传输方式。

按无线扩频通信方式可分为直接序列扩频和跳频扩频方式。

按数据传输媒介传输方式可分为点式应答器、自由空间波、裂缝波导管和漏泄电缆等传输方式。

（1）基于无线的列车控制系统。

这是目前最先进的一种 ATC 系统。该系统采用无线移动闭塞技术实现全功能、全方位的列车控制。无线 ATC 系统利用无线通信的方式传输信息。地面编码器生成编码信息，通过天线向车上发送。信号显示控制接口负责检测要发送的信号显示，并从已编程的数据中选出有用数据送编码器，同时选出与限制速度、坡度、距离等有关的轨道数据。编码器用高安全度的代码将这些数据编码，经过载波调制，馈送至无线通道向机车发送。车上接收设备接收限制速度、坡度、距离后，由车载计算机计算出目标速度，对机车进行监控。

用无线通道实现地车数据传输的 ATC 才是真正意义上的移动闭塞。目前，阿尔卡特、阿尔斯通、西门子、庞巴迪和西屋公司等，均开发出了各自的移动闭塞技术并已广泛应用。无线通信有采用波导管、漏泄电缆和无线空间天线三种方式。

该系统具有以下优点：列车运行间隔可低达 90 s；设备数量可有效减少；采用通用 WLAN，其设备可靠，体积小；从全寿命周期考虑，后期维护量小；备件采购方便；采用统一技术标准，便于实现互联互通等。

（2）连续式 ATC。

连续式 ATC 系统是指基于数字音频轨道电路的列车控制系统，该系统采用准移动闭塞技术，控制模式为一次曲线，可实现 ATC 的全部功能。该 ATC 系统有速度码系统和距离码系统两种。不论是速度码系统还是距离码系统，其轨道电路都被用作双重通道。当轨道电路区段上无车时，轨道电路发送的是轨道电路检测信号或检测码；当列车驶入轨道电路区段，立即转发速度信号或者有关数据电码。

其优点是工作稳定，可实现 90 s 行车间隔。其缺点是设备专用，备件采购不便，受制于人；设备数量多，维护工作量大；价格高。

五、ATC 系统选用原则

ATC 系统选用按下列原则选择。

（1）ATC 系统应采用安全、可靠、成熟、先进的技术装备，具有较高的性能价格比。

（2）充分进行线路的客流预测，以运能要求为依据；城市轨道交通运营线路宜采用准移动闭塞式 ATC 系统或移动闭塞式 ATC 系统，也可以采用固定闭塞式 ATC 系统。

（3）考虑系统今后的扩充和与其他线路的互联互通。

因为城市轨道交通具有客流量大、行车密度高的特点，而准移动闭塞式和移动闭塞式 ATC 系统可以实现较大的通过能力，对于客运量变化具有较强的适应性，可以提高线路利用率，具有高效运行、节能等作用，并且控制模式与列车运行特性相近，能较好地适应不同列车的技术状态，其技术水平较高，具有较大的发展前景。虽然固定闭塞式 ATC 系统技术水平相对较低，但由于可满足 2 min 行车间隔的行车要求，且价格相对低廉，因此也宜选用。根据实际情况，因地制宜选择三种不同制式的 ATC 系统是完全必要的。

六、ATC 系统控制模式

ATC 系统应包括下列控制等级：控制中心自动控制模式；控制中心自动控制时的人工介入控制或利用 CTC 系统的人工控制模式；车站自动控制模式；车站人工控制模式。

每种模式说明了操作对给定车站和归属控制地段中的列车运行所采取的控制等级，然而一个系统在同一时间只能处于一种模式。

以上控制等级应遵循的原则是：车站人工控制优先于控制中心人工控制、控制中心人工控制优先于控制中心的自动控制或车站自动控制。

1. 控制中心自动控制模式

在控制中心自动控制模式下，列车进路命令由 ATS 进路自动设定系统发出，其信息来源是时刻表及列车运行自动调整系统。控制中心调度员可以对列车运行自动调整系统进行人工干预，使列车运行按调度员意图进行。

2. 控制中心自动控制时的人工介入控制或利用 CTC 系统的人工控制模式

在控制中心自动控制时，控制中心调度员也可关闭某个联锁区或某个联锁区内部分信号机或某一指定列车的自动进路设定，直接在控制中心的工作站上对列车进路进行控制，在关闭联锁区自动进路设定时，控制中心调度员可发出命令，利用联锁设备自动进路控制功能，随着前行列车的运行，自动排列一条后续列车的固定进路。在自动进路功能出现故障的情况下，调度员可以人工设置进路。

在 CM 模式中，车站的人工控制转到 ATS 系统。一旦车站工作于该模式，则由 ATS 系统启动控制而不由车站控制计算机启动控制。然而，车站控制计算机继续接收表示，更新显示和采集数据。

3. 车站自动控制模式

在控制中心设备故障或通信线路故障时，控制中心将无法对联锁车站的远程控制终端进行控制，此时将自动进入列车自动监控后备模式，由列车上的车次号发送系统发出的带列车去向的车次信息，通过远程控制终端自动产生进路命令，由联锁设备的自动功能来自动设定进路，即随着列车运行，自动排列一条固定进路。

4. 车站人工控制模式

当 ATS 因故不能设置进路（不论人工方式还是自动进路方式），或由于某种运营上的需要而不能由中心控制时，可改为现地操纵模式。在现地操纵台上人工排列进路。车站自动控制和车站人工控制也可合称车站控制（LC）。当车站工作于 LC 模式时，不能由 ATS 系统启动控制。然而，ATS 系统将继续收到表示，更新显示和采集数据。对车站控制计算机而言，这是唯一可用的控制模式。

5. 控制模式间的转换

1）转换至车站操作

只有当控制中心 ATS 已经发出相应的命令，才能转换到车站操作模式。因此，所有转换操作只能由车站操作员才能有效实施。

当转换模式时，不用考虑特别检查联锁条件，自动运行功能不受影响。

即使转换至车站操作，联锁显示还应该传输至控制中心 ATS，仅由车站操作站的打印机执行对显示和命令的记录。

2）强制转换至车站操作

在没有收到控制中心 ATS 发出的命令时，也可以转换至车站操作。通过一个已经登记的转换操作可以转换至车站操作，并且联锁系统的所有转换操作仅能由车站操作员来执行。

3）转换至控制中心 ATS 操作

只有当车站操作已经发出释放的命令，才能转换到控制中心 ATS 操作，然后控制中心 ATS 确认它。因此，所有转换操作只有由控制中心操作员才能有效实施。在这种情况下，只有正常的转换操作才能被接受。随着转换至控制中心 ATS 操作，控制中心 ATS 可以执行所有允许的操作。

六、驾驶模式及模式转换

1. 驾驶模式

城市轨道交通列车的主要驾驶模式应包括：列车自动运行驾驶模式；列车自动防护驾驶模式；限制人工驾驶模式；非限制人工驾驶模式。此外，还有自动折返驾驶模式。

自动驾驶模式和无人驾驶模式可以提高列车行车效率，实现列车运行自动调整、维护列车运行秩序、减少司机劳动强度和人员配备的数量。然而，由于无人驾驶涉及车辆、行车组织、车辆段配置等多种因素，系统造价高，我国又无运用经验，故无人驾驶系统宜在探索经验后，根据需要逐渐采用。

1）列车自动运行驾驶模式（ATO 模式或 AM 模式）

ATO 模式即 ATO 自动运行模式，此模式是正线上列车运行的正常模式，即用于正线上列车的正常运行。在这种模式下，列车在车站之间的运行是自动的，不需司机驾驶，司机只负责监视 ATO 显示，监督车站发车和车门关闭，以及列车运行所要通过的轨道、道岔和信号的状态，并在必要时人工介入。

司机给出列车关门指令关闭车门后，通过按压启动按钮给出出发指令。车载 ATP 确认车门已关闭后，列车便可启动。如果车门还开着，ATP 会不允许列车出发。列车出发后站间运行的速度调整、至下站的目标制动及开车门都由 ATO 自动操作。ATP 确保列车各阶段自动运行的安全，在车站之间的运行将根据控制中心 ATS 的优化时刻表指令执行，确定其走行时间。

在 ATO 模式下，ATO 根据 ATP 编码和列车位置生成运行列车的行驶曲线，完全自动地驾驶列车；ATO 还根据到停车点的距离计算出列车的到站停车曲线；ATO 速度曲线可以由 ATS 的调整命令修改；ATP 系统控制列车的紧急制动。

2）列车自动防护驾驶模式（SM 模式或 CM 模式）

SM 模式即 ATP 监督人工驾驶模式，是一种受保护的人工驾驶模式。在这种模式下，司机根据驾驶室中的指示手动驾驶列车，并监督 ATP 显示及列车运行所要通过的轨道、道岔和信号的状态，可以在任何时候操作紧急制动。ATP 连续监督人工驾驶的列车运行，如果列车超过允许速度将产生紧急制动。ATO 故障时列车可用 SM 模式在 ATP 的保护下降级运行。

在 SM 模式下，列车由司机人工驾驶，列车的运行速度受 ATP 监控；ATO 此时对列车不进行控制，但会根据地图数据随时监督列车的位置；如果 ATO 能与 PAC 通信，它可控制车门开启；ATP 向司机提示安全速度和距离信息；在列车实际行驶速度到达最大安全速度之前，ATP 可实施常用制动，防止列车超速；由 ATP 系统来控制列车的紧急制动。

3）限制人工驾驶模式（RM 模式）

RM 模式即 ATP 限制允许速度的人工驾驶模式，这是一种受约束的人工操作，必须"谨慎运行"。在这种模式下，列车由司机根据轨旁信号驾驶，ATP 仅监督允许的最大限速值。

该运行模式在下列情况下使用。

（1）列车在车辆段范围内（非 ATC 控制区域）运行时。

（2）正线运行中联锁设备、轨道电路、ATP 轨旁设备、ATP 列车天线、地对车通信发生故障时。

（3）列车紧急制动以后。

此时，车载 ATP 将给出一个最高 25 km/h 的限制速度。

在 RM 模式下，列车由司机人工驾驶，没有轨道编码的参与，不要求强制使用地面编码。此时 ATO 退出控制；由司机负责列车运行的安全，并监督列车所要通过的轨道、道岔和信号的状态，如有必要，对列车进行制动；列车行驶速度很低，例如不得超过 25 km/h；一旦超出，ATP 系统就会实施紧急制动。

4）非限制人工驾驶模式（关断模式、URM 模式）

关断模式是不受限制的人工驾驶（无 ATP 监督）模式，用于车载 ATP 设备故障及车载设备测试情况下完全关断时的列车驾驶，列车是由司机根据轨旁信号和调度员的口头指令驾驶的，没有速度监督。ATP 的紧急制动输出被车辆控制系统切断，司机必须保证列车运行不超过限制速度（最高 25 km/h），并监督列车所要通过的轨道、道岔和信号的动态，必要时采取措施，对列车进行制动。

在关断模式下，列车由司机人工驾驶，没有 ATP 保护措施；使用这种模式必须进行登记，此时列车运行安全完全由司机负责；ATO 退出控制。

5）自动折返驾驶模式（AR 模式）

列车在站端（没有折返轨道的终端）调转行车方向或使用折返轨道进行折返操作，就要求能进入自动折返驾驶模式。

为使自动折返操作具有高度的灵活性，自动折返模式有下列几种：ATO 自动运行折返模式、ATO 无人自动折返模式、ATP 监督人工驾驶折返模式。

折返命令是由 ATS 中心根据需要生成并传输至列车，或由设计固定的 ATP 区域（如终端站）的轨旁单元发出。ATP 车载设备通过接收轨旁报文而自动启动 AR 模式，并通过驾驶室显示设备指示给司机，司机必须按压"AR"按钮确认折返作业。是否折返，使用折返轨道折返，由无人驾驶执行，还是由司机执行，这些完全由司机决定。

采用无人折返或有司机折返取决于司机采取的不同折返模式。

若采用 ATO 自动运行折返模式，在司机按压 ATO 启动按钮后，列车自动驶入折返轨，并改变车头和轨道电路发送方向；在折返轨至发车站台的进路排列完成后，再次按压 ATO 启动按钮，列车自动驶入发车站台，并精确地停在发车站台。

若采用 ATO 无人自动折返模式，在司机下车后按压站台上的无人折返按钮，列车在无司机的情况下，自动完成启动列车驶入折返轨，改变车头和轨道电路发送方向，并在折返轨至发车站台的进路排列完成后，再自动启动列车驶入发车站台，并精确地停在发车站台。

若采用 ATP 监督人工驾驶折返模式，在人工驾驶过程中 ATP 将对列车速度、停车位置进行监督，并在列车驶入折返轨后自动改变车头和轨道电路发送方向。

除 URM 模式外，其他所有的模式都有一个 5 m 的退车限制，如果超过这个限制，ATP 将实施紧急制动。

2. 列车驾驶模式转换

以上五种基本运行模式，在满足一定条件后可以相互转换。

1）列车驾驶模式转换的规定

（1）ATC 系统控制区域与非 ATC 系统控制区域的分界处，应设驾驶模式转换区（或称转换轨），转换区的信号设备应与正线信号设备一致。

（2）驾驶模式转换可采用人工方式或自动方式，并应予以记录。当采用人工方式时，其转换区域的长度宜大于一列车的长度。当采用自动方式时，应根据 ATC 系统的性能特点确定转换区域的设置方式。

（3）ATC 系统宜具有防止列车在驾驶模式转换区域未将驾驶模式转换至列车自动运行驾驶模式或列车自动防护驾驶模式，而错误进入 ATC 系统控制区域的能力。

（4）为保证行车安全，在 ATC 控制区域内使用限制模式或非限制模式时应有破铅封、记录及特殊控制指令授权等技术措施。

2）各种驾驶模式间的切换

（1）RM 模式切换到 SM 模式。

列车从非 ATC 系统控制区域进入 ATC 系统控制区域，就从 RM 改变为 SM 模式。只要满足如下条件。

① 列车经过了至少两个轨道电路的分界。

② 报文传输无误。

③ 未设置 PERM 码位。

④ ATP 轨旁设备没有发出紧急制动信号。

⑤ ATP 车载设备的限速监控不会在 SM 模式启动紧急制动。

（2）SM 模式切换到 ATO 模式。

满足以下条件，ATO 开始指示灯就会亮，说明此时可以从 SM 切换到 ATO 模式。

① 当前轨道区段上没有停车点（安全/非安全）。

② 所有车门都已关闭。

③ 驾驶/制动拉杆处于零位置。

④ 主钥匙开关处于向前位置。

当司机按了 ATO 开始按钮后，ATP 车载设备就从 SM 改变为 ATO 模式。

（3）ATO 模式切换到 SM 模式。

在下列情况下 ATP 车载设备就从 ATO 模式切换到 SM 模式。

① 司机把驾驶/制动拉杆拉离零位置，或把主钥匙开关调到非向前状态。

② ATO 控制列车停靠车站的停车点，当列车在车站停稳后。

③ 如果列车停在区间，司机用车门许可控制按钮打开车门。

（4）SM/ATO 模式切换到 RM 模式。

如果 ATP 车载设备启动了紧急制动，无须操作就自动地从 SM/ATO 模式改变为 RM 模式。如果司机还想继续前行，那么他就必须在列车停稳之后按 RM 按钮。

如果列车已经停稳，而司机按了 RM 按钮，就从 SM/ATO 模式切换到 RM 模式。如果切换到 SM 模式的所有先决条件都已满足，那么就马上转回 SM 模式。

在车辆段入口处，司机或 ATO 控制列车停靠在停车点上。如果满足列车已停稳或已设置了结束点（END 码位），驾驶室的显示屏上就会显示指示，司机就可以按 RM 按钮。按了 RM 按钮之后，就从 SM/ATO 模式切换到 RM 模式。

（5）SM 模式切换到 AR 模式。

满足以下条件，就从 SM 模式切换到 AR 模式。

① ATP 车载设备从 ATP 轨旁设备接收 DTRO 状态的信息。

② ATP 车载设备间的通信良好。

（6）AR 模式切换到 SM 模式。

满足以下条件，ATP 车载设备就从 AR 模式切换到 SM 模式。

① ATP 车载设备间的列车监控的改变是成功的。

② 司机打开驾驶室。

（7）AR 模式切换到 RM 模式。

如果 ATP 车载设备启动了紧急制动，无须司机的另外操作，就会自动从 AR 模式切换到 RM 模式。如果司机想继续前行，那么他必须在列车停稳后按 RM 按钮。

如果列车停稳之后，司机按了 RM 按钮，就会从 AR 模式切换到 RM 模式。如果切换到 SM 模式的前提条件都满足了，就马上切换到 SM 模式。

（8）RM 模式切换到关断模式。

只有当 ATP 故障，才会降级至关断模式，列车会自动停车。司机操作密封安全开关至关断模式。这种模式的转换将被车载计数器记录。这个转换程序同样适用于 ATO 模式、SM 模式至关断模式。此时列车的运行安全由司机承担全部责任。

任务二　学习列车自动防护（ATP）子系统

列车自动防护（ATP）子系统，即列车运行超速防护或列车运行速度监督系统。它是保证行车安全、防止列车进入前方列车占用区段和防止超速运行的设备，实现列车运行安全间隔防护和超速防护。通过 ATP 子系统检测列车位置并向列车传送 ATP 信息（目标速度信息或目标距离信息）。列车收到 ATP 信息，自动实现速度控制，确保列车在目标距离内不超过目标速度的前提下安全运行。

ATP 系统不断将来自联锁设备和操作层面上的信息、线路信息、前方目标点的距离和允许速度信息等从地面通过轨道电路等传至车上，从而由车载设备计算得到当前所允许的速度，或由行车控制中心计算出目标速度传至车上，由车载设备测得实际运行速度，依此来对列车速度实行监督，使之始终在安全速度下运行。当列车速度超过 ATP 装置所指示的速度时，ATP 的车上设备就发出制动命令，使列车自动地制动；当列车速度降至 ATP 所指示的速度以下时，可自动缓解。而运行操作仍由司机完成。这样，可缩短列车运行间隔，可靠地保证列车不超速、不冒进。

ATP 是 ATC 的基本环节，是安全系统，必须符合故障—安全的原则。

一、列车自动防护（ATP）子系统的发展

自从 19 世纪发明火车以后，火车的行车安全一直是关注的焦点。一直以来铁路信号各类工作人员的首要任务之一就是保证行车安全。在保证行车安全方面，从铁路信号观点来看，一般分为两大区域。一方面是保证列车在车站内运行安全，包括进站、站内、进路、出站、侧线保护等，这一区域的安全设备是沿着车站联锁装置方向发展。另一方面是保证列车在区间的运行安全，包括列车不超过规定的速度和保证在禁止信号前停车，这一区域的行车安全保障设备是沿着自动停车、列车自动防护系统和列车自动控制方向发展的。

自动停车装置经历了机械、机电、电磁、电子等几个阶段，现在已极少有独立工作的自动停车装置。在国内，20 世纪 60—70 年代存在独立工作的自动停车装置，特别是在 70 年代，由于发生了列车运行重大事故后更加引起人们的重视。当时采用的自动停车就是以控制电空阀为主要对象。在当时有很多种类的电空阀，它是联系列车制动的重要环节，即通过控制电空阀的电信号，使之转换为对列车施加制动的机械能操作，但自动停车装置一般存在着下列问题。

（1）它们大部分是点式的，即一般只在某个固定点起作用，因而很难构成连续控制形式。

（2）它们一般不与列车速度有联系，不论列车速度大小，它们均实施某种固定制动模式，但实际上，制动距离应与车速大小成正比。

（3）它们的制动与所在地点的运行条件无关，即不受区间的坡度和弯道的影响。

（4）它们的制动与列车参数不具体挂钩，如列车有空、重之分，制动力有强、弱之分。但际上，重车的制动距离要远比轻车制动距离为大。

因此，从 20 世纪 70 年代开始发展列车自动防护（ATP）系统，要求该系统是连续作用的，它的制动方式要与具体车速大小、载重量及列车运行线路等因素有关。ATP 在世界铁路范围内至今尚没有统一的标准定义，但它至少应有下列含义：ATP 系统是一种保证列车行车安全的系统，它借助于行车中的动态信息、静态信息及很多相关参数，通过相应的测试和计算设备完成保证行车安全的任务。ATP 系统的基本功能至少有下列两点。

（1）保证列车不能超过规定的速度运行，即简称超速防护功能。

（2）保证列车不能冒进禁止信号或冒进规定的停车点，即简称冒进防护功能。

ATP 的发展经历了很长时间，这主要是受技术难度制约的缘故。ATP 系统的发展首先是在城市轨道交通中开始的。

二、ATP 系统的组成

ATP 系统在城市轨道交通中承担着确保行车安全的重要职责，是 ATC 系统中关键的一个子系统。ATP 负责列车的安全运行，完成保证安全的各种任务。ATP 连续检测列车的位置和速度，监督列车必须遵循的速度限制和车门的控制，追踪所有装备信号设备的列车，考虑联锁条件（比如转辙机位置），并为列车提供移动授权，实现与 ATS、ATO 及车辆系统接口及进行信息交换。

ATP 系统主要由三部分构成，即设于控制站的轨旁单元、设于线路上各轨道电路分界点的调谐单元和车载 ATP 设备，并包括与 ATS、ATO、联锁设备的接口设备。ATS 系统负责监督和控制 ATP 系统，联锁系统和轨道空闲检测装置为 ATP 提供基层的安全信息，列车是 ATP 的控制对象。

（1）轨旁 ATP 设备（见图 4-19），由轨道电路、速度选择逻辑电路、GO 逻辑电路、列车控制盘等组成。轨旁 ATP 支持与联锁系统、ATS 系统、列车、相邻 ATP 系统的双向接口。与 ATP 轨旁设备相连接的子系统包括：ATS 运行控制中心、联锁计算机和用于无线通信的轨旁通信控制单元。

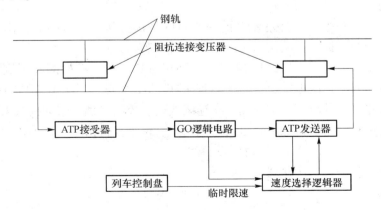

图 4-19　轨旁 ATP 设备框图

（2）车载 ATP 设备（见图 4-20），由 ATP 命令接收器、译码器和速度比较器等组成。其功能主要是接收和鉴别列车速度命令、超速保护及施加制动、列车车门控制及不慎溜车保护等。车载 ATP 支持与通信系统和车辆的双向接口,同时也连接测速电机和应答器通道。与 ATP 车载计算机单元相连接的子系统包括:应答器天线,测速电机(OPG)和雷达单元。无线通信单元有一个接收天线和一个发送天线。另外,车载 ATP 还与 ATO 和司机 HMI 连接。

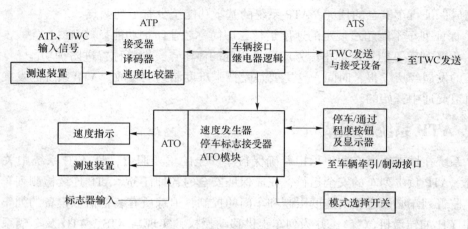

图 4-20   车载 ATP 设备框

三、ATP 系统的主要功能

ATP 系统和联锁系统一起负责列车的运行安全。

车载 ATP 设备连续检测系统中列车的位置、监督速度限制、防护点和控制列车车门。屏蔽门的控制基于列车在站台区域的正确定位。联锁是底层的基本防护系统。轨旁 ATP 设备连续监视和遵守联锁的条件,例如道岔的监督、侧面防护、紧急停车按钮监督和其他进路情况,这些信息是轨旁 ATP 设备移动授权计算的基础。

在点式列车控制级里,移动授权来自联锁系统,即通过轨旁电子单元 LEU 和可变数据应答器发送给列车的信号机的显示。

在连续式列车控制级里,轨旁 ATP 的主要目的是执行移动闭塞列车分离原理来优化列车的运行。在安全的前提下,超越固定闭塞分区的限制。

移动闭塞列车分离基于提供给轨旁 ATP 的列车位置报告。在检测和识别应答器、测量列车位移的同时,列车连续地定位。轨旁 ATP 的移动闭塞安全列车追踪功能的输入来自信号装备列车的位置报告及轨道空闲检测。在连续式列车控制级别,移动授权来自该列车的追踪功能,并且通过双向通信通道从轨道发送至列车。位置报告信息和移动授权信息的双向交换,实现了基于无线通信的移动闭塞列车分离。

ATP 主要功能及基本工作原理叙述如下。

1. 列车定位

定位的任务就是确定列车在路网中的地理位置。通常,ATP 系统都是利用查询应答器及测速电动机和雷达完成列车定位的。安装在线路上某些位置的应答器用于列车物理位置的检测,每个应答器发送一个包括识别编号(ID)的应答器报文,由列车接收。在 ATP 车载计算机单元的线路数据库里存有应答器的位置,这样列车就知道它在线路上的确切位置。由测速电动机和雷达执行列车位移测量。列车定位的误差来自应答器检测精度、应答器安装精度和位移测量精度。

列车定位流程可以描述如下。

（1）车载 ATP 启动时，列车未定位，但是车载计算机单元的线路数据库记录有应答器的位置。

（2）一旦列车连续经过两个应答器，就初始化它的位置参数，这样列车"已定位"。第一个应答器初始化应答器和查询器天线的位置，但是列车不知道自己在轨道上的运行方向；根据线路数据库里应答器的顺序，第二个应答器确定列车运行方向。通过第二个应答器后，列车位置可由测速电动机和雷达测量。

（3）在两个应答器之间，已定位的列车位置参数得到更新，这都得益于测速电动机和雷达的连续位移测量。当经过另外一个应答器时，一列已定位的列车将调整它的位置参数，以便得到更加精确的位置。

2. 速度和距离测量

确定列车的速度和位置（距前方目标点的距离）是 ATP 车载设备的重要功能。列车实际运行速度是施行速度控制的依据，速度测量的准确性直接影响到速度控制效果。列车位置直接关系到列车运行的安全，通过确定列车的实际位置，才能保证列车之间的运行间隔，以及能够在抵达障碍物或限制区之前停下或减速。列车速度和距离的精确测量是所有与速度有关的安全功能以及列车定位的先决条件。不论列车的定位状态如何，利用传感器数据的安全组合，可以连续测量速度和距离。这样，如果列车没有定位，列车的实际速度仍然可以被预先定义的速度级别检查和比较。

通常，测速电动机和雷达单元一起用于列车速度和距离的精确检测。测速电机是一个经过广泛验证的单元，通过计算经车轮旋转在测速电机里产生的脉冲来测量列车的速度和距离。雷达评估反射雷达波的多普勒效应并计算速度和距离值。雷达测量的结果完全不受列车的空转和滑行的影响，这得益于物理测量的原理。

为确保轮直径在规定的限值之内，每次维护服务后，必须输入轮直径。为补偿轮磨损和由于轮磨损而造成的维护服务间隔期内轮直径的改变，可使用一种雷达和应答器重新同步的复杂的方法。当列车经过应答器时，其正确的位置被识别。在这些应答器之间，雷达和测速电起一起确定准确的列车速度和距离。两种测量传感器的连续结合得到了更加安全、可靠、精确的速度和距离值。

影响距离测量精度主要有两个因素，它们被称为"空转"和"打滑"。空转在列车加速期间发生，车轮失去与走行轨的黏着接触，因此测量的准确性受到不利影响。打滑在制动期间发生，车轮失去了与钢轨的运行接触使列车不能定位。使用不受车轮旋转影响的雷达系统可以保证 ATP 系统得到准确的列车位置。

3. ATP 监督功能

ATP 监督负责保证列车运行的安全。各监督功能管理列车安全的一个方面，并在它自己的权限内产生紧急制动；所有的监督功能，在信号系统范围内提供了最大可能的列车防护。各种监督功能之间的操作是独立的，且同时进行。

ATP 监督动能包括：速度监督、方向监督、车门监督、紧急制动监督、后退监督、报文监督、设备监督等。

1）速度监督功能

速度监督功能是超速防护的基础，也是最重要的功能。它由 7 个速度监督子功能组成，每个子功能选定一个专用的以速度为基准的安全标准。各标准即为一个速度限制，这个限制速度可以是固定的，也可以根据列车的位置连续改变或阶梯式改变。如果列车实际速度超过允许速度加上一个速度偏差值时，列车实施紧急制动。该偏差值可以根据安全标准进行修改，并在系统设计时确定。各种速度偏差值在选定后，在 ATP 车载单元中编程。

（1）RM 速度监督。

RM 速度监督以限制列车速度达到低速值为目的，这个低速值（例如 25 km/h）适用于 RM 模式。RM 速度监督在 RM 模式中有效，它不用于任何其他模式。

限制速度是固定的（例如不考虑列车的位置），并在系统设计时确定。这个确定值在 ATP 车载单元中编程。

（2）最大列车允许速度的监督。

最大列车允许速度的监督以限制列车运行速度到最大允许值（就车辆允许而言）为目的。它在 SM、ATO 和 AR 模式中有效。

速度限制是固定的，它在 ATP 车载单元中定义。

（3）停车点的监督。

停车点的监督以保证列车停在停车点（不超过停车点）为目的。在 SM、ATO 和 AR 模式中，每当前方列车占用的轨道区段内有安全或危险停车点，该监督都有效。在 RM 模式中，该监督无效。

按照列车至停车点的距离，列车的速度限制连续地改变，并通过一条最终为零的制动曲线实施。ATP 车载单元计算一个零目标速度的制动曲线的基础为：列车制动性能数据以及已经接收到报文数据中明确定义的线路坡度。

（4）限制速度起始点的监督。

限制速度起始点的监督保证列车在起始点按照速度限制运行。在 SM、ATO 和 AR 模式中，当前行列车占用区段内的速度限制始点存在时有效，在 RM 模式中无效。

从限速始点开始，限制速度随着距列车的距离而不断地变化，并通过一个最终为非零的制动曲线实施。制动曲线由 ATP 车载单元计算。

（5）进入速度的监督。

进入速度为列车进入前方下一轨道区段的最大允许速度，它考虑到了下一轨道区段可能存在的任何停车点、可能存在的线路速度限制起始点及下一个进入速度。因而，进入速度是一种假设，用于避免定义精确的速度和目标的位置，它位于列车占用轨道区段前方以外，这样可以减少地对车传输数据的数量。

进入速度监督是保证列车速度同下一轨道区段的最大允许速度及以后的目标一致。这个速度监督在 SM、ATO 和 AR 模式中有效，在 RM 模式中无效。

（6）线路允许速度的监督。

线路允许速度由列车头部占用轨道区段的线路允许速度和列车其他部分仍占用的其他轨道区段的线路允许速度决定。线路允许速度是根据列车的运行位置改变的。ATP 车载单元通过使用报文里的线路速度数据，测量运行距离以及列车的长度来确定线路允许速度。

线路允许速度监督保证列车运行速度同其所在位置的线路允许速度监督一致，这个速度在 SM、ATO 和 AR 模式中有效，在 RM 模式中无效。

（7）没有距离同步的监督。

没有距离同步的监督是提供安全速度监督，这种监督是特殊情况下不能得到距离同步，而 ATP 车载设备准许在 SM 模式或 ATO 模式而不是 RM 模式中进行操作。这种监督方式的情况很少出现。

距离同步的丢失是由于触发紧急制动时列车不处于稳定状态，或者列车已经在线上运行时才打开 ATP 车载设备电源引起的。

只有当 ATP 车载单元接收到授权其使用的报文时，才可以使用该功能。

此项授权限制在下列情况下使用。

① 列车运行不存在从相邻轨道电路产生邻线干扰的危险。

② 列车运行前方当前占用轨道区段无停车点。

③ 使用在当前轨道区段的固定速度限制不小于以前轨道区段的任何速度限制。

如果没有发生上述情况中的任何一种，则不允许 ATP 轨旁设备发出授权使用这项功能的报文，且列车必须在无信号移动许可的 RM 模式下运行。

速度监督功能的输入包括车载速度/距离功能中的列车现行速度和位置信息，以及服务/自诊断功能中的列车数据（例如列车最大允许速度）。

速度监督功能的输出包括：向司机人机接口功能提供（通过列车总线）最大允许速度和列车速度警告；向列车制动系统提供紧急制动命令；向服务/自诊断功能提供列车数据、状态信息、处理和记录数据（包括紧急制动的使用），以及出错的信息。

2）方向监督功能

方向监督功能的作用是监督列车在"反方向"运行中的任何移动，如果此方向的移动距离超过规定值，那么就会实施紧急制动。"反方向"运行移动距离的监督是累计完成的，以便无论是单一的移动或是在几个短距离移动中交替地被"前行"的短距离移动中断。

在 SM、ATO 和 AR 模式中，必须连续具备方向监督功能；如果列车正在运行，那么 RM 模式中也可以使用方向监督功能。

方向监督功能启动时在驾驶控制中不考虑选用的方向（"前行""反向"或"中间位置"），不论移动是由牵引动力引起的或是在无动力时由斜坡的滑动造成的，不论移动是故意的或是偶然的。如果列车"反方向"运行，列车的后部可能通过保护列车的危险点，那么列车运行将占用为下一列车提供安全距离的轨道区段。驾驶方向的监督是限制这种占用的扩展。在定义一个安全距离时会考虑最大占用距离，因此，任何反方向驾驶中剩余的移动都不会对安全造成威胁。

定义安全距离时应考虑到：当列车在坡度较大的上坡道启动时，允许列车稍微向后滑动一点；如果列车超过正确的停车位置，允许司机向反方向实施短距离移动。

选定的距离值在 ATP 车载单元中进行编程。

方向监督功能的输入来源于车载速度/距离功能的移动距离和移动方向。

方向监督功能的输出在列车制动系统使用紧急制动实施命令，在服务/诊断功能中紧急制动实施记录数据。

3）车门监督功能

如果检测到列车在移动而车门没有锁在关闭状态，车门监督功能就会实施紧急制动。除了被抑制，车门监督功能在所有驾驶模式中都有效。

如果列车移动超过一定的距离（例如 0.3 m），或者当列车以超过特定速度（例如"ATP 零速度"）的速度运行，当从车门接点没有接收到"全部车门关闭"信号时，列车实施紧急制动。当列车速度大于某特定值时（例如 5 km/h），应禁止实施车门监督，这是为了避免假紧急制动的执行，这个假紧急制动可能是由车门接点的断续操作（振动）引起的。

在紧急情况下，当列车停稳，司机应按压紧急车门按钮阻止车门监督功能。这使得在车门接点故障时，也可以移动列车。当车门监督功能以这种方式被抑制时，司机必须完全负责并保证在随后运行阶段乘客的安全。当从车门接点再次接收到"全部车门关闭"信号时，车门监督功能自动恢复。

4）紧急制动监督功能

紧急制动监督功能可保证接收到紧急制动报文时在最短距离内停车。在 SM、ATO 和 AR 模式中，紧急制动监督功能连续有效，在 RM 模式中无效。在站台按下紧急停车按钮，紧急停车命令会立即生成。

紧急制动发生在超过最大允许速度值（加上规定的误差）时，或者按压位于车站的紧急按钮时。紧急制动保存在故障存储器中。借助服务与诊断计算机可以得到记录的数据。

出现下列情况之一时，ATP 车载单元实施紧急制动。

① 超过速度曲线的允许速度。

② 超过车辆的最高允许速度。

③ 位于站台的紧急制动按钮引起的紧急停车。

④ 传输故障，运行超过 10 m 和 5 s。

⑤ 启动方向错误，车辆后退。

⑥ 列车运行时打开车门。

⑦ ATP 车载设备全面故障。

如果列车处于停稳的状态实施了紧急制动，此功能无效。

紧急制动是以故障—安全的方式触发的。紧急制动总是先引起列车停车，然后通知司机，可以通过执行 RM 模式来取消紧急制动，列车继续在限制人工驾驶模式下运行。当列车经过两个音频轨道电路的分界时，将进入 ATP 监督模式的操作。但如果由 ATP 车载单元出现全面故障引起的紧急制动，列车只能在关断模式下运行。

外部触发的紧急制动监督功能是保证在 ATP 车载设备中没有使用 ATP 车载单元的位置信息，而随一个外部触发的紧急制动（例如由司机发出的）的监督。在所有驾驶模式中，这个功能都有效。

实施任何紧急制动时。由 ATP 车载单元发出的位置信息可能由于车轮打滑而失效。当紧急制动由外部触发时，必须通知 ATP 车载单元，让它采取正确的措施防止使用可能出现的错误信息。

通过监督制动系统内的接点，会探测到外部触发的紧急制动，除非列车已经停稳。外部触发紧急制动会引起 ATP 车载单元自身触发紧急制动。如果 ATP 车载单元不触发本身的紧急制动，就强迫 ATO 车载设备进入 RM 模式，直到再次达到距离同步以前，SM、ATO 或 AR 模式的操作是不可能的。

外部触发紧急制动监督功能的输入来自列车制动系统发出的紧急制动实施的警报。

外部触发紧急制动监督功能的输出是发给列车制动系统的紧急制动实施命令和发给服务/诊断功能的紧急制动实施记录数据。

5）后退监督

后退监督功能防止列车后退时超过某特定的距离。列车后退距离的累加减去几次短暂前行的距离不能超过规定的距离（3 m）。假如超过此距离，列车将通过 ATP 实施紧急制动，确保列车不后退。

6）报文监督功能

报文监督功能用于监测从 ATP 接收到的报文。如果检测出传输报文中断持续超过规定时间（如 3 s），或在这个期间列车运行超过一规定距离（一般为 10 m），报文监督功能会触发一个紧急制动。这个功能在 SM、ATO 和 AR 模式中有效，但在 RM 模式中不起作用。

报文监督功能的输入是从车载速度/距离功能中得到的列车现在的位置和从 ATP 传输功能产生的报文。

报文监督功能的输出是发给列车制动系统的紧急制动实施命令和发给服务/诊断功能的紧急制动实施记录数据。

7）设备监督功能

设备监督功能用来监控 ATP 车载设备的正常工作，确保当设备故障时的安全，列车不经检查是不允许运行的。一旦 ATP 车载设备被检测出故障，就会启动紧急制动直到列车停下来。此时，司机使用故障开关强制关闭 ATP 功能，然后按照控制中心的指挥人工驾驶列车。

4. 超速防护

城市轨道交通中的速度限制分为两种。一种是固定速度限制，如区间最大允许速度，列车最大允许速度；另一种是临时性的速度限制，例如线路在维修时临时设置的速度限制。

固定限速是在设计阶段设置的。ATP 车载设备中都储存着整条线路上的固定限速区信息。固定限速有：

（1）列车最大允许运行速度——取决于列车位置、停车点、联锁条件等；

（2）列车最大允许速度——取决于列车的物理特性；

（3）区间最大允许速度——取决于线路参数。

临时限速用于在一些特殊地段来降低允许速度，该功能满足在特殊地段要求较低速度的运行要求，例如正在进行的一些轨道作业等。这些临时限速可以在 ATS 控制中心由操作员按照安全程序人工设置，设定的数据会从 ATS 系统传送给 ATP 轨旁单元，ATP 轨旁单元通过通信通道把所有的临时限速发送到车上，车载 ATP 接收来自轨旁 ATP 的移动授权，与相应的轨道区段的临时限速信息相一致。

ATP 系统始终严密监视速度限制不被超越，一旦超过，先提出警告，然后启动紧急制动，并作记录。

5. 停车点防护

停车点有时就是危险点，危险点在任何情况下都是不能越过的，因为这会导致危险情况。例如站内有车时，车站的起点是必须停车点，在停车点的前方通常还设置一段防护段，ATP 系统通过计算得出的紧急制动曲线即以该防护区段入口点为基础，保证列车不超越入口点，如图 4-21 所示。有时也可在入口点处设置一个列车滑行速度值（如 5 km/h），一旦需要，列车可在此基础上加速或者停在危险点前方。

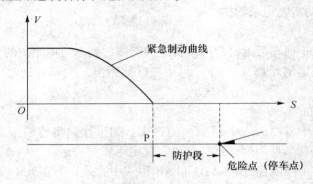

图 4-21　停车点防护

6. 列车间隔控制

列车间隔控制是一种既能保证行车安全（防止两列车发生追尾事故），又能提高运行效率（使两列车的间隔最短）的信号概念。在过去的以划分闭塞分区、设立防护信号机为基础的自动闭塞（固定闭塞）概念下，列车的间隔是靠自动闭塞系统来保证的，列车间隔以闭塞分区为单位；当采用准移动闭塞或移动闭塞时，闭塞分区长度与位置均是不固定的，是随前方目标点（前行列车）的位置、后续列车的实际速度及线路参数（如坡度）而不断改变的。

图 4-22 表示出了基于轨道电路的准移动闭塞在列车间隔控制中的一些概念：

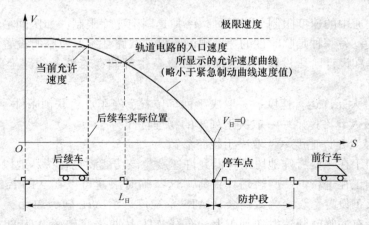

图 4-22　列车间隔控制

（1）轨道电路必须采用多信息音频轨道电路，轨道区段长度通常在 300 m 以下。

（2）前行车所占用的轨道电路的始点被当作为危险点。

（3）前行车的防护段可以是相邻轨道电路，也可以大于轨道分区的长度，视具体情况而定。

（4）目标距离是指后续车所在轨道电路的始端到停车点（防护段的始端）的距离。

（5）实时计算所得的紧急制动曲线与列车的最大减速度有关；在驾驶室内显示出的最大允许速度略小于制动曲线上的实际最大允许速度，以便留出时间空隙进行告警及由司机做出反应。

7. 车门控制

城市轨道交通车辆的车门控制是重要的安全措施之一。车门自动开闭是否由司机手动操纵，这并不重要，关键是要对安全条件进行严格的监督。防止列车在站外打开车门、列车在站内时打开非站台侧的车门及在车门打开时列车启动等情况发生。只有在 ATP 系统检查所有安全条件均已满足时，给出一个信号，才能打开车门。

通常在车辆没有停稳靠站时，ATP 不允许车门开启。当列车在车站的预定停车区域内停稳且停车点的误差在允许范围内时，地面定位天线会收到车载定位天线发送的停稳信号，列车从 ATP 轨旁设备收到车门开启命令，ATP 才会允许车门操作，车载对位天线和地面对位天线才能很好地感应耦合并进行车门开关操作。这需要地面车载 ATP 设备及车辆门控电路共同配合。

在列车停靠站台的精度已经偏离 0.5 m（对于地下车站）或 1 m（对于高架车站或地面车站）的情况下，可以允许列车以小于 5 km/h 的速度移动，以满足精确停车的要求。

左、右车门选择由车门开启命令来执行，此命令通过轨旁 ATP 系统取得。

列车停站时间结束（或人工终止），地面停站控制单元启动 ATP 轨旁设备，停发开门信号，关闭车门。车门关闭后，车载 ATP 才具备安全发车条件。

车站在检查了车门已关闭好以后，才允许 ATP 子系统向列车发送运行速度命令信息，列车收到速度命令，同时检查了车门已关闭后，可按车载 ATP 收到的速度命令出发。

8. 站台屏蔽门控制

ATP 轨旁设备与屏蔽门采用安全接点的物理接口。

ATP 轨旁设备发送"屏蔽门开"或"屏蔽门关"命令到屏蔽门。同时 ATP 轨旁设备得到来自屏蔽门"关闭且锁闭"的状态信息。

在点式通信的情况下，不能实现对屏蔽门的控制功能。因为在这种情况下不存在连续的车地通信。

ATP 轨旁设备连续监测屏蔽门的状态。只有在屏蔽门"关闭且锁闭"的情况下，才允许列车进入站台区域。如果屏蔽门的状态不再为"关闭且锁闭"，则 ATP 轨旁设备将站台区域作为封锁来处理，并在封锁区域的边界处设置防护点。因此，接近列车将从 ATP 轨旁设备得到仅至该防护点的移动许可。

如果此时列车已经进入了站台区域，屏蔽门的状态从"关闭且锁闭"发生了变化，ATP 车载设备将触发紧急制动。

只有列车停在 ATP 停车窗规定的停车点，列车车门和屏蔽门才能开。如果列车在需要的 ATP 停车窗停车，车载 ATP 将进行以下操作。

（1）通过一个安全输出切除列车牵引。

（2）通过一个安全输出释放列车车门。

（3）通过报文给 ATP 轨旁设备传送一个安全的"屏蔽门释放"的信息。

ATO 或列车司机的操作（在驾驶室按压相关的按钮）自动产生并由 ATO 车载设备发送一个"屏蔽门开"命令到 ATP 轨旁设备，ATP 轨旁设备触发一个用于打开屏蔽门的安全输出。同时，列车车门将会由 ATO 自动打开或通过列车司机的操作打开。

如果列车要离开车站，ATO 车载计算机单元将会发送一个"屏蔽门关"命令到 ATP 轨旁设备，该命令由 ATO 自动产生或由列车司机的操作（在驾驶室按压相关的按钮）产生。收到该信息后，ATP 轨旁设备触发一个用于关闭屏蔽门的安全输出。同时，列车车门将会被 ATO 自动关闭或列车司机的操作关闭。

如果列车车门关闭，ATP 车载设备将进行以下操作。

（1）通过报文给 ATP 轨旁设备传送一个"禁止屏蔽门释放"的安全信息。

（2）通过一个安全输出关闭列车车门。

（3）通过一个安全输出启动列车牵引。

如果 ATP 轨旁设备给 ATP 车载计算机单元的报文中屏蔽门状态为"关闭且锁闭"，列车就可以离开车站。

9. 其他功能

除上述主要功能外，视具体用户的要求，ATP 系统还可具有其他一些功能。

（1）紧急停车功能。在特殊紧急情况下，按压设在车站上的紧急停车按钮（平时加铅封），就可通过轨道电路将停车信息传递给区间上的列车，启动紧急制动，使列车停止运行。

（2）给出发车命令。ATP 系统检查有关安全条件（如车门是否关闭、司机的操作手柄是否置于零位、ATO 系统是否处于正常工作状态）并确认符合安全后，给 ATO 系统一个信号。在人工驾驶模式下，司机在得到显示后即可进行人工发车；在自动驾驶模式下，ATO 系统得到 ATP 系统的发车确认信息后，操纵列车自动启动。

（3）列车倒退控制。根据不同的用户协议，可以实现各种列车倒退控制。例如，当列车退行超过一定距离或者越过轨道电路分界点，会立即启动紧急制动。

（4）停稳监督。监控列车停稳是在站内打开车门和站台屏蔽门的安全前提。为了证实列车停稳，应考虑来自雷达和测速电机的信息，因为 ATP 车载计算机单元将使用这些速度信息。

四、ATP 的基本工作原理

1. 列车检测

列车检测采用轨道电路等作为列车检测设备。当轨道电路区段空闲时，检测设备发送轨道电路检测电码，此时轨道电路的功能是检测是否空闲，检测结果送往联锁装置。

2. 列车自动限速

连续式 ATP 系统利用数字音频轨道电路向列车连续地发送数据，允许连续监督和控制列车运行。对于 ATP 系统，在轨旁无须其他传输设备。

ATP 轨旁单元从联锁和轨道空闲检测系统获得驾驶指令，形成计划数据后传输至 ATP 车载设备。驾驶指令主要包括目标坐标（目标速度和目标距离）、最大允许线路速度和线路坡度。ATP 车载设备通过此数据计算现有位置的列车允许速度。驾驶列车所需的数据经由司机室显示器指示给司机。

列车的实际速度和驶过的距离由测速装置连续地进行测量。

ATP 车载设备将列车的实际速度与列车允许速度进行比较。当列车速度超过列车允许速度时，ATP 的车载设备就发出制动命令，发出报警后控制列车进行常用全制动或实施紧急制动，使列车自动地制动；当列车速度降至 ATP 所指示的速度以下时，便自动缓解。而运行操作仍由司机完成。

ATP 不仅可用来保证列车之间的运行安全，还可用于受曲线等线路条件、通过道岔、慢行区间等限制而需要限速的区段。因此限速等级是根据后续列车和先行列车之间的距离和线路条件等来决定的。ATP 可对列车运行速度进行分级或连续监督。

3. 目标速度和目标距离

ATP 轨旁设备向在其控制范围内的列车分配一个"目标距离"，再由轨道电路生成代码，通知列车前方有多少个未占用的区段，接着，ATP 车载设备调用存储器里的信息，决定列车在任何时刻的运行速度和可以运行的最远距离，确保在抵达障碍物或限制区之前安全停车。目标距离原理如图 4-23 所示。

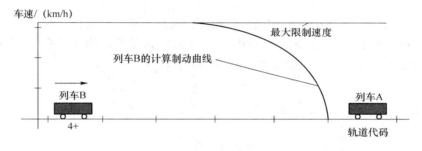

图 4-23　目标距离原理

图中编码仅表示列车 B 前方未被占用的轨道电路的数目。列车 B 所在的区段标记为 4 +，这代表在到达阻碍物或限制区之前，前方有 4 个空闲的轨道区段。列车 B 可获得其精确的位置，这一信息与保存在 ATP 和 ATO 设备存储器中的线路图数据相结合，可推算出列车的最大安全距离或目标距离。这样，列车 B 就能安全地进入列车 A 所占用的轨道区段之后方的空闲轨道区段。

列车的实际行驶速度不断与计算出来的最高速度进行比较，如果实际车速超过最高速度，则自动启用紧急制动。

列车除了必须遵循通过轨道传来的指示目标距离的编码外，在线路的某些区域，由于某种特殊情况或临时性原因，如轨道临时性作业等，还有一些速度限制要求。ATP 将充分考虑到各种限速条件，选择最严格的条件来执行。

4. 制动模式

列车的制动控制模式分为分级制动模式和一级制动模式。

1）分级制动模式

分级制动是以闭塞分区为单元，根据与前行列车的运行距离来调整列车速度，各闭塞分区采用不同的低频频率调制，指示不同的速度等级，在此基础上确定限速值。分级制动模式又分为阶梯型和曲线型。

阶梯式分级制动模式俗称大台阶式。它将一个列车全制动距离划分为 3 ~ 4 个闭塞分区，每一闭塞分区根据与前行列车的距离来确定限速值。当列车速度高于检查值时，列车自动制动。阶梯型分级制动模式为滞后监督方式，即在闭塞分区出口才监督是否超速，所以，为确保安全，必须设有"保护区段"。

阶梯式分级制动模式虽然构成较为简单，但具有较多缺点。

（1）设有防护区段，会影响通过能力。

（2）列车接近前方列车时遇到"保护区段"，司机难以区分哪一个闭塞分区有车占用，容易造成混乱。

（3）由于其在闭塞分区出口处才给出下一闭塞分区的允许入口速度，司机有时会措手不及。

（4）列车在进站信号机前停车或进站停车时，司机怕"撞墙"引起紧急制动，往往要压低速度运行，影响运输效率。

阶梯式分级制动模式不能满足高密度行车的需要，于是改为速度—距离模式曲线制动模式。

模式曲线是根据该闭塞分区提供的允许速度值及列车参数和线路常数由车载计算机计算出来的（或将各种制动模式曲线储存调用）。模式曲线制动模式的速度曲线如图 4-24 所示。准移动闭塞制式的 ATC 通常采用曲线式分级制动模式。

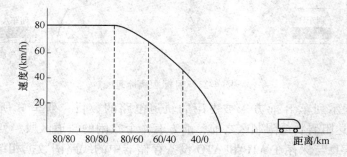

图 4-24　曲线式分级制动模式的速度曲线

注：图中"80/80"是区段"入口/出口"限制速度，其他类同

2）一级制动模式

一级制动是按目标距离制动的。根据距前行列车的距离或距运行前方停车站的距离，由控制中心根据目标距离、列车参数和线路参数计算出列车制动模式曲线，或由车载计算机予以计算，按制动模式曲线控制列车运行。信息传输有数字编码轨道电路传输和无线传输两种方式。无论何种方式，传输的信息必须包括线路允许速度、目标速度、目标距离。一级制动模式能合理地控制列车运行速度，是列车自动控制技术的发展方向。一级制动速度的曲线如图 4-25 所示。移动闭塞制式的 ATC 通常采用一级制动模式。

5. 测速与测距

确定车辆速度和位置是车载设备关键和重要的功能。

1）测速

列车运行速度的测量非常重要，列车实际运行速度是速度控制的依据。该速度值的准确和精度直接影响调速效果。

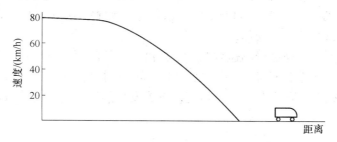

图 4-25   一级制动模式的速度曲线

测速有车载设备自测和系统测量两种方法。车载设备自测有测速发电机、路程脉冲发生器、光电式传感器和霍尔式脉冲转速传感器等，它们安装在无动力车辆的轮轴上。系统测量有卫星测速和雷达测速等方法。

（1）测速发电机。早期采用测速发电机测速。测速发电机安装在车轮轴头上，它发出的电压与车速成正比，该电压经处理后产生模拟量和数字量两个输出，分别用来驱动速度表和进入车上主机用于速度比较。测速发电机简单，但在低速范围内精度较差，可靠性也不高。

（2）路程脉冲发生器。其核心部件是一个 16 极的凸轮，随着车轮的转动，发生一系列脉冲，车速越快，脉冲数越多，只要在一定时间内记录下脉冲的数目，即能换算成列车的实际速度。

（3）光电式传感器。光电式传感器应用光电传感技术，它有一个多列光圈盘，随着车轮的转动，光线不断地通过和被阻挡，使光电式传感器产生电脉冲，记录脉冲数目来测量车速。

（4）霍尔式脉冲转速传感器。车轮转动时，使霍尔式传感器产生频率正比于车轮转速的信号，来进行测速。

需采用两路测速，两套传感器安装在不同的车轴和不同的侧面，以提高保证测量准确性和提高测量精度，并对车轮空转、蠕滑、死抱等引起的误差进行修正。转速传感器无法精确补偿车轮滑转和滑行，可用一台多普勒雷达装置，向 ATP/ATO 系统输入第三个车速信息。这个信息跟转速传感器输入的车速相比较，以检验车速测量系统的可靠性。

2）测距

在目标距离模式中，列车位置对于安全性至关重要。如果列车无法掌握它在线路中的准确位置，那么它就无法保证在抵达障碍物或限制区之前停下或减速。如何测量距停车点的精确距离是列车运行超速防护系统的重要任务。通过连续确定列车的行驶距离，ATP 车载设备可以随时查找列车的精确位置。距离信息以音频轨道电路的分界来定位，当列车经过轨道电路的分界时，距离测量被同步。

测距是通过测速与轮径完成的，距离测量系统记录车轮旋转的次数，考虑运行方向和车轮直径，计算出列车走行的距离。距离测量系统利用两个速度传感器测得的数据，通过两个通道进行比较。如果结果不一致，为可靠起见，取其中的最大值。

在跨越轨道电路时，如果已经接收到带有有效时间标记的新报文，则距离测量装置复位为零。

　　ATP 系统允许输入正确车轮直径，由此来确保正确测量速度和距离。当维护人员键入密码后，通过面板上的开关和显示器就可设置轮径，数据进入 ATP 单元后存放于 EPROM 中。此项来自 ATP 处理器的安全输入可以以步长 1 cm 进行调整，以对磨损予以补偿。注意，这是一项在线操作，离线后无法操作。

　　另外，也可采用信标来进行测速测距。信标沿线路等间距放置。这些信标由装在列车上的发射应答器读取。每个信标都有一个独一无二的识别号，存储在 ATP/ATO 系统存储器中。这个系统可以确保在指定范围内对转速传感器发出的信号进行自动重新校正，也能进一步确定列车位置。

6. 速度限制

　　速度限制分为固定限速、临时限速、在道岔或道岔前方的限速和具有短安全轨道停车点的限速。

　　1）固定限速

　　固定限速是在设计阶段设置的。车载 ATP 和 ATO 设备都储存着整条线路上的固定限速区信息。速度阶梯降为 1 km/h。它决定了"目标距离"工作模式下可能给出的最优行车间隔。

　　2）临时限速

　　限制速度在某些条件下（如施工现场、临时危险点）可以被降低。临时速度限制区段的范围总是限制在一个或多个轨道电路中。

　　在紧急情况下，通过特殊速度码，可立即将任何一段轨道电路上的速度设置为25 km/h。如果需要设置临时性限速区，可以在地面安装应答器。这些应答器允许以 5 km/h 为一个阶梯，降到 25 km/h。在带有允许临时速度限制编码的轨道电路里，可通过设置信标来实施。

　　ATP 通过设置区域限速或闭塞分区限速来设置速度限制。

　　（1）区域速度限制。

　　区域速度限制是针对轨道电路内的预定区域设定的限制速度，可分为 15 km/h、30 km/h、45 km/h、60 km/h。区域限速可由 ATP 轨旁设备设置，也可在需要时由控制中心控制，但控制中心只能复位控制中心设置的区域限速。如果控制中心离线或通信失败，则本地轨旁设备可直接设置区域限速。一旦设置了限速，集中站的 ATP 轨旁设备就将产生到速度限制区的新的目标距离和实际的目标限制速度，通过轨道电路传送给接近限速区域的列车，列车在该区域中的运行速度就不允许超过限速。如果列车速度超过限速，则车载 ATP 将启动紧急制动，直到列车速度低于限速。

　　（2）闭塞分区限速。

　　闭塞分区限速是对单独的轨道电路设置最大的线路速度和目标速度。设置时通过 ATP 轨旁设备选择最大速度，所选的速度作为轨道电路的最大允许速度。

　　控制中心可以确定和解除临时限速。解除时，要执行一套安全防护措施。临时速度限制区段的范围总是限制在一个或多个轨道电路中。

7. 常用制动和紧急制动

　　ATP 车载设备具有常用制动和紧急制动两级防护控制的能力。在常用制动失效后，可施行紧急制动。

常用制动是直接控制列车主管压力使机车制动与缓解，不影响原有列车制动系统的功能。它缩短了制动空走时间，大大减小了制动时的纵向冲击加速度，使列车运行更安全、舒适。

紧急制动是将压缩空气全部排入大气，使副风缸内的压缩空气很快推动活塞，施行制动，使列车很快停下来。紧急制动时，列车冲击大，中途不能缓解，充风时间长，不能使列车安全、平稳地运行。ATP 车载设备收到紧急停车命令后，将发送给影响区域内的列车的数据信息中的"线路速度""目标速度"设置为零。而且，一旦发出紧急制动指令，中途不得缓解，直到停车。

紧急制动的实施可通过下列 3 种基本方式的任何一种来实现。

（1）在列车超速、后退、移动时车门打开等的情况下，直接由 ATP 功能提供防护。

（2）在故障情况下（例如在需要报文时，不能接收到报文），直接由 ATP 功能作为安全防护。

（3）由司机或牵引控制设备执行，不依靠 ATP 功能。

在危急情况下，控制中心按下紧急停车按钮或轨旁按下安装在站台两侧的紧急停车按钮即可启动紧急停车。

因为紧急制动可能会导致不能接受的距离误差，所以，实施紧急制动后，ATP 车载设备不允许保持在 SM、ATO 或 AR 模式下。随着紧急制动的取消，列车可以行驶，但其运行受到 RM 模式强制的限制，列车速度限制为 RM 速度。RM 模式继续到报文接收和距离同步再次得到满足。一旦满足，即向 SM 模式转换。如果列车在车辆段运行并选择了 RM 模式，则发生紧急制动时，ATP 功能不能监督运行方向。

如果有 ATP 功能直接启动但不能被缓解的紧急制动，这说明 ATP 车载设备出现了完全故障。在这种情况下，必须通过使用故障开关来隔离故障设备。

8. 停站

1）车站程序停车

线路上的车站都有预先确定的停站时间间隔。控制中心 ATS 监督列车时刻表，计算需要的停站时间，由集中站 ATS 通过环线传送给车载设备，以保证列车正点到达下一个车站。控制中心能通过集中站 ATS 缩短或延长车站停站时间。在控制中心的要求下，列车可跳过某车站。这一命令由控制中心通过集中站 ATS 传给列车。

2）车站定位停车

设置站台屏蔽门时，车门的开度和屏蔽门的开度要配合良好。安装有屏蔽门的地下车站允许停站误差为 ±0.25 m，其他车站允许停站误差为 ±0.5 m。

车站定点停车是靠一组地面标志线圈（或者环线）提供至停车点的距离信息。标志线圈设置的多少可视定位停车精度而异，一般为 3~4 个。地面标志器设于沿线离站台的确定距离内，当列车标志天线置于地面标志器作用范围内时，使列车的接收—滤波—放大电路开始振荡，振荡频率通过调谐标志线圈来确定，每个标志线圈根据距站台的距离调在不同的频率上。图 4-26 为地面停车标志器布置示意图。

离定位停车点 350 m 处设置外方标志器对，150 m 处设中间标志器对；25 m 处设内方标志器；8 m 处设站台标志器。350 m 和 150 m 标志线圈成对布置，且具有方向性。无源标志线圈具有固定的谐振频率，列车经过时与车载标志线圈产生谐振。有源标志线圈能发送特定的频率信号。

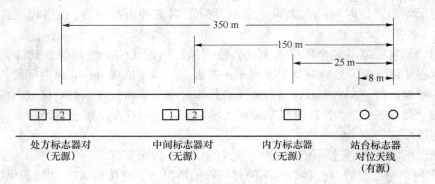

图 4-26　地面停车标志器布置示意图

当列车正向运行经过 350 m 标志线圈时，列车接收停车标志频率信息，启动定点停车程序，产生第一制动模式曲线，按此制动曲线停车，列车离定位停车点较远；当列车驶抵中间标志器时，产生第二制动模式曲线，并对第一阶段制动进行缓解控制，以使列车离停车点更近；当列车收到内方标志器传来的停车信息时，产生第三制动模式曲线，列车再次进行缓解控制，使列车离定位停车点的距离更近；列车收到站台标志器送来的校正信息时，即转入停车模式，产生第四制动模式曲线，列车再次缓解制动控制。经多次制动和缓解控制，可确保列车定位停车的精度控制在规定的范围之内，当车载定位天线与地面定位天线对齐时，又收到一个频率信号，立即实施全常用制动，将车停住。

9. 车门控制

通常的情况下，在车辆没有停稳靠在站台或是车辆段转换轨上时，ATP 不允许车门开启。当列车在车站的预定停车区域内停稳且停车点的误差在允许范围以内时，地面定位天线会收到车载定位天线发送的停稳信号，列车从 ATP 轨旁设备收到车门开启命令，ATP 才会允许车门操作，车载对位天线和地面对位天线才能很好地感应耦合并进行车门开关操作。这需要地面和车载 ATC 设备以及车辆门控电路共同配合。有了车门开启命令后，使 ATP 轨旁设备改发打开屏蔽门信号，当站台定位接收器收到此信号后，便打开与列车车门相对的屏蔽门。

列车停站时间结束（或人工终止），地面停站控制单元启动 ATP 轨旁设备，停发开门信号，由司机关闭车门，同时关闭屏蔽门。

在列车停靠站台的精度已经偏离了 ±0.5 m（对于地下车站）或 ±1 m（对于高架车站或地面车站）的情况下，列车可以允许以小于 5 km/h 的速度移动，以满足精确停车点的要求。

左右车门选择由车门开启命令来执行，此命令通过轨旁 ATP 系统取得。

ATP 不断监视安全车门关闭列车管，以确保车门没有被异常打开。

地面 ATP 设备还将列车停准、停稳信息送至控制中心作为列车到站的依据。车门关闭后，车载 ATP 才具备安全发车条件。

车站在检查了屏蔽门已关闭好以后，才允许 ATP 子系统向列车发送运行速度命令信息，列车收到速度命令，同时检查了车门已关闭后，可按车载 ATP 收到的速度命令出发。

ATP 系统和联锁系统一起负责列车的运行安全。

车载 ATP 设备连续检测系统中列车的位置、监督速度限制、防护点和控制列车车门。屏蔽门的控制基于列车在站台区域的正确定位。联锁是底层的基本防护系统。轨旁 ATP 设备连续监视和遵守联锁的条件，比如道岔的监督、侧面防护、紧急停车按钮监督和其他进路情况，这些信息是轨旁 ATP 设备移动授权计算的基础。

利用数字编码音频轨道电路作为信息传输通道的 ATP 系统在结构上分为车载设备、轨道电路及室内（控制中心内）设备三大部分，如图 4-27 所示。

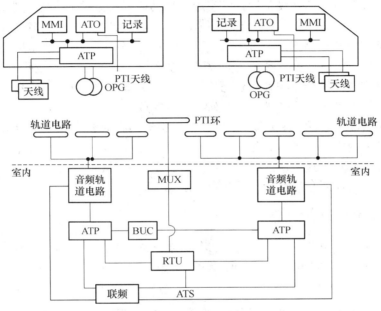

图 4-27　TC—ATP 结构框图

OPC—轮脉冲发生器；MUX—多路转换器；RTU—远程传输单元；
BUC—母钱集中控制；P11—列车定位识别；MMI—人机接口

车载 ATP 部分的主要任务是根据来自地面控制中心的数据（由 ATP 天线接收）与预先储存的列车数据计算列车实时最大允许速度，并将此最大允许速度与来自 OPG 的列车此时刻的实际速度数据做比较，当实际速度超过允许速度时，报警后启动制动器（常用制动或紧急制动）。同时，在司机驾驶台上绘出一系列必要的显示，如最大允许速度、此时刻的实际速度、目标点距离、目标点速度等。

值得强调的是数字音频轨道电路兼有在联锁装置中反映轨道状态（空闲或占用）及传输 ATP 信息两大功能。当轨道电路区段空闲时，轨道电路接收器上有高电平，促使转换开关吸起，向轨道电路发送"轨道电路检测电码"（6~8 bit），此时轨道电路的功能是检测轨道电路区段空闲，检测结果送往联锁装置。当列车占用该段轨道电路时，接收器上因轨道电路被列车轮对短路而呈低电平，导致转换开关落下，接通 ATP 信息的发送。这时，轨道电路一方面向联锁装置给出轨道电路已被占用的通报（表示），一方面又承担起传送 ATP 电码的通道作用。

轨道侧的轨道电路连接箱（发送、接收端各一个）内，仅放置轨道电路调谐用的无源原件，通常不需维修。

任务三 学习列车自动监控（ATS）子系统

ATS 系统主要实现对列车运行的监督与控制，包括列车运行情况的集中监视、自动排列进路、列车运行自动调整、自动生成时刻表、自动记录列车运行实迹、自动进行运行数据统计及自动生成报表和自动监测设备运行状态等，辅助调度人员对全线列车进行管理。

ATS 系统在 ATP 系统和 ATO 系统的支持下，根据运行时刻表完成对全线列车运行的自动监控，可自动监督和控制正线（车辆段、停车场、试车线除外）列车进路，并向行车调度员和外部系统提供信息。ATS 系统为非故障安全系统，它的全部或任何一个部分的故障或进行了不正确操作，都不会影响列车运行安全。ATS 系统通过 ATP 系统有效地防止了由于 ATS 系统故障或不正确操作可能导致的对列车运行的危害。

ATS 系统在 ATP 系统和 ATO 系统的支持下，根据运行时刻表完成对全线列车运行的自动监控，可自动或由人工监督和控制正线（车辆段、停车场、试车线除外）列车进路，并向行车调度员和外部系统提供信息。ATS 功能由位于控制中心内的设备实现。

ATS 系统负责监控列车的运行，是非安全系统。

一、ATS 系统的组成

ATS 系统由控制中心设备、车站设备、车辆段设备、列车识别系统及列车发车计时器等组成，如图 4-28 所示。因用户要求不同，ATS 的硬件、软件配置差别很大。

1. 控制中心设备

控制中心设备属于 ATS 系统，是 ATC 的核心。它用于状态表示、运行控制、运行调整、车次追踪、时刻表编制及运行图绘制、运行报告、调度员培训及与其他系统的接口。其设备组成如图 4-29 所示。

控制中心设备属于 ATS 系统，主要包括：中心计算机系统、综合显示屏、调度员工作站及调度长工作站、运行图工作站、培训/模拟工作站、打印机服务器绘图仪和打印机、维修工作站、局域网、UPS 及蓄电池。其中，综合显示屏、调度员工作站及调度长工作站设于主控制室，控制主机、通信处理器、数据库服务器、维修工作站设于设备室，运行图工作站设于运行图室，绘图仪和打印机设于打印室，培训/模拟工作站设于培训室，UPS 设于电源室，蓄电池设于蓄电池室。

1）中心计算机系统

中心计算机系统包括：控制主机、COM 通信服务器、ADM 服务器、TTE 服务器、局域网及各自的外部设备。为保证系统的可靠性，主要硬件设备均为主/备双套热备方式，可自动或人工切换。系统能满足自动控制、调度员人工控制及车站控制的要求。

实际的进程映像都存储在 COM 服务器上。所有从联锁和外围设备发送来的数据都由 COM 服务器最先得到和处理。一些应用功能也由 COM 服务器激活，并在此服务器上运行，如列车自动调整、自动列车跟踪、自动进路设置等功能。因此，COM 服务器是自动调整功能的核心部分。

ADM 服务器（系统管理器）用于系统数据存储，处理所有不受运行事件影响的数据，如系统配置、计划时刻表、计划运行图等。通常在系统启动时或收到一个询问指令时或对某一设备的参数进行设置时才需要。列车自动调整功能所需要的计划时刻表数据，就是在系统启动时从 ADM 服务器中读得的。

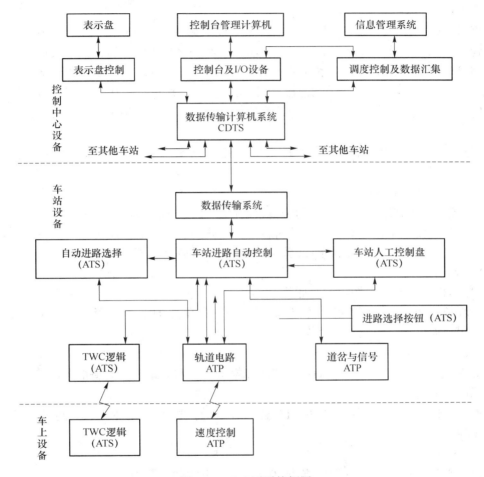

图 4-28 ATS 子系统框图

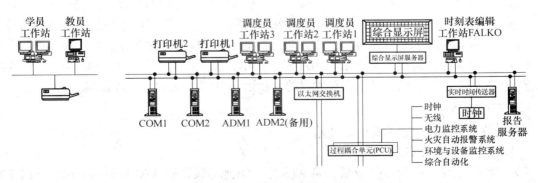

图 4-29 控制中心设备

TTE 服务器（时刻表编辑器）建立离线时刻表的操作者平台。时刻表的编译也是 TTE

服务器的任务。ADM 服务器存储的计划时刻表由 TTE 服务器提供。

2）综合显示屏

综合显示屏用来监视正线列车运行情况及系统设备状态，由显示设备和相应的驱动设备组成。

3）调度员工作站及调度长工作站

调度员工作站及调度长工作站，用于行车调度指挥，与 ATC 计算机系统接口，是实际操作平台，使调度员能在控制中心监视和控制联锁设备及列车的运行，如需要可显示计划运行图和实迹运行图。调度员能将系统投入列车自动调整，必要时可人工干预。典型的配置是 32 位台式机、显示器、键盘（带功能键）、鼠标。设两个调度员工作站，它们与正线运转有关。调度长工作站是备用控制台，它能替代或扩大其他两个工作站中任一个的工作。

4）运行图工作站

用于运行计划的编制和修改，通过人机对话可以实现对运行时刻表的编辑、修改及管理。

5）培训/模拟工作站

培训/模拟工作站配有各种系统的编辑、装配、连接和系统构成工具及列车运行仿真的软件。它可与调度员工作站显示相同的内容，有相同的控制功能，能仿真列车在线运行及各种异常情况，而不参与实际的列车控制。实习调度员可通过它模拟实际操作，培养系统控制和各种情况下的处理能力。

6）打印机服务器、绘图仪和打印机

打印服务器缓冲和协调所有操作员和实时事件激活的打印任务。彩色绘图仪和彩色激光打印机，用于输出运行图及各种报表。

7）维修工作站

主要用于 ATS 系统的维护、ATC 系统故障报警处理和车站信号设备的监测。

8）局域网

把本地和远程工作站、服务器的 PLC 连接在一起。以太网允许各成员间进行高速数据交换（10 Mbit/s）。

9）UPS 及蓄电池

控制中心配备在线式 UPS 及可提供 30 min 后备电源的蓄电池。

运行控制中心一般设在城市轨道交通线路的较大车站，它配套现代化、高性能、模块化的控制系统，是基于灵活的工作站结构。工作站的硬件设置相同，所不同的是扩展的内存和接口板，具有与分散的联锁设备、综合自动化系统、旅客向导系统等通信的界面。控制中心与各站联锁设备间由遥控系统联系，如过程连接单元完成所有分散接口与联锁装置及 ATO 系统的通信控制，车辆段服务器把车辆段的两台远程 MMI 与控制中心连接起来。

2. 车站设备

车站分集中联锁站和非集中联锁站。

1）集中联锁站设备

集中联锁站设有一台 ATS 分机，是 ATS 与 ATP 地面设备和 ATO 地面设备接口，用于连接联锁设备和其他外围系统，采集车站设备的信息，传送控制命令，使车站联锁设备能接收 ATS 系统的控制，以实现车站进路的自动控制。为从联锁设备取得所需数据，集中联锁站设备配备了采用可编程控制器的远程终端单元。

2）非集中联锁站设备

非集中联锁站不设 ATS 分机。非集中联锁站的 PTI、PIIS 和 DTI 均通过集中联锁站的 ATS 分机与 ATS 系统联系。有岔非集中联锁站的道岔和信号机由集中联锁站的计算机控制，通过集中联锁站的 ATS 分机接收 ATS 系统的控制命令。

3. 车辆段设备

1）ATS 分机

车辆段设一台 ATS 分机，用于采集车辆段内存车库线的列车占用及进/出车辆段的列车信号机的状态，在控制中心显示屏上给出以上信息的显示，以便控制中心及车辆段值班员及车辆管理人员了解段内停车库线列车的车次及车组运用情况，正确控制列车出段。

2）车辆段终端

车辆段派班室和信号楼控制台室各设一台终端，与车辆段 ATS 分机相连，根据来自控制中心的实际时刻表建立车辆段作业计划。

车辆段联锁设备，通过 ATS 分机与控制中心交换信息，实现段内运行列车的追踪监视，车辆段与控制中心间提供有效的传输通道，距离较长时用调制解调器。

4. 列车识别系统

列车识别系统是 ATS 车次识别及车辆管理的辅助设备，其由地面查询器环路和车载应答器组成。地面查询器环路设于各站。列车识别系统用于校核列车车次号。当列车经过地面查询器时，地面查询器可采集到车载应答器中设定的列车车次号，并经车站 ATS 设备送至控制中心，校核是否与中心计算机列车计划中的车次号一致，若不相同，则报警并进行修正。

5. 列车发车计时器

列车发车计时器设于各站，为列车运行提供车站发车时机、列车到站晚点情况的时间指示，提示列车按计划时刻表运行。正常情况下，在列车整列进入站台后，按系统给定站停时间倒计时显示距计划时刻表的发车时间，为零时指示列车发车；若列车晚点发车，列车发车计时器则增加停站时间的计时。在特殊情况下，若实施了站台扣车控制，列车发车计时器给出 "H" 显示；如有提前发车命令，列车发车计时器立即显示零；列车通过车站时，列车发车计时器显示 " = "。

二、ATS 系统的主要功能

1. 控制中心 ATS 主要功能

控制中心 ATS 与车站 ATS 通信以获得信号系统所有的数据信息，并发送调度员命令给信号设备。由控制中心 ATS 执行的信号控制功能将发送至车站 ATS 系统，由车站 ATS 系统转发给联锁等其他系统。

1）管理信号设备

ATS 接收来自计算机联锁系统的远程监控信息，比如轨道电路状态、道岔位置、信号机状态、进路、车次号及报警信号等信息，ATS 服务器在处理后用图形符号在调度员工作站和综合显示屏上显示。

　　在信号设备控制上，ATS 通过发送一条远程控制命令来控制信号设备。按控制方式可以分为人工方式（比如通过与调度员对话的方式）及自动方式（比如无须通过与调度员对话的方式）两种。

　　ATS 人工控制的主要信号设备有进路（设置进路、取消进路，设置信号机自动模式、取消信号机自动模式，设置信号机连续通过模式、取消信号机连续通过模式）和道岔（设置定位、反位、锁闭、解锁）等。不管是人工控制方式还是自动控制方式，ATS 都要校验满足控制的一些条件，这些条件取决于被控制设备当时的状态。若校验成立，远程控制命令就送到计算机联锁系统，否则，发送一条特定的报警信息给调度员。

　　2）列车描述

　　ATS 系统中每一辆列车都带有一个号码，称为识别号。识别号由 3 位车次号和 2 位目的地号组成，共 5 位数字。

　　在列车每次到达折返站后，ATS 系统根据运行图自动在控制中心更改该列车的识别号。为使司机能够在驾驶室内看到正确的显示，ATS 在每个折返点和正线的入口处还将车次号送到车上驾驶室显示。与列车相关的另一信息是车头号（指正在使用的特定的司机室），ATS 可以维护这两个信息之间的对应关系，该对应关系主要用作车辆的统计和维护等功能，比如可以生成车厢公里数统计等报表信息。

　　在列车运行过程中，ATS 根据轨道电路的状态、道岔位置和特殊情况下的进路状态来判断列车的移动。ATS 还可以通过装在站台上的车—地通信信标获取停在该站台上的列车识别号。对于列车的运行，ATS 系统能检测以下基本移动类型。

　　（1）列车移动。列车的行进通过位于列车前方的轨道电路占用或列车后方轨道电路的出清检测到。

　　（2）反向行驶。列车的反向行驶通过列车后方的轨道电路占用或列车头部占用的轨道电路出清检测到。

　　（3）出现。列车的出现由出入库线轨道电路的占用检测到。

　　（4）消失。当列车入库时，列车尾部占用的出入库线轨道电路出清，ATS 认为该列车进入停车场，此时自动删除列车识别号。

　　3）自动进路设置

　　自动进路只适用于列车正向的运行，主要包含以下几种自动进路。

　　（1）通过进路。通过进路是指在列车通过后，不需要 ATS 系统干预，由联锁系统自动再次建立创的进路。该进路一般设置于列车常规运行方向的紧急渡线处。对于通过进路，控制中心或车站 ATS 调度员须先开放进路，再将该进路的入口信号机设置成通过信号模式。如果调度员需要取消该通过进路，则在取消进路前须先取消通过信号机模式。通过信号机也可以设置成人工模式（通过取消通过模式），在该模式下，进路要人工设置，就像一般的人工进路一样。

　　（2）目的地触发进路。目的地触发进路是指以列车识别号中的目的地为基础，由车站 ATS 自动设置的进路。该进路一般设置在正方向接近终点站、分支点和车库处。当列车接近目的地触发进路时，车站 ATS 检查入口信号机是否为自动模式、目的地是否在需要触发进路的目的地列表中及联锁条件是否满足，如果条件满足，则发送建立进路命令给计算机联锁系统。一般应给接近列车提前开放进路，这样车才能平稳地通过该进路。目的地触发进路始端信号机前方的几根轨道（根据车速和轨长）可当作自动进路的触发轨。该自动信号机也可设置成人工模式（通过取消自动信号模式），在该模式下，进路要人工设置，如同一般的人工进路一样。

（3）接近触发进路。接近触发进路是指当特定的触发轨被占用后由车站 ATS 自动建立的自动进路，用于从入口信号机只有一条进路可办理的进路。当列车接近触发进路时，车站 ATS 检查入口信号机是否为自动模式及联锁条件是否满足等条件，如果以上条件满足，则发送进路建立命令。该自动信号机也可设置成人工模式（通过取消自动信号模式），在该模式下，进路要人工设置，如同一般的人工进路一样。

4）运行图调整

在自动控制模式下，ATS 系统基于运行图中的车次号来调整线路上运行的列车，并且只应用于运行图中存在相同车次号的列车。对没被确认的列车，或在运行图中车次号不存在的列车，都不需进行自动调整。同样，如果一列列车车次号在运行图中存在，但当前运行的方向和运行图中的运行方向不符，那么 ATS 对该列车也不进行自动调整。ATS 系统调整的原则是对应于某一给定的列车，按照这列车的运行图进行调整，和其他列车可能的延迟无关。在自动调整过程中，ATS 主要通过"停站时间"和"站间运行时间"来调整列车。

（1）停站时间用于匹配运行图中给定的列车发车时间。当列车到达中间站或终端站的站台轨道时，ATS 系统开始计算其停站时间。根据车的提前或延迟的具体情况，此停站时间可延长或缩短。

（2）站间运行时间用于匹配运行图中给定的下一站的到达时间。在列车停站时，ATS 系统将列车在这个站的发车时间和到达下一个站的时间计算出来，并作为命令发送到轨旁的 ATP—ATO 系统，列车按照该站间运行时间运行至下一个车站。

停站时间和站间运行时间的优先级定义如下。

① 列车到站时。若列车有延迟，ATS 通过减少停站时间来弥补延迟时间，直至延时到最小值。剩余的延迟时间将在下一个站间运行时间上弥补。若列车提前了，则停站时间延长。

② 列车离站时。ATS 通过减少站间运行时间弥补延迟，剩下的延迟时间将通过下一站的停站时间弥补。

5）运行图管理

运行图管理主要包括离线运行图管理和在线运行图管理。

（1）离线运行图管理。运行图确定了在运行日内正常的列车运行计划，这里的运行日是指一年中的任何工作日、双休日或假日。离线运行图管理功能通过图形用户界面供计划员建立和修改运行图。

（2）在线运行图管理。每天在正线正式运营开始前，调度员在已创建的运行图内选定一个并创建为当天运行计划，ATS 按照当天运行计划进行列车自动调整。在运行过程中，调度员使用运行图菜单可对运行图进行某些调整，比如调度员可在运行图上添加一列列车计划、删除一列列车计划或更改一列列车计划，ATS 系统将按照调度员修改后的计划自动调整线路上运行的列车。

2. 车站 ATS 系统的主要功能

车站 ATS 系统主要完成如下功能。

（1）信号人工控制。调度员可人工控制该车站 ATS 管辖范围内的联锁设备。

（2）线路监控和报警管理。该功能允许监控信号设备状态和管理报警响应。

（3）自动排路。自动排路功能可办理目的地触发进路及接近触发进路。

（4）列车识别号跟踪。根据轨道电路占用等信息移动列车识别号，以实时跟踪列车。

3. 停车场 ATS 系统的主要功能

通过与停车场联锁系统及控制中心 ATS 系统的通信，停车场 ATS 系统主要提供以下功能。

（1）停车场信号系统设备状态显示，停车场进站与出站信号机状态显示。

（2）列车和司机通过专用的人机界面功能获取相关数据。

（3）向派班员实时显示当前使用的运行图。

三、ATS 系统的基本原理

1. 自动列车跟踪

列车追踪系统是监视受控区域内列车的移动的。不论是自动方式还是人工方式，每列列车与一个列车车次号相关连。当列车由车辆段进入正线运行时，ATS 系统会根据计划时刻表自动给该列车加入车次识别号。根据对来自联锁设备的信息的推断，随着列车的前进，列车车次号在列车追踪系统中从一个轨道区段单元向下一个轨道区段单元移动。列车移动在调度员工作站上的车次号窗内以列车识别号显示出来。车次号按先到先服务的原则显示。

1）列车识别号报告

每次列车准备进入运营时，它将自动地被分配一个列车标识，根据预先存储的列车时刻表来命名进入系统的列车。根据列车跟踪，显示列车标识并能在显示器上移动列车标识。

列车识别号包括目的地号、序列号和服务号。目的地号规定列车行程的终到地点。序列号按每次行程自动累增。乘务组号和车组号将显示在特定的对话框中。

如果某一列车出现在列车追踪系统所监视区域，则该列车识别号必须报告给列车追踪系统。将列车识别号报告给列车追踪系统的方法有：手动输入、用读点（PTI）读入、从列车时刻表中导出和在步进检测中产生。

当无法自动导出列车识别号时，必须手动输入。调度员在其监视区的第一个区段输入列车识别号。如果该区段已被某一列车识别号占用，则不能输入列车识别号。

在系统的边界点，例如在车站，可安装检测接近列车的 PTI。当多次读入的车次号被传输时，列车自动追踪系统可以识别出这些读数属于这一列车。

列车运营是由时刻表决定的，时刻表系统建议列车的识别号。将车次号输入到相应进入的区段，并按它们的出现顺序调用。

从一个区段到相邻区段的列车移动追踪称为"步进"。在线路布置图的每个区段都有可能定义几个步进标准。这些步进标准取决于列车的方向。

以下一些信息可能触发一个步进操作：①一个信号机从"开放"到"关闭"；②一个区段状态从"出清"到"占用"；③一个区段状态从"占用"到"出清"；④一个描述某列车在线路上绝对位置的报文。

上述事件可能不全由列车引起，比如一条进路的人工取消也可能导致信号关闭。

下面举例说明发生步进的可能情况。

（1）无信号步进（见图4-30）。

在此考虑4段轨道电路（1到4）和步进点F。

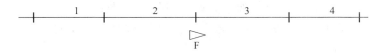

图4-30　无信号步进

在步进点F发生步进的条件是区段3占用或区段2空闲，这会导致4种情形。

① 区段2空闲，区段3即将被占用。越过F点时不会发生步进，因为列车只有可能来自区段4。

② 区段2占用，区段3即将被占用。F点是否发生步进取决于区段4的状态。如果空闲说明列车一定来自于区段2，则应该步进；如果占用，系统不能判断列车来自区段2还是区段4，则不会发生步进，但稍后随着列车的行进，区段2或4变为空闲时步进得以校正。

③ 区段2即将变为空闲，区段3为空闲。F点不会发生步进，因为列车已经行进到区段。

④ 区段2即将变为空闲，区段3占用。F点可能发生步进，这取决于区段1的状态和是否区段2记录了一列车。如果区段1空闲并且区段2有一列车在记录中，而情形②的步进还没发生，那么列车就应该被步进。如果有其他列车在区段2上，它们也应该步进，因为没有车能够出现在空闲区段上。如果区段1也是占用状态，系统则无法判断列车是开往区段1还是区段3，但是系统仍然必须执行一个步进操作，结果列车沿着它的当前方向被步进。

（2）带信号步进（见图4-31）。

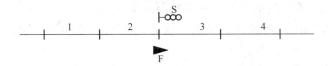

图4-31　带信号步进

有三种情形可以作为一列车从一个区段步进到另一个区段的标志。

① 信号机S关闭。如果信号机由于列车移动变为关闭状态，通常在那一刻，区段3变为占用，而区段2可能为占用（也可能已经出清）。如果区段3为占用，那么在信号机转为关闭的那一刻，F点上应该发生步进，区段2的状态其实是无关的。如果区段3没有占用，那么可以认为信号机的关闭不是由于列车运行引起的，而是由操作引起的。

② 区段3将被占用。这个事件将不用于步进，因为它是比信号关闭更弱的步进标志（如列车也可能来自区段4）。当列车从区段2行进到区段3时，情形①会紧接着情形②发生。然后，情形3也会发生。如果由于信号机S的故障，情形①没有发生，那么情形③将用作步进触发器。

③ 区段2将会空闲。如果区段2有列车记录，系统应该步进（除非区段1和区段3是空闲的）。这里信号机的出现变得不再重要。

（3）系统边界（见图4-32）。

步进信息在系统边界会丢失，因为没有目标点、源点和后续点用于步进。

没有源地址就不能进行步进。如果一列车进入系统的第一个区段，那么必须由一个操作员输入这列车的第一个车次号，这个过程被认为是一个"进口"。如果操作员此前没有输入车次号，系统就会发出时刻表请求。如果时刻表发回一个车次号给 TMT，该车次号会特别标记直到到达第一个读取点。如果时刻表没有发回车次号，系统将自动分配一个默认车次号。

图 4-32　系统边界

当一个步进点（F3）没有目标点，列车将在该点离开监视区域。在步进过程中，该列车会被删除。

从区段 2 到区段 1 的步进点（F1）没有受监视的后续点。系统假设后续点为空闲，这样，满足了无信号步进中的情形②，步进不会被抑制。这种假设的基础是认为列车离开系统后不会遇到另一列车。

当从区段 1 到区段 2 的点 F2 发生步进时，源点被假定为空闲。只要目标点（区段 2）为占用，一旦区段 1 出清时，源点的缺失不会阻止步进。

2）列车识别号跟踪

自动列车跟踪要完成：列车号定位、列车号删除和车次号处理。

（1）列车号定位。

列车号向轨道区段的分配由下列任一情况所启动。

① 在列车离开车辆段的地点，一个向正线方向的列车移动被识别，列车号从时刻表数据库取出。

② 来自 PTI 的有效列车数据输入。

③ 来自控制中心人机界面（OCC MMI）的一个列车号插入或修改的输入，或在没有列车号能被步进到的位置识别到一个列车移动时，依照时刻表产生一个列车号。

（2）列车号删除。

当步进超出自动列车跟踪功能的监控范围，或从 OCC MMI 功能输入一个人工删除命令时，列车号被删除。

（3）车次号处理。

车次号处理包括：从 OCC MMI 功能输入一个新的列车号、输入列车识别号、更改列车识别号、删除列车识别、人工步进列车识别号和查询列车识别号。

2. 自动排列进路

通过列车进路系统，实现了进路的自动排列。这可以节约调度员大量的操作工作量。其功能就是将进路排列指令及时地输出到联锁设备中去。

调度员可在任何时候绕过列车进路系统，用手动方式办理进路。列车进路系统则在可用性检查中检测这一行动。列车进路系统可由调度员关闭，这一点是必要的，因在当调度员人工办理进路时，要避免列车进路系统发出命令的危险。列车进路系统可以为某些信号机、列车和联锁而关闭。

只有正常方向才考虑自动选路，反方向要受到 OCC MMI 的干预。

1）运行触发点

列车进路系统只是在列车到达某一特定地点时才被启动，该特定地点称为"运行触发点"。运行触发点的位置必须进行配置。运行触发点的选择应能使列车以最高线路允许速度运行。但运行触发点又不能发生得太早，否则其他列车可能会遇到不必要的妨碍。为此，可以确定一个延时时间来决定输出列车进路指令的时间，该时间称之为"接通时间"，接通时间由最长指令输出时间、联锁最长设定时间、列车到达接近信号机之前司机看到和作出反应的时间及预留的时间等来决定。

在驶近列车进路始端时，可以确定多个运行触发点。这样就可以保证列车进路系统可靠地工作，即使在出现问题而未发送出列车位置的情况下也能保证其可靠性。对于每一条进路，应在其他始端的前方配置一个附加的、称之为"重新建立"的运行触发点。

每个运行触发点，都要对启动列车进路系统的目的地编码予以配置。列车进路由列车初始位置和列车的终到（目的）编码来确定。终到编码必须含在列车识别号中。列车位置、列车号是通过列车追踪系统报告给列车进路系统的，它决定了所要求的目的地。

2）确定进路

当到达触发点的列车请求进路时，已配置的数据就确定了进路。为此，为每个带有有效目的地码的触发点配置一条进路。

对于每一条进路，还可以配置替代进路。替代进路是必要的，如果该进路已被其他列车占用，那么就可以把替代进路按优先顺序存储到运行触发点处。进路可由两种方法予以确定。第一种，进路由时刻表来确定。前提条件是必须有一个时刻表系统，能提供当天适应于每一列列车的时刻表，列车进路系统利用这些信息确定列车的进路命令，相关的替代进路也被确定。第二种，从与地点相关的控制数据中来确定进路。为此有必要在车次号中包含目的地码，然后相应的进路就可以通过目的地码的方式指派到每一个运行触发点。

3）进路的可行性检查

在进路设定指令输出到联锁设备之前，需进行若干可行性检查，该检查将决定执行或拒绝命令。首先要进行"进路始端检查"，以检查没有排列敌对进路。然后进行"触发区段检查"，以检查没有其他列车处于该列车和进路入口之间，确认该列车是否到达进路的始端。

接着要进行"进路可用性检查"，目的是防止将不能执行的命令发送到联锁设备。这种检查要经过若干步骤来实施：第一步，要检查是否自始端开始的进路已排好；第二步，检查进路的自动办理是否可能；第三步，检查是否有短期障碍（如轨道被占用等）。如果所有检查都成功完成，则给联锁设备输出一个进路命令。

在规定的时间间隔之后进行"办理进路检查"，以查明联锁设备是否允许执行选择进路的命令，已办理好进路，并与输出命令相符。

列车自动排路功能不取消进路。

3. 时刻表系统

时刻表系统分为一个执行时刻表的在线运行系统和一个创建时刻表的生成系统，这是 ATS 系统中用户可以修改的内容。

　　ATS 设备包括时刻表数据库，该时刻表数据库里存储有 ATS 功能要求的所有时刻表信息，时刻表数据库里的信息是由时刻表计算机提供的。

　　操作员通过从时刻表数据库中装载日常时刻表来启动日常运行。时刻表数据库冗余存放在两个通信服务器上，并存有几个由时刻表生成系统产生的日常时刻表。完成时刻表装载后，新的时刻表数据会分发到 ATS 的控制任务（如 ATR、ARS 等）。

　　时刻表生成系统是时刻表创建和验证的工具，在装载进入 ATS 系统用以运行前，可以进行创建、修改和验证等操作，包括检查车次号的有效性、保证系统中没有重复的车次号等。

　　本地 ATS 从中心 ATS 接收时刻表数据。如果控制中心（OCC）这一级的 ATS 故障，本地时刻表处理器将被激活并且接管操作，但本地时刻表处理器这一级别不能对时刻表进行任何修改。

　　1）时刻表的创建

　　在时刻表生成系统中，时刻表创建功能快速构造完整的日常时刻表。该功能工作在图形方式下，并考虑了运行相关的因素，如区间运行时间、停站时间、运行间隔、终端站、折返要求的时间等。时刻表还可以基于一些实际的信息进行修改，如客流量等。

　　为了创建时刻表，调度员必须通过时刻表编辑界面输入以下数据：运行始发时间、运行始发地点、运行终到站、每一运行间隔阶段的开始时间和终止时间及每一运行间隔阶段（是一个时间段，在当日对所有列车有效）的运行间隔。

　　调度员通过时刻表编辑界面输入必要的信息后，时刻表编辑器从该信息中综合出所需时刻表。如果新的时刻表存在冲突就会被显示。调度员可以调整时刻表。如果调度员存储时刻表，时刻表就被确定，不同类型的运行阶段可存储不同的时刻表。

　　2）时刻表的在线修改

　　时刻表生成系统的在线工具为中心 ATS 提供了修改时刻表的能力。添加或删除某一车次的修改操作须执行以下步骤。

　　（1）通过时刻表编辑对话框中的相应命令，将已装载的日常时刻表输出到时刻表生成系统的在线系统。

　　（2）输出时刻表后即可在线进行修改，修改后的时刻表可以用时刻表生成系统工具验证以保证修改没有导致冲突。

　　（3）修改和验证成功后，时刻表需存储在时刻表生成系统在线计算机上，并被传送至 ATS 系统。

　　为确保在线修改对运行是有效的，控制中心操作员需在时刻表编辑对话框中接受这些改变。当操作员激活修改后的时刻表时，中心 ATS 仅装载改变部分而不会导致历史运行图和车次号的丢失。

　　4. 列车自动调整

　　由于许多随机因素的干扰，列车运行难免偏离基本运行图，尤其是在列车运行密度高的城市。一列列车晚点往往会波及许多其他列车。当出现车辆故障或其他情况时，列车运行紊乱程度更加严重，这时就需要从整体上大范围地调整已紊乱的运行秩序，尽快恢复运行。人工调整很难尽善尽美。

　　采用自动调整方法，可以充分发挥计算机的优势，能比较及时并全面地选出优化的调整方案，使列车运行调整措施更智能化，避免人工调整的随意性。同时，调度员也可以积极发挥主观能动性，尽一切可能主动干预列车运行调整。

1）列车运行调整所需采集的数据

调整列车运行，首先必须实现对列车运行情况以及轨道、道岔、信号等设备状况的集中监督。

列车运行调整所需采集的基本数据包括：车站的顺序和种类、站间旅行时间、各站的停站时间、车站与折返线之间的旅行时间、在折返线上的停留时间和计划时刻表数据等。

列车运行调整所需采集的实时数据包括调度员下达的控制指令、在线运行列车的实时位置和速度及在线运行列车的限制速度和安全距离。

2）列车运行调整的目标

（1）减少列车实际运行图与计划运行图的偏差。

（2）使所有列车的总延迟最短。

（3）使减少旅客平均等待时间。

（4）使列车运行调整的时间尽量短。

（5）使实施运行调整的范围尽量小。

3）列车运行调整的系统模式

列车运行调整的系统模式是指系统调整列车运行的自动化程度。可分为人工调整和自动调整两种类型。

人工调整方式下，除具有自动排列进路、自动时刻表和车次号管理功能外，还具有自动调度功能，即能根据时刻表和调度模式按时自动调度列车从端站出发，但运行调整仍需要人工进行。

自动调整除具有人工调整模式的全部功能外，还具有自动调整功能，能根据计划时刻表自动调整列车的停站时间和运行等级，使列车尽量恢复正点运行。

调度员应具有通过策略选择程序引用正确策略的能力。对于计算机显示的可应用方案和实施选择方案，什么样的修正动作是最适宜的，调度员应能做出最佳判断，选择最适宜的方案。

4）列车运行调整的基本方法

对列车运行进行调整，实质上是对列车运行图的重新规划，它是在 ATS 对列车运行、道岔、信号设备能实时控制的基础上实现的。当列车偏离计划运行图的程度不大时，可以利用运行图自身的冗余时间，对个别列车进行调整，恢复按图运行；当列车运行紊乱程度较严重时，则需要大幅度调整列车运行。

（1）改变车站停车时间。通过车站 ATS 适时发送命令，控制站内列车的停站时间。若列车晚点，可使列车提前出发（但也必须受车站最小停站时间的约束）；若列车早点，则可延长列车停站时间。这种方法可以在一定范围内调整列车正点运行。

（2）改变站间运行时间。根据列车的速度和位置，可以预测列车到达下一站的时间。如果预测的到站时间晚于计划到站时间，可以向列车的 ATO 设备发送命令，提高 ATO 运行等级，缩短站间运行时间，从而及时消除可能出现的晚点。

（3）越站行驶。如果列车晚点太多，需要快速赶点，可要求列车直接通过下一个车站或多个车站，以尽快恢复到计划时刻表上。

（4）改变进路设置。在有道岔的车站，可通过改变进路的设置来改变列车运行的先后顺序，从而达到调整的目的。

（5）修改计划时刻表。当列车晚点时间比较多，或者涉及晚点的列车比较多时，可以考虑直接修改计划时刻表，尽可能地减小对整个系统的影响，保证系统的有序运行。修改计划时刻表通常包括加车、减车和时刻表整体偏移等。

5）列车运行调整的算法

（1）线路算法。一旦列车进入运营，线路算法将监视和控制列车的运行性能。线路算法的主要功能是快速和自动地管理由于较小的线路干扰造成的延误。线路干扰是指列车与其时刻表相比提早或滞后的状态，这将影响列车停站时间和正线上列车的运行。线路算法通过调整列车的停站时间和运行等级，动态和自动地调整列车运行性能和列车运行时刻，使延误的影响减小或消失，以使本站的出发计划误差和下一站的到达计划误差最小。还调整受影响列车的前行列车和后续列车的空间间隔，以平稳地脱离线路干扰。当线路算法确定一列车或一组列车不能保持与时刻表一致（在时刻表误差内）时，它将产生一个报警。调度员能从时刻表控制中撤销一列车或一组车或者修正时刻表误差并取消报警，还能中止线路算法的自动运行。线路算法还应用于列车到达车站之前启动车站广播设备和旅客向导系统的控制。

（2）进路控制算法。进路控制算法可监督所有运营中列车的进路。列车上所存储的进路应能被控制中心改变。控制中心能自动地或由控制台发出命令，要求改变目的地，并且能验证列车已收到的新目的地。

5. 控制和显示

当调度员通过键盘等输入命令时，列车控制和显示功能将驱动显示和报警监视器，提供运行状态和历史信息，还检查从现场返回的所有状态数据并按要求动态地更新显示和报警消息；允许调度员在授权的情况下，人工向系统输入命令，调用各种显示；处理所有调度员的输入及协调这些输入的执行。控制和显示功能不允许不能执行的自动控制请求。

ATS 主机服务器将处理所有送到调度员工作站的输入和来自该工作站的输出。接收从工作站来的命令，包括：登记、退出、显示、硬拷贝、跟踪、列车控制、自动运行调整、数据输入、一般用户信息、报警、报警处理、进入/退出处理、列车和轨旁 ATC 状态请求、诊断信息请求等。

对于重要的命令应采用命令释放程序，例如：调度员的命令和确认，进路、保护区段、轨道区段、道岔和信号机的状态，列车位置，时刻表数据库中的每日时刻表，时刻表偏差，所有 ATS 功能的错误信息，以及记录功能中的运营信息和错误信息。

调度员可通过控制中心的 ATS 控制联锁设备，还可借助于设备显示器上的对话框和鼠标来输入联锁指令，然后送到联锁设备中。可实现如下操作：打开/关闭列车进路模式、打开/关闭联锁区域、指定联锁区域、对单一道岔进行操纵。

车辆段内的信号机由车辆段信号楼控制，出段信号机由 ATS 系统自动控制。段内调车作业应能自动追踪，并能与 ATS 控制中心交换信息。

操作授权决定了调度员可以使用哪些命令和可以访问哪些信息。调度员操作授权由系统管理员决定，并且通过登录过程完成。

线路的现状通过 MMI 以图形方式实时地向调度员显示。全线概况显示由 ATS 系统控制，显示的信息包括列车的位置和进路状况、车站名和站台结构、保护区段、轨道区段、道岔和信号机的状态，以及所有 ATC 系统状态和工作的动态表示、ATC 报警信息。信息的类型与显示的详细程度可以由调度员的显示控制命令控制。缩放功能允许从全景显示缩放到单个要素的显示。

MMI 可显示调度员对话框和基本视窗。所有的功能、线路的总体情况和详细情况都可以在基本视窗上进行选择。

以下功能可通过基本视窗进行选择：设备和系统的总体概况；对话，例如用于系统登录/退出或者调度员控制；信息功能，例如操作日志或者用户的登记。

系统概况显示可显示出各种硬件设备及它们的状况。通过这种办法，能很快查找出损坏的设备。

列车识别号总体显示表示每一列车的列车识别号。

详细情况显示是详细地表示出一些较小的区域，用于控制决策及监督特定列车或功能，如线路地形、列车识别号以及道岔编号、信号机编号和详细报警。

6. 记录功能

记录功能是指按顺序和类别存档从其他 ATS 功能得到的信息，例如操作信息和错误信息。能够通过 MMI 功能检查记录。记录序列存放在 MMI 工作站上，必要时能够回放。

收到的操作和错误信息时，应按事件和起因（联锁功能、ATS 功能、操作系统或联锁命令）分类。每个信息的文本和类别按时间顺序储存在操作记录上。

ATS 系统的记录和回放功能允许 MMI 工作站记录显示在监视器上的事件。记录和回放功能只在控制中心的 3 个调度员工作站上有效，并将在这些工作站记录 MMI 监视器显示的画面。

7. 列车运行图显示

列车运行图在线路—时间坐标上显示。横坐标是线路轴，纵坐标是时间轴。线路上的车站按次序描绘在线路轴上。

在计划运行图中，显示预定的到站和离站时间。

在实迹运行图中，显示当天计划运行图，以及当天的相应计划运行图及与时刻表的偏差。实迹运行图与相应计划运行图用不同的颜色对比显示。

各种运行图的每一运行线上都标示了线路标志和列车行程号。时刻表偏差显示在相应列车的运行线边，该偏差表示相应列车通过该车站的发车时间偏差。

通过列车运行图显示功能可执行下列操作：设置运行图颜色；放大部分运行图；调出时刻表；调出当前运行图。

8. 培训/演示

培训/演示系统能完整测试 ATC 系统全线的列车运行调整和列车跟踪功能的有效性。此外，模拟应能验证特定时刻表的有效性。模拟功能是交互式的，允许调度员输入。培训/演示系统具有两种供学员选择的模式：一是列车运行模式，在该模式下学员可以通过选择某一联锁管辖区，由显示器上观察该区的工作情况，作为系统的初步培训；另一模式为指令模式，在该模式下，学员可进行各种命令输入，并能通过显示器动态地给出命令响应，如果命令错误，自动给出提示报警，由此可对学员进行实际操作的培训。

1）培训/演示系统的组成

培训/演示系统包括有一个模拟 MMI（DS）和一个模拟 PC（S-PC）。

DS 是供学员学习的，在培训和演示系统中模拟 ATS 部分，包括了 ADM（系统管理服务器）、COM（通信服务器）和 MMI 功能。DS 为一个工作站，带有两台监视器和一台用于打印操作日记和报警表格的打印机。该工作站能执行多达 20 列列车的 ADM/COM 和 MMI 的功能。其操作系统、ATS 软件模块以及应用数据通常都与 ATS 系统一样。

S－PC 是供教师工作的，是一个标准的 PC 机，在培训和演示系统中模拟外部设备和处理过程。该 PC 机的性能足以保证能模拟要求的行车间隔内的 20 列列车。

S－PC 和 DS 是通过以太网连接的。

2）DS

在 DS 上只有模拟必需的 ADM、COM 和 MMI 功能。模拟系统无冗余。

学员需用相应的用户名才能进入 DS。MMI 功能是否全部、部分或根本就不对学员开放，就取决于这一用户名。

DS 上必要的 ADM 功能都对学员开放。

COM 中用于模拟目的的功能，在 DS 上开放，包括列车时刻表比较、列车自动调整、自动办理进路、列车监视和追踪、时刻表管理（但不得对时刻表进行修改）。

COM 中的以下功能不在 DS 上开放：PIIS（旅客信息显示）、DTI（发车计时器）、BAS（环境与设备监控系统）、FAS（火灾自动报警系统）、车辆段联锁接口、TEL（通话）。

概况显示在 MMI 上的模拟模式下全部可以实现，设备显示包括轨道概况、列车号概况、细部概况，以及系统概况。

在模拟模式下学员完全可以实现以下对话：变更责任（全部功能），记录、变更工作站，联锁对话，列车移动监视，列车自动调整对话。

在模拟模式下学员不具备以下对话：车辆段服务对话、时刻表编辑器、列车运行图显示、记录和回放。

3）S－PC

S－PC 模拟全部有关联锁功能、有关外部设备、有关 ATP 功能、有关 ATO 功能、列车运行。S－PC 具有图像操作界面，里面装有用户化的线路平面。

与 MMI 一样，S－PC 显示线路平面，包括联锁元件以及列车运行车次。DS 和 S－PC 的显示因为模拟的局限与实际设备的状态可能不相同。联锁元件的显示也会按实际情况的变化而变化。用这种办法，教师就可在 S－PC 上设置轨道电路是否空闲或被占用和进路是否已办理完毕等。

在正常操作情况下，即无教师输入任何干扰的情况下，在 S－PC 上模拟实际过程时，只需很少的操作。

S－PC 模拟每一个相关的联锁元件（轨道区段、信号机、道岔）的功能，若有状况的变化，则将其用报文形式传送到 DS。模拟联锁元件之后，S－PC 还模拟相关的联锁功能。实时模拟办理进路，ARS（自动办理进路）的开/关及从当地控制转到遥控，都属此范围。

S－PC 全部模拟 PTI（列车识别系统）功能。当列车进入或离开车站时或者停在车站时，S－PC 将 PTI 报文（到达、停车和出发报文）发送给 DS。对于那些在车站区域以外的 PTI，S－PC 将在列车通过 PTI 时就产生一个通过报文。

S－PC 还生成 RTU（远程终端单元）的生存标志。

除了 LCP（局部控制盘）指示灯不模拟以外，全部当地的 LCP 功能，如"扣车"和

"放行"及远程 LCP"扣车""放行"和"跳站"等均被模拟。模拟包括对运营停车点和停留时间的处理。

DTI 的功能仅仅是部分模拟。如果列车在车站停车，那么 S－PC 在停留时间过后，就自动解除停车点的命令，以使列车离开车站。

ATS 与 ATP 功能有关的只有"运营停车点的办理和解除"及车站内紧急停车和反向命令等。因此 S－PC 不模拟其他 ATP 的功能。如果一列车离开车站的轨道区段，S－PC 则办理其运营停车点。如果另外一列车又进站了，而原运营停车点又没被取消，那么该停车点就继续保持下去。在停车点解除之后，列车就继续行驶。停车点还可由 ATS 在列车进入车站之前予以解除。在这种情况下，列车就会实现经车站不停车运行。

ATS 与 ATO 功能有关的仅有"惰行/巡航"和给出的列车识别号。因此，S－PC 不模拟其他 ATO 的功能。在 S－PC 的模拟过程中，要给出两站之间的距离。S－PC 通过走行时间和到达目的地车站的距离就可以确定出准点到达目的地车站的速度。与真正的 ATO 不同，该模拟器的速度对整个运行时间都是常数。而且所确定的速度应限制在实际的最大允许速度值内。输入到 S－PC 里的列车识别号可以由 DS 更改。

模拟列车运行，如果 ATR（列车自动调整）被关闭，那么列车则以在 S－PC 中规定的某一速度走行。例如，列车每 15 s 向前移动一个轨道电路。对于使用中的 ATR 而言，列车向前移动的速度不是常数。给出旅行时间，S－PC 就计算出列车相对于实际速度的向前移动的相对时间。

四、基本运行模式

ATS 有 3 种运行模式：车站控制模式（LC）、中央人工控制模式（CM）和中央自动控制模式（CA）。

每种模式说明了对给定车站和归属控制地段中列车运行的操作所采取的控制等级，然而一个车站在同一时间只能处于一种模式。建立车站与 ATS 系统之间的协议，以保证同一时间对某个车站只有一种模式。

1. 车站控制模式（LC）

在此模式下，将车站的人工控制（如进路控制）转到车站控制室的车站控制计算机（SCC）。当车站工作于 LC 模式时，不能由 ATS 系统启动控制。然而，ATS 系统将继续收到表示，更新显示和采集数据。对车站控制计算机而言，这是唯一可应用的控制模式。

2. 中央人工控制模式（CM）

在 CM 模式中，车站的人工控制转到 ATS 系统。一旦车站工作处于该模式，则由 ATS 系统启动控制而不由车站控制计算机启动控制。同时，车站控制计算机继续接收表示，更新显示和采集数据。

3. 中央自动控制模式（CA）

在此模式下，由 ATS 系统的自动排列进路来自动调整运行控制。在这种模式中计算机将时刻表（在时刻表编辑计算机上生成）和列车的优先权调整运行，为了列车自动排列进路，区域、列车和车站必须置于自动模式下。当车站设在 CA 模式时，运行的人工控制模式不能应用，直到操作员启动人工操作模式为止。

任务四　学习列车自动运行（ATO）子系统

　　ATO 子系统主要用于实现"地对车控制"，即根据控制中心指令自动完成对列车的启动牵引、惰行和制动（包括列车自动折返），送出车门和屏蔽门同步开关信号，使列车按最佳工况正点、安全、平稳地运行。

　　ATO 为非故障—安全系统，其控制列车自动运行，主要目的是模拟最佳司机的驾驶，实现正常情况下高质量的列车自动驾驶，提高列车运行效率和提高列车运行的舒适度，节省能源。

　　ATO 系统采用的基本功能模块与 ATP 系统相同。和 ATP 系统一样，ATO 也载有有关轨道布置和坡度的所有资料，以便能优化列车控制指令。ATO 还装有一个双向的通信系统，使列车能够直接与车站内的 ATS 系统接口，保证实现最佳的运行图控制。

　　当列车处在自动驾驶模式下，车载 ATO 运用牵引和制动控制来实现列车自动运行。

一、ATO 系统的组成

　　虽然各公司的 ATO 系统结构不尽相同，但 ATO 系统的基本组成是共同的。ATO 系统都由车载设备和地面设备组成。

1. 列车自动运行系统车载设备

　　列车自动运行系统车载设备包括车载 ATO 模块、ATO 车载天线、人机界面。

　　（1）车载 ATO 模块。车载 ATO 模块是列车自动运行系统的核心组成部分，它包含硬件和软件两部分。车载 ATO 模块从车载 ATP 子系统获得必要的信息，如列车运行速度和列车位置等，车载 ATO 模块软件对这些数据进行实时处理，计算出列车当前所需的牵引力或制动力，然后向列车发出请求，列车牵引或制动系统收到请求指令后，对列车施加牵引或制动，对列车进行实时控制。

　　车载 ATO 模块与列车的牵引和制动系统相互作用，从而实现列车在站台区精确对位停车。

　　（2）ATO 车载天线。列车自动驾驶系统的车载模块与地面设备之间的信息交换是通过 ATO 车载天线来完成，以实现列车自动运行系统与列车自动监控系统（ATS）之间的信息交换。

　　ATO 车载天线一般安装在列车第一列编组的车体下，它接收来自列车自动监控系统的信息，同时向列车自动监控系统发送有关的列车状态信息。这些信息一般包括以下内容。

　　① 从列车向地面发送的信息。列车自动运行系统车载模块通过 ATO 车载天线向地面列车自动监控系统发送的信息有列车识别号信息，该列车识别号信息包括列车的车组号、车次号、目的地编码等内容；列车向地面发送的信息还有列车运行方向、列车车门状态、车轮磨损指示、列车车轮打滑和空转、车载 ATO 模块状态和报警信息等。

　　② 从地面向列车 ATO 车载设备发送的信息。从地面向列车 ATO 车载设备发送的信息有列车开关门命令、列车车次号确认、列车测试指令、门循环测试、主时钟参考信号、跳停/扣车指令和列车运行等级等。

（3）人机界面。列车驾驶员通过人机界面可以将列车运行的模式选择为"ATO"，起动列车在 ATO 模式下运行。

2. 列车自动运行系统地面设备

列车自动运行系统的地面设备由地面信息接收发送设备和轨道环线组成。这些地面设备接收来自列车 ATO 车载天线所发送的信息，并把 ATS 有关信息通过轨道环线发送到线路上，再由列车 ATO 车载设备进行接收和处理。

地面信息接收发送设备的谐调控制部分安装在信号设备室内，轨道环线安装在线路上。

列车的制动过程如图 4-33 所示。ATP 系统的主要任务是按要求使列车减速或制动，列车制动装置对全列车实施制动时，按用途和制动效率可分为两种：常用制动和紧急制动。

图 4-33 列车的制动过程

1）常用制动

常用制动可以调节和控制列车运行速度，也可以施行全制动，使列车速度为零。它的特点是作用比较缓和，制动过程也较长，因为它只使用全列车制动能力的 20% ~ 80%，而在多数情况下，只使用 50% 的制动能力。

2）紧急制动

紧急制动也称"非常制动"，它的特点是全列车的制动能力全部得到实施，最终反应到列车上是制动比较迅猛，以致可能在列车上发生冲撞，特别是在旅客列车上，旅客会感到突然的向前冲击，从而有可能发生撞伤等。

所以，不论是人工制动还是 ATP 自动制动，在一般情况下，都是首先应用常用制动，在万不得已或非常紧急的情况下才应用紧急制动。

图 4-34 为 3 种制动曲线，曲线①表示列车的紧急制动曲线，由 ATP 系统计算及监督。列车速度一旦触及该制动曲线，立即启动紧急（强迫）制动，以保证列车停在停车点。曲线①列车的最大减速度，一旦启用紧急制动，列车务必停稳后经过若干时间才能重新启动。

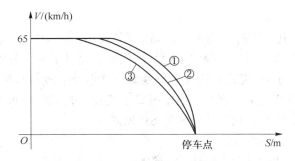

图 4-34 制动曲线

因此，这是一种非正常运行状态，尽量应该避免发生。一旦启用紧急制动，列车记录仪应该加以记录。曲线② 表示由 ATP 系统计算的制动曲线，在驾驶室内显示出来最大允许速度，它略低于紧急制动曲线。当列车速度达到该曲线值时，应给出告警，但不启用紧急制动。显然，曲线②对应的列车减速度小于曲线①的减速度，一般取与最大常用制动对应的减速度。曲线③则是由 ATO 系统动态计算的制动曲线，也即正常运行情况下的停车制动曲线。通常将与此曲线对应的减速度设计为 0.75 m/s 左右，以达到平稳地减速和停车。

从这 3 条停车制动曲线可以明显地看出：ATP 系统主要负责"超速防护"，起保障安全的作用；ATO 系统主要负责正常情况下列车高质量地运行。

二、驾驶模式及原则

1. 驾驶模式

ATO 系统通常允许以下 3 种驾驶模式：自动驾驶模式或称 ATO 模式（简称 AM）、ATP 监督下的人工驾驶模式（简称 SM）及受限制的人工操作模式（简称 RM）。另外，车辆还提供了自由人工驾驶模式（简称 FM）。

1）AM 模式

在本模式中，列车在 ATP 系统的监视下由 ATO 系统驾驶。ATO 系统通过速度曲线、信号状态及轨道占用等信息来监视列车移动，但司机可在任何时间操作紧急制动。

2）SM 模式

在本模式中，列车运行完全由司机管理，但在 ATP 系统的监督之下。

3）RM 模式

在司机室内，驾驶模式选择开关上设有该模式的选择开关，它是 ATP 内部的一个模式，在降级 ATP 模式时应用，如列车车载初始化前和列车失去定位信息后。此模式下允许司机以不超过系统预先设定的限速人工驾驶列车。

4）FM 模式

在本模式中，列车运行完全由司机管理，列车速度不受 ATP 子系统限制，速度测量由车上的里程表完成。在无装备（列车上没有装 ATO 车载设备）区域或所有 ATP 的冗余设备出现故障时或司机需要退行时，由司机启动本模式。该模式允许司机正向或反向驾驶列车。在列车退行距离超过一个最大容许范围之后，ATP 就无法被定位了。

2. 驾驶模式的转换

1）从 RM 到 SM

RM 模式是列车上电时的初始模式（通常在车辆段）。在 RM 模式，司机驾驶列车。在列车经过两个固定数据应答器后，确定了列车的位置，建立了列车与轨旁设备的连续式通信通道，RM 模式将转换为 SM 模式。从 ATP 轨旁设备接收到移动授权后，列车变为 AM 模式。如果不能建立连续式通信通道，列车在 RM 模式下驾驶。直到经过可变数据应答器时，ATP 接收到信号机发出移动授权，列车驾驶变为 SM 模式。

2）从 SM 到 AM

在下列所有前提条件满足后，允许 SM 模式转换为 AM 模式。

（1）所有门已关闭。

（2）驾驶/制动手柄在零位。

（3）钥匙开关处于前进位置。

当司机操作 AM 启动按钮时，ATP 车载单元从 SM 模式转换为 AM 模式。该转换也可以在驾驶期间进行。

3）从 AM 到 SM

在列车行进时司机可以操作。当列车在自动驾驶 AM 模式下时，司机操作手柄放在惰行位置。有两种情况可使驾驶模式由 AM 转换为 SM 模式。

（1）如果司机将驾驶/制动手柄从零位移开，或将钥匙开关从前进的位置移开，ATP 车载单元将从 AM 模式转换为 SM 模式。

（2）如果列车在站外停稳，司机按压门允许按钮打开车门，ATP 车载单元将从 AM 模式转换为 SM 模式。

4）从 AM/SM 到 RM

（1）如果 ATP 车载单元启动紧急制动，ATP 车载单元可以自动地从 AM/SM 模式切换到 RM 模式而无须司机的干预。如果司机想继续驾驶，他必须当列车停稳时启动 RM 按钮。

（2）如果列车在站外停稳，司机按压门允许按钮打开车门，ATP 车载单元将从 AM/SM 模式转换为 RM 模式。

（3）司机或 ATO 控制列车停在车辆段轨道前面的停车点，当列车停稳后，司机按压 RM 按钮，ATP 车载单元将从 AM/SM 模式转换为 RM 模式。

5）从 SM 到 FM

必须在列车停止时操作。

6）从 FM 到 SM

必须在列车停止时操作。

在选择自动驾驶方式时，ATO 系统代替司机操纵列车驱动、制动设备，自动地实现列车的起动加速、匀速惰行、制动等基本驾驶功能。然而，不论是由司机手动驾驶还是由 ATO 系统自动驾驶，ATP 系统始终执行速度监督和超速防护功能。

三、ATO 系统的主要功能

ATO 系统的功能分为基本控制功能和服务功能。

基本控制功能包括自动驾驶、无人自动折返、自动控制车门开闭。这 3 个控制功能相互之间独立地运行。

服务功能包括：列车位置、允许速度、巡航/惰行、PTI 支持功能等。

1. ATO 系统基本控制功能

1）自动驾驶

（1）自动调整列车运行速度。

ATO 车载控制器通过比较实际列车运行速度及 ATP 给出的最大允许速度和目标速度，并根据线路的情况，自动控制列车的牵引及制动，使列车在区间内的每个区段始终控制速度（ATP 计算出来的限制速度减去 5 km/h）运行，并尽可能减少牵引、惰行和制动之间的转换。

（2）停车点的目标制动。

车站停车点作为目标点，由 ATP 轨旁单元和 ATS 系统控制。当停车特征被启动后，

ATO 系统基于列车速度、预先决定的制动率和距停止点的距离计算出一个制动曲线，采用最合适的减速度（制动率）使列车准确、平稳地停在规定的停车点。与列车定位系统相配合，可使停车位置的误差达到 0.5 m 以下。

假如列车超过了停车点，ATP 准许后退一定距离。如果超过后退速度限制值，则向列车司机发出声音和视觉报警。

（3）从车站自动发车。

当发车安全条件符合时（在 ATO 模式下，关闭了车门，这由 ATP 系统监视），ATO 系统给出启动显示，司机按下启动按钮，ATO 系统使列车从制动停车状态转为驱动状态。停车制动将被缓解，然后列车加速。ATO 通过预设的数据提供牵引控制，该牵引控制可使列车平稳加速。

停站时间由 ATS 控制，并传送给 ATP。另外，基于车站和方向的停车时间也储存在 ATP 轨旁单元中，用作 ATS 故障时的后备程序。

（4）区间内临时停车。

由 ATP 系统给出目标点位置（如前方有车）及制动曲线，并将数据传送给 ATO 系统车载单元，ATO 系统得到目标速度为"0"的速度信息后自动启动列车制动器，使列车停稳在目标点前方 10 m 左右。此时车门还是由 ATP 系统锁住的。一旦前方停车目标点取消，速度信息改为进行码后，ATO 系统使列车自动启动。假如车门由紧急开门打开，或是司机手柄被移至非零位置，那么列车必须由司机重新启动 SM 模式或 ATO 模式（如果允许）。

在危险情况下，例如按下紧急停车按钮，或是因常用制动不充分而使列车超过紧急制动曲线，由 ATP 启动紧急制动，ATO 向司机发出视觉和音响警报。5 s 以后音响警报自动停止。

（5）限速区间。

临时性限速区间的数据由轨道电路报文传输给 ATP 车载设备，再由 ATP 车载设备将减速命令经 ATO 系统传达给动车驱动、制动控制设备。此时，ATO 车载设备的功能犹如 ATP 系统与驱动、制动控制设备之间的一个接口。对于长期的限速区间，数据可事前输入 ATO 系统，在执行自动驾驶时，ATO 系统会自动考虑到该限速区间。

2）无人自动折返

无人自动折返是一种特殊情况下的驾驶模式，在这种驾驶模式下，无须司机控制，而且列车上的全部控制台将被锁闭。

从接收到无人驾驶折返运行许可时，就自动进入 AR 模式。授权经驾驶室 MMI 显示给司机，司机必须确认这个显示，并得到授权，锁闭控制台。

只有按下站台的 AR 按钮以后，才能实施无人驾驶列车折返运行。ATC 轨旁设备提供所需的数据，以驾驶列车进入折返轨。而且列车将自动回到出发站台。列车一到出发站台，ATC 车载设备就会退出 AR 模式。

无人自动折返功能的输入是来自车载速度/距离功能的列车当前的速度和位置，以及 ATP 速度曲线。

无人自动折返功能的输出是至列车制动和牵引控制系统的命令。

3）自动控制车门开闭

由 ATP 系统监督开门条件，当 ATP 系统给出开门命令时，可以按事前的设定由 ATO 系统自动地打开车门，也可由司机手动打开正确一侧的车门。车门的关闭只能由司机完成。

当列车空车运行时，从 ATS 接收到的指定的目的地号阻止车门的打开。

车门打开功能的输入是来自 ATP 功能的车门释放、运行方向和打开车门的数据，以及来自 ATS 功能的确定目的地号。

车门打开功能的输出将车门打开命令发给负责控制车门的列车系统。

2. ATO 系统服务功能

1）列车位置功能

列车位置功能从 ATP 功能中接收到当前列车的位置和速度等详细信息。根据上一次计算后所运行的距离来调整列车的实际位置。此调整也应考虑到在 ATP 功能计算列车位置时传送和接收的延迟时间，以及打滑和滑行。

另外，ATO 功能同测速单元的接口为控制提供了更高的测量精确性。列车位置功能也接收到地面同步的详细信息，由此确定列车的实际位置和计算列车位置的误差。对列车位置调整，可在由 ATO 功能规定的直至接近实际停车点 10~15 m 的任意位置开始。通过这种调整，停车精度可由 ATO 控制在希望的范围内。

列车位置功能的输入来自 ATP 功能的列车当前速度和位置、轨道电路信息的变化，测速单元的读入、轨道中同步标记的检测、SYNCH 环线。

列车位置功能的输出用作校正列车位置信息。

2）允许速度功能

允许速度功能为 ATO 速度控制器提供列车在轨道任意点的对应速度值。这个速度没有被优化，只是低于当前速度限制和制动曲线给的限制。允许列车速度调整是为了能源优化或由惰行/巡航功能完成列车运行。

允许速度功能的输入来自 ATP 功能的轨道当前位置的速度限制，以及列车制动曲线。

允许速度功能的输出至 ATO 速度控制器。

3）巡航/惰行功能

巡航/惰行功能的任务是按照时刻表自动实现列车区间运行的惰行控制，同时节省能源，保证最大能量效率。

ATO 巡航/惰行功能协同 ATS 中的 ATR 功能，并通过确定列车运行时间和能源优化轨迹功能实现巡航/惰行功能。

（1）确定列车运行时间的功能。

由 ATO 和 ATR 功能确定的列车运行时间，通过车站轨道电路占用完成同步。当列车在 ATO 功能下，从报文给定的列车运行时间中减去通过计时器测定的已运行时间，以确定到下一站有效的可用时间。

确定列车运行时间功能的输入来自 ATC 轨旁功能的轨道电路占用报文，以及通过 ATC 轨旁和 ATP 车载功能来自 ATR 功能的运行时间命令。

确定列车运行时间功能的输出是至能源优化轨迹功能的到下一站停车点的有效运行时间。

（2）能源优化轨迹功能。

能源优化轨迹的计算要考虑加速度、坡度制动以及曲线制动。因此，整套系统的轨道曲线信息都储存在 ATO 存储器中。借助此信息，并使用最大加速度，惰行/巡航功能计算出到下一停车点的速度距离轨迹。

能源优化轨迹功能的输入来自确定列车运行时间功能的至下站可用的列车运行时间、ATO 存储器的轨道曲线、ATP 功能的 ATP 静态速度曲线（如速度限制）。

能源优化轨迹功能的输出至 ATO 速度控制器的速度距离轨迹。

4）PTI 支持功能

PTI 支持功能是通过多种渠道传输和接收各种数据，在特定的位置（通常设在列车进入正线的入口处）传给 ATS，向 ATS 报告列车的识别信息、目的号码和乘务组号，以及列车位置数据（例如当前轨道电路的识别和速度表的读数），以优化列车运行。

PTI 功能是由车载设备和轨旁设备实现的。由 ATC 车载设备提供的数据，通过 ATO 功能，传输到 PTI 的轨旁设备，进而传给 ATS。

在将信息传输至轨旁设备之前，ATO/PTI 功能收集数据，完成合理检查。编辑信息必需的数据从 ATS、ATC 轨旁功能、司机 MMI 功能发送至 ATO。

3. 列车自动驾驶

和 ATP 系统一样，ATO 也存储了轨道布局和坡度信息，能够优化列车控制命令。ATO 中有一套最大安全速度数据，与 ATP 的最大安全速度数据互相独立。这样，为了保证乘坐的舒适性，ATO 可按照最大速度行驶，不过这一速度要小于 ATP 的最大安全速度。ATO 的最大速度可以任意设置，梯进精度为 1 km/h。

ATO 利用通过地面 ATP 设备传来的编码得知前方未被占用的轨道电路数目或者前行列车的位置，知道当前本次列车的位置，列车就可以在到达安全停车点之前，综合考虑安全因素，尽量以全速行驶。

ATO 系统的自动驾驶功能是通过 ATO 车载设备控制列车牵引和制动系统而实现的。为此，ATO 需要 ATP 的数据：从 ATP 轨旁单元接收到的全部 ATP 运行命令、测速单元提供的当前列车位置和实际速度信息、位置识别和定位系统的信息、列车长度、ATS 通过向 ATP 轨旁单元发送的出站命令和到下一站的计划时间。

如果 ATO 自检测成功完成，且 ATP 设备释放了自动驾驶，信号显示"ATO 启动"，即可以实施 ATO 驾驶。

由 ATO 系统执行的自动驾驶过程是一个闭环反馈控制过程，其基本关系框图如图 4-35 所示。测速单元通过 ATP 向 ATO 发送列车的实际位置信息。反馈环路的基准输入是从 ATP 数据和运营控制数据中得出的。ATO 向牵引和制动控制设备提供数据输出。

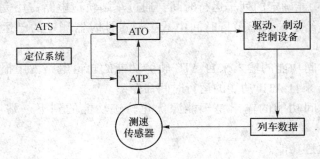

图 4-35　自动驾驶的闭环控制框图

ATO 模式在以下条件下被激活。

①ATP 在 SM 模式中；②已过了车站停车时间；③联锁系统排列了进路；④车门关闭；⑤驾驶手柄处于零位。

司机通过按压启动按钮开始 ATO 模式，列车加速达到计算的速度曲线。假如其中一项条件不能满足，则启动无效，ATP 关闭 ATO 至牵引的控制信号。

在达到计算速度时，系统根据这个速度曲线控制列车的运行。当接近制动启动点时，ATO 设备将自动控制常用制动使列车运行跟随制动曲线。

4. 车站程序停车

线路上的车站都有预先确定的停站时间间隔。控制中心 ATS 监督列车时刻表，计算需要的停站时间，由集中站 ATS 通过 ATO 环线传送给 ATO 车载设备，以保证列车正点到达下一个车站。

控制中心能通过集中站 ATS 缩短或延长车站停站时间。如果控制中心离线，集中站 ATS 就会预置一个默认的停站时间，该时间是可编程的。

在控制中心的要求下，列车可跳过某车站。这一跳停命令由控制中心通过集中站 ATS 传给列车。

5. 车站定位停车

车站精确停车通过在车站区域的轨道电路标识、分界过渡和 ATO 环线变换来进行。轨道电路标识被用来确定停车特征的合适起始点。轨道电路分界过渡和轨旁 ATO 环线变换提供了距离分界。该距离分界用于达到所要求的位置精度。

当停车特征启动后，ATO 基于列车速度、预先确定的制动率和距停止点的距离计算制动特征。ATO 将通过改变牵引和制动需求来遵循此特征。制动率调整值通过 ATO 环线轨旁 ATO 取得。此调整是动态的，是根据异常线路情况作出的，并且可以从 OCC 或 SCR（车站控制室）中进行选择。

一旦列车停车，ATO 就会保持制动，以避免列车运动。

ATO 可以与站台屏障门（PSD）的控制系统全面接口，以保证列车精确和可靠地到站停车。

列车自动运行系统的基本操作在驾驶室内进行，列车的状态显示单元上有"ATO 模式指示灯"。驾驶员将列车驾驶模式选择开关置于 ATO 挡位后，系统正常运行情况下，ATO 模式指示灯会点亮。列车在车站完成停站，关好车门后，根据系统的设置，驾驶员可以按"发车按钮"或直接由系统自动发车，列车自动运行系统会对列车进行控制，自动运行到下一运营车站。

列车在自动运行模式下运行，列车驾驶员需要观察列车的运行状态，如果出现列车控制系统故障情况，需及时采取措施，如按压紧急停车按钮，使列车及时停止运行，以排除故障，保证运营安全。

6. 车站发车

当准备在 ATO 模式下运行时，ATP 通过通信天线接收关门命令，ATP 点亮状态显示单元上的停站时间结束指示灯。如果门是人工操作，则驾驶员必须关好车门（否则，ATP 将不允许发车）。门一旦关好，驾驶员就必须按压并释放发车按钮来让列车运行到下一车站。

一旦发车按钮被按压，ATP 就发给 ATO 一个控制速度。

在自动驾驶模式下，必须具备下列条件，列车才能从车站出发。

（1）与 ATP 进行有效的通信（即无连接故障）。

（2）有效的目的地 ID。

（3）有效的轨道电路 ID（来自 ATP）。

（4）有效的驾驶员 ID。

（5）非零速限制（来自 ATP）。

（6）有效的车辆方向——东/西（来自 ATP）。

（7）在出发测试期间没有检测到故障。

（8）列车必须位于车站轨道电路、折返轨道电路、车辆段转换轨电路或试车线。

7. 车门控制和停站

车载 ATO 系统通过轨旁通信环线从轨旁 ATC 系统接收传送给车辆的开门指令，通过要求车载 ATP 系统开启车门来启动开门程序。驾驶员按下开门按钮打开车门。

轨旁 ATC 系统累计停站时间。在正常情况下，停站时间结束后，轨旁 ATC 系统会传送一个关门命令。车载 ATO 系统接收到命令后，及时励磁关门列车线，驾驶员按下关门按钮关门。

当从本地或中心接收到指令时，轨旁 ATC 系统会向车辆传送一个停放制动命令。在这种情况下，车载 ATO 系统通过从车地通信子系统传来的命令控制车门开闭，但在相应的停放制动缓解以及从轨旁接收到命令之前不允许列车从该站发车。

车载 ATO 系统通过车地通信子系统向轨旁传送车门状态。

8. 折返

在运营终点车站，当驾驶员按下发车按钮，ATO 将自动地驱动列车进入折返轨并在折返点执行精确停车。驾驶员必须关闭本端驾驶室的钥匙（司控器），并启动离去端的驾驶室，打开司控器开关，建立 ATO 模式。轨旁进路开放后，驾驶员按下发车按钮，ATO 将驱动列车进入第一个运营车站并精确停车。

9. 跳停

车载 ATO 系统从轨旁 ATC 系统接收跳停指令。跳停指令通常应在被跳停站的前一站或更早收到。车地通信子系统还能够在完成计划停站之前告知列车中央 ATC 已经发出了一个跳停该车站的命令。在被跳停车站，车载 ATO 系统也能接收并响应轨旁产生的跳停指令。如果在车站停车过程中收到跳停该车站的命令，ATO 将会点亮状态显示单元上的跳停指示灯来告知驾驶员列车不能在站台停车。在这种情况下，列车继续以 ATP 控制速度进行速度调节。跳停命令可以在跳停车站之前的任何有轨旁通信环线的车站取消。但是，一旦列车处于要跳停的车站的环线内时，跳停本站的命令就不能取消。

任务五　学习基于通信的列车控制系统

在城市轨道交通中，基于通信的列车控制系统（Communication Based Train Contrl，

CBTC）是一种先进的通信、计算机、控制技术相结合的列车控制系统。相对于固定闭塞而言又把它称为移动闭塞。移动闭塞是目前线路能力利用效率更高的列车闭塞方式。与固定闭塞方式相比，移动闭塞相当于将区间分成了无数个细小的、连续的闭塞分区，它使得列车间的安全信息传递得更为频繁、及时和详细。因为移动闭塞系统能够比固定闭塞更优地确定列车的位置和传输列车信息，所以移动闭塞系统可以根据列车的动态运行确定更小的列车间隔。同样，取消固定闭塞所需的轨道设备也可以减少维修费用，并且利用列车和路边设备的传输信息通道也可以传输与列车实时运行有关的操纵信息，以提高管理能力和诊断故障设备。因此，采用移动闭塞系统能够更好地满足铁路的需要。

典型的基于通信的列车控制系统的结构框图如图 4-36 所示。由图可见，整个 CBTC 系统包括 CBTC 地面设备（含联锁）和 CBTC 车载设备，地面设备和车载设备通过"数据通信网络"连接起来，构成系统的核心。CBTC 设备和 ATS 设备共同构成基于通信的移动闭塞ATC 系统。

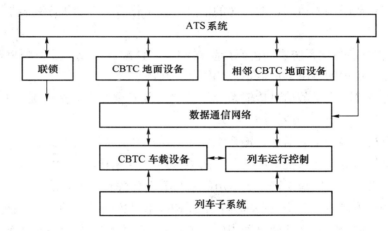

图 4-36 列车控制系统（CBTC）的结构框图

一、CBTC 系统的特点

CBTC 系统摆脱了用轨道电路判别列车对闭塞分区占用与否，突破了固定或准移动闭塞的局限性，具有更大的优越性和特点。

（1）可实现列车与轨旁设备实时双向通信且信息量大。

（2）可减少轨旁设备，便于安装维修，有利于紧急状态下利用线路作为人员疏散的通道，有利于降低系统全寿命周期内的运营成本。

（3）便于缩短列车编组、高密度运行，可以缩短站台长度和端站尾轨长度，提高服务质量，降低土建工程投资；实现线路列车双向运行而不增加地面设备，有利于线路出现故障或特殊需要时的反向运行控制。

（4）可适应各种类型、各种车速的列车，而且，由于移动闭塞系统基本克服了准移动闭塞和固定闭塞系统地对车信息跳变的缺点，从而提高了列车运行的平稳性，增加了乘客的舒适度。

（5）可以实现节能控制、优化列车运行统计处理、缩短运行时分等多目标控制。

（6）移动闭塞系统，尤其是采用高速数据传输方式的系统，将带来信息利用的增值和功能的扩展，有利于现代化水平的提高。

（7）由于移动闭塞系统具有很高的实时性和响应性的要求，因此，其对系统的完整性要求高于其他制式的闭塞方式，系统的可靠性也应具有更高要求。系统传输的可靠性和安全性是系统关注的核心，尤其是利用自由空间波传输信息的基于无线的移动闭塞系统，其可靠性和安全性的要求更高。

二、CBTC 系统的分类

CBTC 系统就车地双向信息传输方式而言，可作如下划分：基于电缆环线传输方式（IL CBTC）；基于无线通信传输方式（RF CBTC）；基于其他数据传输媒介的传输方式。

RF CBTC 系统中通常采用的扩展频谱方式有直接序列扩频和跳频扩频方式。

其他数据传输媒介的传输方式有点式应答器、自由空间波、裂缝波导管和漏泄电缆等方式。

直接序列扩频（DS—SS）系统又称为直接用编码序列对载波调制的系统，其编码序列通常是伪随机序列或叫伪噪声码，要传送的信息经数字化后和伪随机序列相加成复合码去调制载波。

跳频扩频（FH—SS）系统主要由码产生器和频率合成器组成，发射频率随机地由一个跳到另一个，接收机中的频率合成器也按相同的顺序跳变。

欧洲将满足故障—安全的信息传输系统称为"按照安全要求构造的通信系统"，它严格遵守欧洲电工委员会制定的相应标准。

欧州电工委员会将安全的信息传输系统分为封闭式和开放式两大类。

封闭式安全的信息传输系统一般又分为两类：第一类为用电缆、光缆或数据总线组成的信息传输通道；第二类为轨道电路、轨道电缆或应答器作为信息传输通道。

对第一类信息传输通道的安全要求为：必须构成信息传输通道的冗余，防止因个别信息点的故障而发生传输中断；必须通过适当的信道编码方式，使系统对数据传输过程中的偶发性差错具有自动检查和纠错功能。

对第二类信息传输通道的安全要求为：必须通过编码技术来确保发送与接收数码的同步；必须通过冗余编码技术来保证数据传输系统具有自检和纠错能力，而且同一数据至少重复传输 3 次。

开放式安全的信息传输系统，基于无线通信传输方式（RF CBTC），采用开放式安全的信息传输系统，它应针对 7 种威胁提供有效的数据安全防护，以确保信息的真实性、完整性、及时性和顺序准确性。7 种威胁为：重复、删除、插入、乱序、破坏、延迟、窃取。针对 7 种威胁，提出下列要求：信道编码必须附有安全冗余码，汉明距应大于或等于 15；只要不能绝对排除非授权的访问，就必须使用带密钥的密码技术；当使用密码技术时，推荐使用国际标准 ISO/IEC 10116 所规定的操作模式。

基于电缆环线传输方式的移动闭塞 ATC 系统框图见图 4-37；基于无线通信的移动闭塞 ATC 系统框图见图 4-38；基于裂缝波导管传输方式的移动闭塞 ATC 系统框图如图 4-39 所示。

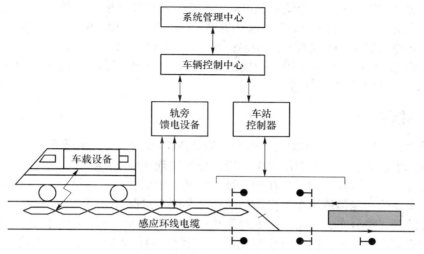

图 4-37　基于电缆环线传输方式的移动闭塞 ATC 系统框图

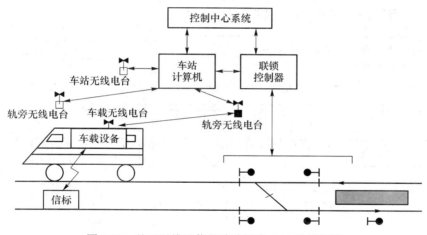

图 4-38　基于无线通信的移动闭塞 ATC 系统框图

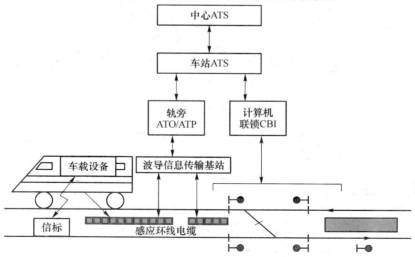

图 4-39　基于裂缝波导管传输方式的移动闭塞 ATC 系统框图

西门子的 CBTC 系统是一个安全、可靠、先进、适应线性电机运载、基于无线通信的列车运行控制系统。它由 SICAS 计算机联锁系统、TRAINGUARD MT（MT—城市轨道交通）移动闭塞式列控系统（ATP/ATO）、VICOS OC 系统（ATS）组成。

西门子的 CBTC 系统现应用于广州轨道交通 4 号线和 5 号线、北京地铁 10 号线、上海地铁 10 号线、南京地铁 2 号线等。

三、系统结构

西门子的 CBTC 系统由 VICOS、SICAS、TRAINGUARD MT 3 个子系统组成。它们分为中央层、轨旁层、通信层、车载层 4 个层级，分级实现 ATC 功能。

中央层分为中央级和车站级。在中央级，实现集中的线路运行控制；在车站级，为车站控制和后备模式的功能提供给车站操作员工作站和列车进路计算机。

轨旁层沿着线路分布，它由 SICAS 计算机联锁、TRAINGUARD MT 系统、信号机、计轴器和应答器等组成。它们共同执行所有的联锁和轨旁 ATP 功能。通信层在轨旁和车载设备之间提供连续式和/或点式通信。车载层完成 TRAINGUARD MT 的车载 ATP 和 ATO 功能。

西门子的 CBTC 系统结构如图 4-40 所示。

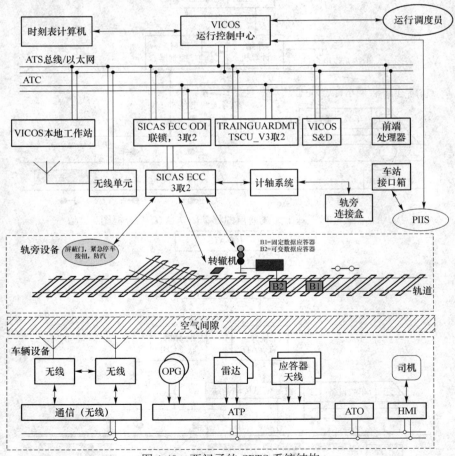

图 4-40　西门子的 CBTC 系统结构

ECC—元件接口模块；ODI—操作/显示接口；OPG—速度脉冲发生器；

HMI—人机接口；LEU—轨旁电子单元；S&D—检查和诊断；TSCU_V—轨旁安全计算机单元

1. VICOS

VICOS 分为中央级的 VICOS OC 501 和车站级的 VICOS OC 101。

HMI 是列车调度员的操作台。来自 SICAS ECC，TRAIN GUARD MT 和其他外围系统的动态数据汇集在 VICOS OC 501 的 COM 服务器并处理，ADM 服务器负责中心数据存储和报告，FEP（前端服务器）负责将其他外围系统接入 ATS 服务器。

2. SICAS

SICAS 主要包括列车进路计算机和车站操作员工作站。计算机有连接室外设备和轨道空闲检测系统接口。

SICAS 使用联锁 PROFI BUS 总线用于 SICAS ECC 的内部通信。LOW、TRC 和 S&D 系统直接与 SICAS ECC 和 TRAINGUARD MT 通信。

SICAS ECC ODI 和 TRAINGUARD MT 轨旁设备之间的通信通过一个 ATC PROFI BUS 总线实现。

SICAS 和 TRAINGUARD MT 总线是双通道双向的光纤通信连接。每个通道独立工作并且提供故障—安全的通信。使用两个通道是为系统的高可用性提供冗余。

3. TRAINGUARD MT

TRAINGUARD MT 系统包括 ATP/ATO 和通信设备。ATP/ATO 分为轨旁单元和车载单元。轨旁 ATP 系统与联锁系统、ATS 系统、列车（经过轨旁—列车通信系统）及相邻的 ATP 系统有双向接口。通过轨旁到列车的通信网络，在轨旁单元和车载单元之间建立了双向通信。

在车载结构中，两个相互独立的无线系统的列车单元（TU）分别安装于列车前后的驾驶室内，作为轨旁无线单元 AP 的通信客户端。这两个 TU 通过一个点对点的以太网连接，不间断地相互通信。同时，这两个 TU 分别连接到列车前、后的列车控制系统。

四、系统功能

系统的功能包括 ATS 功能、联锁功能、ATP/ATO 功能、列车检测功能、试车线功能及培训和模拟功能。

1. ATS 功能

ATS 除了自动进路排列功能、自动列车调整功能、列车监督和追踪、时刻表、控制中心人机接口和报告、报警与文档等主要功能外，还改进和增加了以下功能：在 CTC 通信级使用双向通信通道；在 ATS 后备模式下车站级可以输入车次号；适应移动闭塞的控制要求；TRC（列车进路计算机）取代 RTU 的自动进路排列功能；提供独立的冗余局域网段；在 ATS 显示列车状态信息；与 MCS（主控系统）的接口；与车辆段联锁的接口；提供操作日志（含故障信息）的归档功能；设两个控制中心；车辆段调度员 ATS 工作站进行出库列车自动预先通知，在规定时间无列车在车辆段转换轨时自动报警。

正常情况下，各线的控制中心行使行车调度职权。当各线控制中心的 HMI 丧失有效的行车调度和控制功能或当运营需要时，系统应能切换至综合控制指挥中心进行调度和控制。系统的切换能人工操作，也可以自动进行，但自动切换时必须经过人工确认。

2. 联锁功能

联锁除了轨道空闲处理（TVP）、进路控制（RC）、道岔控制（PC）和信号机控制（SC）等主要功能外，联锁设备与 ATS 系统相结合，可实现中央 ATS 和联锁设备的两级控制。根据运营要求，应能自动或人工进行进路控制。其中人工控制分为中央 ATS 人工和联锁设备人工两类，自动控制分为中央 ATS 自动和联锁设备自动。人工控制进路的优先级高于自动控制进路。根据需要可进行联锁与中央 ATS 两级控制权的转换。控制权的转换过程中及转换后，未经人工介入的各进路的原自动控制模式不变。在特殊情况下，可不经控制权的转换操作强制进行联锁设备的控制。在车站级控制的情况下，如中央级功能完好，仍可设定或者保留中央自动功能（如 ATR、ARS）。在车站 ATS LAN 与中央 ATS 之间通信中断的情况下，列车将在本地工作站和列车进路计算机的操作下继续运行。ATP/ATO 功能将根据缺省的停站时间和默认的自动列车调整值在连续式通信模式和点式通信模式下工作，联锁功能继续。

3. ATP/ATO 功能

ATP/ATO 除了 ATP 轨旁、通信、ATP/ATO 车载等主要功能外，还改进和增加了以下功能：不使用 PTI 的信息交换，相应的功能可以通过双向通信通道在 CTC 实现；适应线性电动机系统的线路条件，满足与线性电动机接口的新要求；提供 ATO 的冗余；ATO 控制列车的原理适应移动闭塞的要求。因此，TRAINGUARD MT 的核心功能是移动闭塞列车间隔功能，根据线路的空闲状态和联锁状态（道岔状态、进路状态、运行方向、防淹门状态、PSD 状态、ESB 状态），产生移动授权电码。

正线区段（包括车辆段出入段线、存车线、折返线）具有双线双方向有人全自动驾驶运行功能。

列车进站停车时采取一级制动（连续制动曲线）的方式，按一级制动至目标停车点，中途不得缓解，且在进站前不会有非线路限速要求的减速台阶。

4. 列车检测功能

列车检测功能采用计轴器（AXC）进行列车检测。

信号系统具有完善的远程故障自诊断功能，对全线的中央设备、车站设备、轨旁设备、车载设备及车地通信设备进行实时监督和故障报警，能准确报警到可更换单元（插拔件）等，便于及时更换，并能根据用户需要经通信传输通道在车辆段维修中心实旅远程故障报警和故障诊断。

五、系统特点

CBTC 系统的最主要特点是采用无线通信，构成移动闭塞。

TRAINGUARD MT 是提供 ATP/ATO 功能的强大而先进的系统。它是一个模块化的系统，可以适用于不同的需要。

1. 连续式通信方式和点式通信方式并存

连续式通信方式和点式通信方式可以单独工作或同时使用。

连续式通信是使用无线进行轨旁和列车间的通信。配合连续通信通道，列车根据移动闭塞原理相间隔，提供最小运行间隔，列车受 ATP/ATO 控制，构成移动闭塞。

点式通信则不依赖于连续通信通道，而是采用基于应答器的点式通信通道从轨旁向车上传输数据。配合点式通信通道，列车根据固定闭塞原理相间隔，并受 ATP/ATO 控制，构成固定闭塞。固定闭塞运行可作为移动闭塞运行的后备模式。

2. 混合运行

装备和未装备 ATP/ATO 的列车可以在同一线路上运行。

被司机人工驾驶的列车可以与采用 ATO 自动驾驶的列车混跑。

3. 可升、降级

系统可以容易地从基本的运行模式（点式通信，固定闭塞）升级到高性能的等级（连续式通信，移动闭塞），直到无人驾驶的运行等级（MTO）。

在发生故障时，可适度降级，不同的运行等级可以使用一个比较低的等级作为后备级，例如：移动闭塞/连续通信的 ATP/ATO→固定闭影点式通信的 ATP/ATO→使用信号机的联锁级。

4. 可扩展性

一条装备 TRAINGUARD MT 的线路可很容易地进行扩展，增加车站和列车。

六、通信级别

1. 连续式通信级

在连续式通信级，TRAINGUARD MT 提供最先进的基于移动闭塞原理的列车安全运行。轨旁到列车双向通信使用无线。列车通过检测和识别应答器来确定自己的位置，对列车采用连续式控制。在 ATO 系统控车后（AM 模式），ATO 系统完全自动控制列车运行直至终点站。

在 SM 或 AM 驾驶模式下，列车以移动闭塞运行，保持列车间的安全距离。列车上有一个被称为线路数据库（TDB）的铁路网络图，TDB 中包含应答器的位置数据。结合来自测速电机和雷达的位移测量，每个车载 ATP 计算本列车的位置，该位置是列车在线路上的绝对位置，而不是对一个固定闭塞分区的占用，并通过连续式通信发送位置报告给轨旁 ATP。轨旁 ATP 追踪列车，基于本列车和前行列车的位置报告和轨旁检测的空闲信息，评估所有列车的移动条件，并通过连续式通信系统发送一个连续式通信级移动授权报文到车载 ATP。该移动授权符合移动闭塞原理的安全列车间隔，并且满足其他来自 SICAS 的联锁条件及其他的防护点，例如防淹门的状态、道岔的状态。

SICAS 联锁是底层的列车防护系统，也负责移动闭塞下的列车安全。ATP 负责列车间隔的安全职责，并连续监督联锁状态。在移动闭塞下，列车同样运行在联锁设定的进路上。

当联锁条件中不满足时，列车的移动授权不能越过信号机。同时，列车运行时连续地监督联锁条件。

2. 点式通信级

点式通信级可以作为连续式通信级的后备模式，或在部分对于列车行车间隔有较低要求、允许使用固定闭塞的线路使用。在点式通信级，ATO 系统完全自动控制列车从一个车站运行至下一个车站（AM 模式）。

在点式通信级，使用应答器进行轨旁到列车的通信。

此时，移动授权来自信号机的显示，并通过可变数据应答器由轨旁点式地传送到列车。列车在线路的定位与在连续通信级一样，考虑 TDB 中所有的详细线路描述，自动地服从所有的线路限速。

3. 联锁级

如果连续式或点式通信级故障，作为降级运行模式，可由 LED 信号机系统为列车提供全面的联锁防护。此时，没有轨旁到列车的通信。

七、无线系统配置

无线系统管理通信和它自身的可用性。无线系统是基于严格的分层概念建立的，允许根据项目进行特定的调整，以适应不同的应用、标准、技术和组件。无线系统具有完全冗余的结构，以满足实际要求的可用性。

无线系统通过两个独立的 ATS 总线交换器连接在两个独立的 ATS 总线通道上。ATS 总线对无线系统和轨旁 ATC 系统进行物理连接。

在一条轨道交通线路的整个无线系统中，有两套 WCC 安装在一个车站内，此车站称为主站。在系统的主站中，两套相互独立的 WCC 通过相应的 ATS 总线交换器连接在两个 ATS 总线通道上。WCC 交叉冗余地连接在 ATS 总线上，对整个无线系统进行管理。

在主站内，两个相互独立的无线交换器交叉冗余地连接到 WCC。在其他安装有无线设备的车站，无线交换器通过交叉冗余连接，直接连接在 ATS 总线交换器上。

每个无线交换器连接着分布于相应轨道中的多个相互独立的轨旁接入点 AP。每个 AP 通过单独的单模光纤连接到无线交换器，形成星形拓扑结构。同样的 AP 还连接到第二个无线交换器上，形成完全冗余的星形拓扑结构。

每个 AP 包含两个相互独立的无线单元，两者以冗余模式进行工作。

轨旁无线单元通过空中链路将轨旁和运行中的车辆信息连接起来。

在列车上，两个列车单元中的每一个使用两个相互独立的列车无线单元，通过空中链路冗余地连接到轨旁 AP。同时，两个列车单元通过空中链路连接到轨旁不同的 AP，提供了冗余和多样性。

无线系统使用三个频道，不同频道的覆盖范围重叠，而相同频道的覆盖范围则分开，如图 4-41 所示。

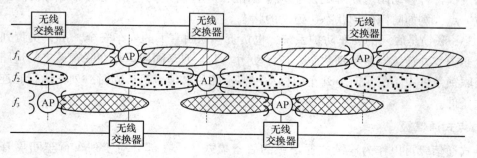

图 4-41　轨旁接入点和频带的排列

八、基于漏泄波导通信的列车运行控制系统

基于漏泄波导通信的列车运行控制系统是以漏泄波导为通信媒介，通过车站和轨旁的设备实现地面与列车的信息交换，从而达到对列车运行的控制。列车在线路中的位置需要列车通过车载里程仪测量后经车载通信天线发送给轨旁设备，并经过其处理后送到车站控制设备，车站控制设备再将这一信息转发给后续列车，后续列车知道了前行列车的位置，可根据事先定义的安全行车原则，实现移动闭塞。该闭塞方式以无线扩频电台和漏泄波导为通信媒介，漏泄波导作为无线电台的天线的方法，彻底解决了无线电台在地铁隧道中信号传输的问题，是一个安全、可靠、先进的信号系统，最适合在地铁环境中使用。

基于漏泄波导通信的列车运行控制系统，是采用沿轨道铺设漏泄波导的方式，以波导信息网络、无线扩频电台为基础，采用时分多址即 TDMA（Time Division Multiple Access）通信方式，通过有线和无线网络的集合，实现列车与轨旁设备的双向连续通信及列车定位功能，最终实现移动闭塞信号控制。

1. 波导信息网络

波导信息网络用于确保列车和本地 ATS 系统、控制中心之间的车地双向连续传输信息。

波导信息网络是由多个波导信息网通信单元和车载的波导信息网移动站组成。如图 4-42 所示为波导信息网络结构图。

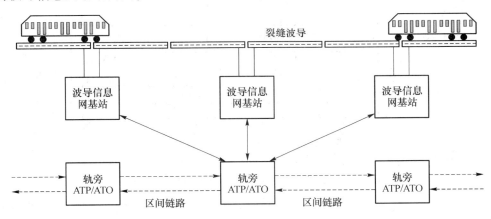

图 4-42　波导信息网络结构图

波导信息网基站（Waveguide Base Station，WBS）由车站计算机、无线扩频电台、数据采集卡、无源滤波器、窄缝检测发射器、耦合器等组成。WBS 对上/下行线是独立管理的，其内部结构如图 4-43 所示。

如图 4-44 所示，WBS 表示的部分实际上含无源滤波器的 BWI 宽带接口、波导管开槽检测发送器（Slot Detection Transmitter，SDT）、无线基础数据（Base Data Radio，BDR）、无线基础接口（Base Radio Interface，BRI）和基础通信控制器（Base Communication Controller，BCC）。为了提高可靠性，它有 A 和 B 两部分，若 A 部分为工作部分，则 B 部分为冗余部分。

波导信息网基站主要负责接收和处理车载计算机的数据、发送主控计算机的数据、接收列车定位数据、处理数据采集卡采集的列车运行数据、提供 MMI 接口、接收 MMI 发送的列

车控制信息并通过报文模块发送、提供 TCP/IP 通信接口和提供串口通信接口等。它是组成波导信息网络单元最基本的部分，是和车载移动站进行车地通信的工作站。

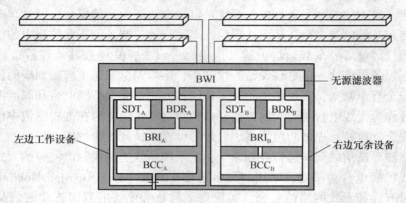

图 4-43　波导信息网基站结构组成图

波导信息网移动站（Waveguide Move Station，WMS）由车载计算机、车载无线电台、数据采集卡、车载 ATP/ATO 设备、接口电路及信标接收天线和解码器窄缝探测接收器等组成。其内部结构如图 4-44 所示。列车两端的驾驶室各设一个波导信息网移动站。

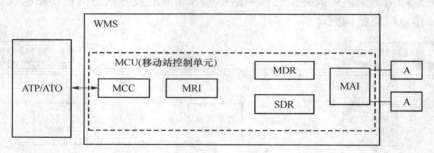

图 4-44　波导信息网移动站结构组成图

MCC—移动通信单元；SDR—槽检测接收器；MRI—移动无线电接口；
MAI—移动无线接口；MDR—移动数据无线电；A—车载天线

车载计算机安装专用的数据采集卡、数据采集软件、操作系统、数据库，作为移动工作站，它主要负责数据初始化、无线网络连接、获得位置信息、速度计算、控制区交接通信、与车站计算机交换信息、数据记录、数据处理、列车控制系统（窄缝探测接收器）接口等。

信号传输通过 ATS 中心控制室、车站计算机、车载计算机、车载电台和列车上的定位天线发射和接收信号，轨旁单元通过同轴电缆与裂缝波导连接，以裂缝波导为载体双向传输列车实时信息。

波导信息网基站和轨旁 ATP/ATO 是有线连接，轨旁 ATP/ATO 之间通过光纤、尾纤、光配线架、光端机等形成区间链路。波导信息网基站和波导信息网移动站之间的无线网络执行 IEEE 802.11 和 IEEE 802.3 标准。操作系统可选用 Windows NT4.0、Linux、Windows 2000 等。

波导信息网使用无线扩频电台进行网络通信。跳频时间与时分复用周期建立同步关系。各控制区间的通信网有一定的重叠覆盖区，保证列车运行至控制区分界处时，可以平滑过渡，在车站主控计算机上安装网络操作系统，系统根据每列列车车载计算机的标识不同及其无线网卡配置的不同来识别每列列车。使用大型数据库软件（如 Oracle，Sybase 等），通过数据采集卡的数据采集软件，获取车载计算机发出的列车运行数据，对数据进行分析、计算、查询、统计、更新、存储等。车载和车站的控制软件对其所需数据通过波导信息网进行发送、下载和更新。

2. 通信单元

系统中的通信单元由裂缝波导（用于辐射电磁波载波）、波导同轴变换器（用于向裂缝波导馈入射频载波信号）、同轴电缆、终端负载、波导信息网基站、轨旁 ATP/ATO、区间链路与沿线设备共同组成一个无线和有线相结合的通信网络。

系统中的通信单元是组成波导信息网络的基础，负责每个车站的信息管理和列车控制等，信息通过区间链路等通信网络和控制中心进行交换，以便控制中心对每列列车进行调度管理。每个通信单元和本地 ATS、轨旁 ATP/ATO、计算机联锁、轨道电路组成一个信号控制车站。站台信号设备如信号机、屏蔽门、紧急停车按钮由信号控制车站的联锁设备控制。信号控制车站主要负责初始化网络配置、无线网络管理、数据记录、数据处理、跟踪列车、速度计算、提供操作员接口、列车控制系统接口和车载计算机信息交换等。

3. 微波裂缝波导

微波裂缝波导系统是车地双向数据传输的媒介。微波裂缝波导系统是波导信息网络的关键部分，它是具有较宽带宽的，可以同时传输数据、语音及视频信号的传输系统，用于车地双向连续数据传输及列车定位。裂缝波导是个中空的铝质矩形管，在其顶部等间隔地开有窄缝。图 4-45 为裂缝波导管外形示意图。

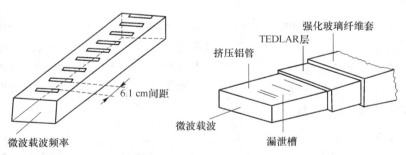

图 4-45　裂缝波导管外形示意图

使用这种结构的波导管，可以实现载频范围内的微波沿裂缝波导均匀辐射，在波导上方的适当位置，接收器可以接收波导裂缝辐射的信号，接收器通过信号处理，得到有用的数据，数据使用 TDMA 作为系统的通信组织管理方式。

TDMA 就是所有用户使用同一射频带宽，按某种秩序分时发射的多址通信技术。波导信息网基站向每列列车给出同步信号，给每节列车预先分配好一个固定时隙，每列列车在各自的时隙内和波导信息网基站交换信息（具体的时隙划分需要根据扩频电台的技术指标确定，一般一个时隙大约 10 ms），并采用直接序列扩频和跳频来防止干扰。

波导信息网基站使用同轴电缆与裂缝波导连接，通过裂缝波导与车载电台交换信息，列车与轨旁单元的信息交换在固定的时隙内完成。系统每秒多次对每辆列车的位置进行检测，利用时分多址的方法，最多可同时控制 30 辆列车。交换的数据内容包括列车的车次号、当前相对位置、当前运行速度、运行时间、运行距离、到达时间、出清时间等，列车通过车载 ATP/ATO 控制列车的运行并精确定位，图 4-46 为 TDMA 原理图。

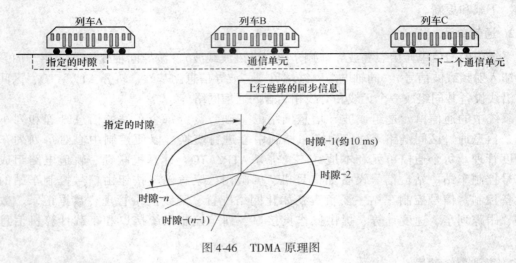

图 4-46　TDMA 原理图

4. 列车运行距离计算

列车的运行距离 = 波导裂缝间距 × 相对起始点开始检测到的裂缝数

根据位置信息及相应的运行时间计算出列车当前的速度，然后列车将速度信息和相对位置放入报文发给轨旁基站，轨旁基站再通过远程控制单元传输给控制中心。

5. 列车定位

每列列车自身都具有定位功能，可确定自身的速度—目标距离曲线。列车通过车载传感器和读取轨旁信标的信息进行初始化、更新数据或精确停车。当列车通过时，使用安装在线路内的信标确定列车的绝对位置和运行方向，列车通过波导信息网向轨旁 ATP 发送其位置信息。由于采用的裂缝波导在其顶部等间隔地开有窄缝，因此，列车的绝对位置可以通过对裂缝波导缝隙的计数和信标对比得到。

6. 移动闭塞区的防护

轨旁设备收集所有列车的位置信息，对每列列车进行管理，并根据列车实时位置、速度和列车信息确定安全保护区段。轨旁设备为每个车载 ATP 提供一个后续列车不能进入当前列车"保护范围"的涉及故障—安全的限制位置。

项 目 小 结

本章介绍了列车自动控制系统的构成，ATC 系统由列车自动监控 ATS 子系统、列车自动防护 ATP 子系统、列车自动运行 ATO 子系统组成。列车自动防护（ATP）子系统，即列车运行超速防护或列车运行速度监督，是保证行车安全、防止列车进入前方列车占用区段和防止超速运行的设备，实现列车运行安全间隔防护和超速防护。ATS 主要实现对列车运行的监督与控制，包括列车运行情况的集中监视、自动排列进路、列车运行自动调整、自动生成时刻表、自动记录列车运行实迹、自动进行运行数据统计及自动生成报表、自动监测设备运行状态等，辅助调度人员对全线列车进行管理。ATO 子系统主要用于实现"地对车控制"，即根据控制中心指令自动完成对列车的启动牵引、惰行和制动（包括列车自动折返），送出车门和屏蔽门同步开关信号，使列车按最佳工况正点、安全、平稳地运行。

习题

一、单选题

1. 固定数据应答器是（　　　）。

A. 无源设备　　　　　B. 有源设备　　　　　C. 电源设备　　　　　D. 车载设备

2. 轨旁电子单元是地面应答器与（　　　）之间的电子接口设备。

A. 轨道电路　　　　　B. 信号机　　　　　C. 转辙机　　　　　D. 电缆

3. 点式 ATP 系统的主要功能是实现（　　　）。

A. 列车自动控制　　B. 列车自动监控　　C. 列车超速防护　　D. 列车自动运行

4. ATO 系统的功能分为基本控制功能和服务功能。基本控制功能是自动驾驶、自动折返和（　　　）。

A. 车门打开　　　　　B. 列车位置　　　　　C. 允许速度　　　　　D. PTI 支持功能

5. 线路上的车站都有预先确定的停站（　　　）。

A. 时刻　　　　　B. 位置　　　　　C. 时间间隔　　　　　D. 时段

二、多选题

1. ATC 系统由（　　　）组成。

A. 列车自动监控子系统　　　　　　　B. 列车自动防护子系统

C. 列车自动运行子系统　　　　　　　D. 列车自动检测子系统

2. ATC 系统包括的原理功能有（　　　）。

A. ATS 功能　　　　　　　　　　　B. 联锁功能

C. 列车检测功能　　　　　　　　　　D. ATC 功能和 PTI 功能

3. ATC 系统按结构的不同可分为（　　　）。

A. 点式 ATC 系统　　　　　　　　　B. 连续式 ATC 系统

C. 间隔式 ATC 系统　　　　　　　　D. 阶段式 ATC 系统

4. ATS 系统由（　　　）等组成。

A. 控制中心设备　　　　　　　　　　B. 车站设备

C. 车辆段设备　　　　　　　　　　　D. 列车识别系统及列车发车计时器

5. ATS 有（　　　）3 种运行模式。

A. 中央人工、自动控制模式（CMA）　　B. 车站控制模式（LC）

C. 中央人工控制模式（CM）　　　　　D. 中央自动控制模式（CA）

三、判断题

1. ATS 子系统主要实现对列车运行的监督和控制，辅助调度人员对全线列车进行管理。（　　　）

2. 地面应答器通常设置在信号机的旁侧或者设置在一段需要提速区间的始、终端。（　　）

3. 准移动闭塞方式的 ATC 系统，根据列车前方目标距离、线路状态、列车性能等因素确定的速度控制曲线对列车的速度进行监控。（　　）

4. 利用轨道电路作为车地信息传送载体的称为基于轨道电路的 ATC 系统。（　　）

5. 在运营终点车站，当驾驶员按下发车按钮，ATO 将自动地驱动列车进入折返轨并在折返点执行精确停车。（　　）

四、简答题

1. 什么是列车运行自动控制系统？

2. 简述 ATP 系统的组成。

3. 简述 ATP 系统的主要功能。

4. 简述 ATS 系统的组成。

5. 简述 ATO 系统的功能。

6. 简述 CBTC 系统的特点。

7. 简述 CBTC 系统的分类。

8. 简要说出西门子的 CBTC 系统结构。

五、案例分析

【国外应用案例】

1. 日本 ATC 系统

日本新干线现有的 ATC 系统普遍采用数字式 ATC 系统。采用目标距离一次制动模式曲线方式，车载设备根据地面轨道电路传送来的信息和各开通区间的长度，求取与前方列车所占用区间的距离，综合线路数据、制动性能和允许速度等计算出列车运行速度，生成目标距离一次制动模式曲线。目标距离一次制动模式曲线缩短了制动距离，并可根据列车性能给出不同的模式曲线，提高了运输效率。

2. 欧洲 ETCS 系统

根据欧洲 ETCS 计划，为了实现欧洲铁路互联互通，车载设备采用 ETCS 总线，可以灵活地支持与各种传统设备及 ETCS 车载设备的通信；传输设备有欧洲应答器和欧洲环路，即数据传输速率为 565 kbit/s 的磁应答器和采用漏泄电缆的环路；欧洲无线也在进行工程实施。ERTMS 系统是为了适应欧洲铁路互联互通的目的，它集联锁、列控和运行管理于一体。西班牙的马德里—巴塞罗那线采用该系统，列控系统符合欧洲铁路统一标准 ETCS 二级标准，速度监控方式采用一次连续速度曲线控制模式（又称目标距离一次制动模式曲线方式），列车占用靠 UM2000 轨道电路，列车定位靠欧洲应答器，车与地双向传输靠无线数传。

3. 德国 LZB 系统

德国 LZB 系统是基于轨道电缆传输的列控系统，是世界上首次实现连续速度控制模式的列控系统，技术上是成熟的。1965 年在慕尼黑—奥斯堡间首次运用，德国已装备了 2 000 km 铁路线。

【国内应用案例】

1. 用于北京地铁系统和天津地铁 1 号线

西屋信号有限公司（Westinghouse Signals Ltd, WSL）的 ATC，充分利用 WSL 多模式列车自动防护系统 TBS100 的灵活性。系统具有很强的可维护性，一旦发生故障，修复时间可以尽量缩短。这种高水平的可维护性是通过广泛采用下列技术来实现的：用自诊断法和发光二极管指示或故障提示进行有效的故障报告，可快速找出故障所在；使用模块化"在线可更换单元"，可更换失灵的模块，快速排除故障；尽量减少在不可及地点（如隧道内）的设备；各系统一般分散布置，某些方面采用冗余，以提高系统的可用性。

WSL 的 ATC 已在世界各地的地铁系统上运营，在我国则用于北京地铁系统和天津地铁 1 号线。

2. 由美国 US&S 公司研制的 ATC 用于上海地铁 2 号线和天津滨海线

US&S 的 ATC 系统基于无绝缘的音频数字轨道电路系统（AF-904），可实现列车检测和机车信号。安全轨旁逻辑使用 MicrolokⅡ系统，由安全微处理器来实现。非安全逻辑使用非安全逻辑模拟器（NVLE）来实现。车载列车自动控制用 MicroCab 车辆软件包来实现。

轨旁信号系统包括一个广域网系统。该系统在轨旁设备室和控制中心之间传输命令和表示。

3. 上海轨道交通 3 号线和上海地铁 1 号线

ALSTOM 的 ATC 包括其本身研制的 ATC 和原美国 GRS 公司［阿尔斯通信号（美国）公司（ALSTOM Signaling Inc.）］研制的 ATC。前者用于上海轨道交通 3 号线，后者用于上海地铁 1 号线。

ALSTOM 的 ATC 由室内设备、室外设备、车载设备及 OCC 设备组成。一条线路划分为若干个 SECTOR 区。每个 SECTOR 区包括 2~4 个车站及相关的站间轨道电路。车站按设备设置分为主设备站、计算机联锁（CBI）站和无岔站 3 种。

【设备故障造成交通混乱案例】

2009 年 3 月 20 日早上 7 时上班高峰期，××地铁 3 号线发生信号故障，导致大面积延误。部分列车一度停止营运，大批搭乘地铁上班的市民被迫重新回到地面改乘公交车或出租车。

3 号线拉长行车间隔导致站台上人头涌涌

　　经检查证实，中央控制系统信号故障是造成此次地铁 3 号线列车晚点的"罪魁祸首"。3 号线的信号故障发生在 20 日早晨 6 时 5 分，故障是由中央控制系统出现问题引起的，这也是地铁 3 号线投入运营以来首次出现此类故障。事故造成部分地铁列车不能进入运营正线。这是 3 号线自开通以来遇到的最严重的突发故障。20 日下午，地铁信号系统公司阿尔卡特公司的技术专家从上海赶到广州，确认是由于中央控制系统出现突发故障而引起的信号故障。

分析讨论：

　　试分析造成交通混乱的原因是什么，我们从中应吸取的教训是什么？

项目五

通 信 系 统

 【知识目标】

- 熟悉城市轨道交通系统通信网的组成
- 了解光纤传输系统的构成原理
- 熟悉公务电话系统
- 熟悉闭路电视监控系统的功能、设备组成
- 了解有线广播系统的功能及设备
- 熟悉时钟系统的作用
- 了解乘客导乘信息系统功能

 【能力目标】

- 能认识城市轨道交通系统通信网的设备组成
- 懂得光纤传输的原理
- 能明确公务电话系统的内容
- 能认识闭路电视监控系统的功能
- 了解有线广播系统的功能
- 能明确时钟系统的作用
- 能懂得乘客导乘信息系统功能

任务一 了解城市轨道交通的通信系统

城市轨道交通通信系统是指挥列车运行、公务联络和传递各种信息的重要手段，是保证

列车安全、快速、高效运行不可缺少的综合通信系统。城轨通信系统主要包括：传输系统、公务电话系统、专用电话系统、无线集群通信系统、闭路电视监控系统（CCTV）、有线广播系统（PA）、时钟系统、电源及接地系统、乘客导乘信息系统（PIs）、办公室自动化（OA）等子系统。通信系统的服务范围涵盖了控制中心、车站、车辆段、停车场、地面线路、高架线路、地下隧道与列车。

一、城轨通信系统的作用

首先，城轨通信系统与信号系统共同完成行车调度指挥，并为城轨的其他各子系统提供信息传输通道和时标（标准时间）信号。此外，通信系统是城轨交通内部公务联络的主要通道，使构成城轨交通内部的各个子系统能够紧密联系，以提高整个系统的运行效率。当然，通信系统也是城轨交通内外联系的通道。

城轨通信系统在发生灾害、事故或恐怖活动的情况下，是进行应急处理、抢险救灾和反恐的主要手段。城市轨道交通越是在发生事故、灾害或恐怖活动时，越是需要通信联系，但若在常规通信系统之外再设置一套防灾救护通信系统，势必要增加投资，而且长期不使用的设备亦难以保持良好的运行状态。所以，在正常情况下，通信系统能为运营管理、指挥、监控等提供通信联络的手段，为乘客提供周密的服务；在突发灾害、事故或恐怖活动的情况下，能够集中通信资源，保证有足够的容量以满足应急处理、抢险救灾的特殊通信需求。

为保证城市轨道交通系统列车运行的安全、可靠、准点、高密度和高效率，实现运输的集中统一指挥、行车调度自动化和列车运行自动化，城市轨道交通系统必须配备专用的、完整的、独立的通信系统，供构成城市轨道交道系统的各职能部门之间的有机联系和行车的调度指挥。

对城市轨道交通专用通信系统的要求是能迅速、准确、可靠地传递和交换各种信息。例如，将各站的客流量、沿线列车的运行状况等信息及时地传送到调度所，并将调度所发布的各项调度命令以及各种控制信号传送至各个车站的执行部门和机构，从而使轻轨系统的运行始终处于有条不紊的状态。

城市轨道交通专用通信系统应是一个既能传输语音信号，又能传输文字、数据和图像等各种信息的综合业务数字通信网。

城市轨道交通专用通信系统，按其功能来分类，大致可分为：供一般公务联系用的自动电话通信子系统；直接指挥列车运行的专用通信子系统；向乘客报告列车运行信息的广播子系统；用以监视车站各部位、客流情况及列车停靠、车门开闭和启动状况的闭路电视子系统；用以传送文件和数据的传真及数据通信子系统等。在控制中心和各车站均配备相应的设备，以构成各子系统。在控制中心与各车站间，通过电缆、光缆及电磁波等传输媒体将上述各子系统连成一个整体，从而构成一个完整的通信系统，为城市轨道交通系统提供综合通信的能力。

二、城市轨道交通对通信系统的要求

城市轨道交通对通信系统的要求是能迅速、准确、可靠地传递和交换各种信息。

（1）对于行车组织，通信系统应能保证将各车站的客流情况、工作状况、线路上各列车运行状况等信息准确、迅速地传输到控制中心。同时，将控制中心发布的调度指挥命令与控制信号及时、可靠地传送至各个车站及行进中的列车上。

（2）对于城轨运行的组织管理，通信系统应能保证各部门之间、上下级之间保持畅通、有效、可靠的信息交流与联系。

（3）通信系统应能保证本系统与外部系统之间便捷、畅通的联系。

（4）通信系统的主要设备和模块应具有自检功能，并采取适当的冗余配置，故障时能自动切换和报警，控制中心可监测和采集各车站设备运行和检测的结果。

三、城轨通信的分类

1. 按业务分类

1）专用通信

专用通信是供系统内部组织与管理所使用的通信网络，包括：行车、电力、维修、公安和防灾调度，以及站内、区间、相邻车站的通信。平时，专用通信主要用于直接组织、指挥列车运行；紧急情况下，专用通信可进行应急调度指挥，是城轨中最重要的业务通信网。

2）公务电话通信

公务电话通信是城市轨道交通内部的电话网，相当于企业总机。供一般公务联络使用，以及提供与外界通信网的连接。

3）有线广播通信

有线广播通信是城市轨道交通运行组织的辅助通信网。平时，有线广播通信向乘客报告列车运行信息，扩放音乐；在紧急情况下，它可进行应急指挥和引导乘客疏散。

4）闭路电视

闭路电视是城市轨道交通的现场监控系统，平时用以监视车站各部位、客流情况及列车停靠、车门开闭和启动状况；在紧急情况下，用以实时监视事故现场。

5）无线通信

无线通信提供对位置不固定的相关业务工作人员及列车司机的通信联络，是固定设置的有线通信网的强有力的补充。

6）其他通信

时钟系统，可使整个系统在统一的时间下运转；会议通信系统，可提供高效的远程集中会议通信，如电话会议、可视电话会议等；数据通信系统，用以传送文件和数据。

2. 按传输媒介分类

城轨通信按传输媒介不同可分为有线通信和无线通信。

有线通信的传输媒介为光缆或电缆。有线通信包括：光纤传输、程控交换、广播、闭路电视等。

无线通信利用空间电磁波进行传输。无线通信包括：无线集群通信、无线局域网（WLAN）、移动电视和公众移动通信网等。

四、城市轨道交通系统通信网的组成

1. 通信网的基本结构

构成通信网的基本要素是终端设备、传输设备和交换控制设备。将终端设备、传输设备和交换控制设备按照适当的方式连接起来，就可构成各种形式的通信网。

城市轨道交通系统通信网的构成方式必须与城市轨道交通系统本身的构成方式相适应。根据城市轨道交通系统中控制中心和各车站的地理位置分布及线路的构成情况不同，城市轨道交通系统的通信网大体上有总线型、星型—总线型和环型等几种基本构成形式，如图 5-1 所示。其中（a）为总线型，控制中心设在线路的一端，各车站通信设备均接在总线上；（b）为星型—总线型，控制中心设在一条线路中间的某一车站或一个控制中心，控制多条线路的运行；（c）为环型，结构与环状线路相适应。无论采用哪一种形式，在控制中心和各车站均应配备相应的通信设备，组网原理及通信控制过程基本上差不多。为简便起见，下面以总线型为例进行讨论。

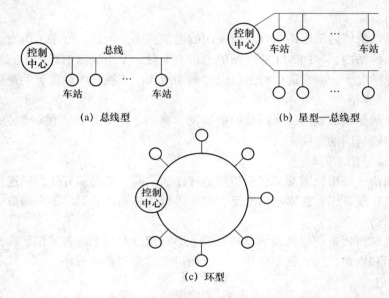

图 5-1　城市轨道交通系统通信网的基本构成形式

2. 通信网的基本设备

按总线型方式构成的通信网的设备组成如图 5-2 所示。

根据城市轨道交通系统对通信的要求，在控制中心和各个车站均配置相应的设备。其中，B 为广播设备，C 为闭路电视设备，E 为交换设备，与这些设备相连接的有各种终端。例如，与交换设备相连接的有普通电话机、传真机、数据终端和调度电话机等。各个车站的设备与控制中心设备通过光纤传输系统互相连接起来构成相应的各个通信子系统。例如，控制中心的广播设备 B 通过传输线路与车站的广播设备相连接构成广播通信子系统；控制中心的闭路电视控制设备 C 通过光纤与车站的闭路电视设备相连接构成闭路电视子系统；控制中心的交换设备 E 通过光纤传输系统与车站的交换设备相连可构成电话通信子系统，当交换设备采用数字程控交换机的情况下，还可连接传真机及数据终端设备，并可利用程控交换机的多种服务功能组成调度电话子系统。车站设备中的交换设备可采用与控制中心相同类型的数字程控交换机，也可采用附属于控制中心交换设备的远端用户模块或用户集中器。

由于通信网采用总线型结构，控制中心送出的各种信号和信息必须按需在各个车站从总线上分出来，送到相应的车站设备，各车站送给控制中心的信息及各车站之间互相传递的信息又必须插入到总线上去，因此在各车站需配备数字信号分配器 DSD，以实现信号和信息的分/插与连接功能。有了这种设备，控制中心和各车站送出的各种信号和信息能够汇集在同一个光纤传输系统中进行传输，并能顺利到达各自的目的地。

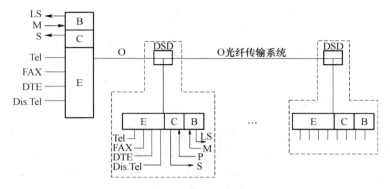

图 5-2　总线型通信网设备组成图

B—广播设备；c—闭路电视设备；E—交换设备；O—光纤传输系统；M—话筒；
LS—扬声器；P—摄像机；S—监视器；Tel—电话机；FAX—传真机；
DTE—数据终端；Dis. Tel—调度电话；DSD—数字信号分配器

任务二　了解城轨通信系统的组成

城轨通信系统主要由下列子系统组成：传输系统、公务电话系统、专用电话系统、无线集群通信系统、闭路电视监控系统、有线广播系统、时钟系统、乘客导乘信息系统、通信电源和接地系统、城轨地下部分的公共覆盖系统。

一、传输系统

城轨的传输网是城轨通信网的基础。城轨传输网要求具有高可靠性和丰富的业务接口。

城轨传输网的低层一般采用 SDH 光纤自愈环路，在光纤切断或故障时能自动进行业务切换，故具有很高的可靠性。

传输业务的多样性是城轨传输系统的主要特点。所传输的业务包括：电话（窄带音频）、广播（宽带音频）、城轨信号（中/低速数据）、视频（高速数据）等。

在城域网（MAN）中，传输网按其功能划分为骨干层、汇聚层与接入层。而在城轨通信网中，传输网按其功能可分为骨干层与汇聚接入层。

城轨传输网分为城轨专用传输网和民用（GSM、CDMA 接入）传输网，这是两个完全隔离的网。

在城轨专用传输网中具体传送的信息为：调度电话、广播、公务电话、集群无线基站的 2 Mbit/s 的数字链路；RS－232、RS－422、RS－485 接口点对点低速电路数据业务；10/100/1 000 Mbit/s 的以太网业务；ATM 业务。

二、公务电话系统

城轨的公务电话相当于企业总机，采用通用的程控数字用户交换机组网，并通过中继线路接入当地市话网。一般情况下，中心交换机安装在控制中心和车辆段，而在各车站配置车站交换机或中心交换机的远端模块。中心交换机与车站交换机之间通过城轨专用传输网进行点对点的连接。为减少城轨通信设备的类型，目前城轨多数采用具有调度功能的交换机组成公务电话网。

三、专用电话系统

专用电话系统包括：调度、站内、站间和区间（轨旁）电话子系统。

城轨的调度电话子系统主要包括调度总机、调度台和调度分机 3 部分，并通过传输系统或通信电缆相连接。在控制中心安装有调度机或交换/调度机作为调度总机，为调度人员提供专用直达通信服务。一般在城轨中设有行车调度、电力调度、维修调度、环控调度、公安调度的（虚拟）调度专网和调度台（其中行车调度专网设 2 个调度台）。调度台应具有选呼、组呼、群呼、强插、强拆、会议、应急处理等特定功能。调度分机安装在控制中心、车辆段及各车站。调度台可单键直接呼叫分机，分机呼叫调度台分为一般与紧急两类呼叫。

站内的公务电话交换机具有热线功能，在提供公务电话业务的同时，亦可提供站内、站间和区间（轨旁）电话业务。站内电话子系统由车站公务电话交换机、车站值班台（主机）和电话分机组成。

站间电话可为车站值班员与相邻车站的车站值班员提供直达的通信服务，也可以接入公务电话网。

区间电话通过站内电话子系统连接邻站的车站值班台或接入公务电话网，为隧道内的维修人员提供通信服务。

四、无线集群通信系统

城轨通信中包括有线与无线两类调度指挥系统，其中，无线调度指挥系统亦称为无线集群通信系统。它在城轨通信系统中发挥了十分重要的作用，是调度与司机实现通信唯一的可靠手段，同时也是与移动中的作业人员、抢险人员实现通信的重要手段。该系统在保证行车安全及处理紧急突发事故方面有着不可替代的作用。

无线集群通信系统主要包括：集群中心交换与控制设备；基站设备和直放站；漏泄电缆和天线；调度台、车载台、车站台（固定台）和手持台。

在城轨中的无线调度网包括行车调度网、维修调度网、环控调度网、车辆段调度网和防灾调度网，各调度网具有独立的调度台。在陆上集群无线电（TETRA）系统中，各调度网以虚拟网的方式互相独立，互不影响。各调度网共享频点和基站设备，提高了频率资源的利用率，节约了设备投资，便于构成一个统一的城轨全线、全程的无线通信网。城轨中的无线数字集群系统还为数传调度台提供传递列车状态信息及车载信息显示所需的 IP 传输链路。故在城轨无线调度通信中，数字集群系统充分地发挥了它的特点。

目前，城轨的行车调度广泛使用计算机辅助调度（CAD）子系统，该子系统接收来自信号控制系统的 ATS 信息（包括车次号、机车号、位置等信息），自动生成行车控制信息，并通过集群系统的应用程序接口（API）送到行车调度台上。行车调度台将列车运行的信息（本次列车位置、速度、离前方站台的距离等信息）显示在被呼司机车载台的屏幕上。除此以外，车载台可根据位置信息自动完成列车的追踪切换（指自动完成基站之间的信道切换，这类似于 TD-SCDMA 的接力切换）。

TETRA 集群系统以组呼为主，采用单工、半双工与双工通话方式，单工与半双工只有按键讲话时才占用无线信道，从而节约了无线资源和终端耗电。该系统具有选呼、组呼、群呼、列车广播、优先呼叫、强拆、强插、短信收发、数传、有线电话转接、调度通话录音、后台监听等功能。

五、闭路电视监控系统（CCTV）

闭路电视监控系统为控制中心调度管理人员、车站值班员、列车司机及站台监视亭值班员等提供对车站的站厅、站台、出入口等主要区域的监视服务。

控制中心的行车调度员实时监视全线各车站的情况。车站的车站值班员能够实时监视本站情况。列车司机能在驾驶室看到乘客上下车的情况（站台与列车间用无线传送视频信号）。

监视画面要求具有 DVD 质量，采用控制中心和车站两级互相独立的监控方式，平常以车站值班员控制为主，控制中心调度员可任意选择上调各车站的各摄像头的监视画面。在紧急情况下，则转换为由控制中心调度员控制。按照安全与事故取证要求，车站和控制中心的 CCTV 设备还应具有录像功能。

城轨的闭路电视监控系统有模拟、数字和网络 3 种组网方式。

在模拟闭路电视网络中，摄像头与监视器之间传输的是模拟视频信号，图像的切换和分割由硬件（视频矩阵和图像分割设备）完成。各车站传送至控制中心模拟视频信号，采用点对点的模拟光纤传输。

在数字闭路电视网络中，车站和控制中心仍以模拟组网，它与模拟闭路电视区别仅在于：各车站与控制中心之间利用城轨传输网传送视频信号。因城轨传输网只能传输数字信号，为了将模拟视频信号从站点传到控制中心，需要经过编解码器进行模/数与数/模转换。在传输网采用多业务传送平台（MSTP）技术后，目前亦有将模拟视频信号经压缩编码、成帧后，利用城轨传输网的分组数据通道以总线方式传送视频信号，其主要优点为可以按需动态分配带宽。

在网络闭路电视网络中，带有编码器的网络摄像头和带有解码器的数字监视器及数字录像硬盘均接入站点的 Ethernet 或 ATM 局域网，监视器可根据摄像头的 IP 地址调看图像，并用软件进行图像分割，省略了视频矩阵和图像分割等硬设备。各站点局域网与控制中心局域网通过城轨传输系统互联成广域网，控制中心可以根据摄像头 IP 地址直接选调全线各摄像点的监控画面。

六、有线广播系统（PA）

有线广播系统由正线广播和车辆段广播两个独立的系统组成。

正线广播又分成控制中心广播和车站广播两级，该系统为控制中心调度员、车站值班员、车辆段值班员提供对相应区域进行有线广播的功能，同时也为控制中心大楼提供广播功能。

有线广播系统具有自动和人工广播，以及相应的选择功能及优先级功能，采用车站和控制中心两级控制方式。平时以车站广播为主，控制中心可以插入；但在紧急情况下，则以控制中心广播为主。

七、时钟系统

时钟系统是为保证轨道交通运营准时、服务乘客、统一全线设备标准时间而设置的。城轨的两类时钟系统均同步于美国 GPS（俄罗斯格林纳斯、欧洲伽利略、中国北部一号作备用）或 CCTV 时间信息。

提供时间信息的时钟系统分为一级母钟系统与二级母钟系统。一级母钟系统安装在控制中心，二级母钟系统安装在各车站、车辆段的通信机房内，用以驱动分布在站内及车辆段的各子钟显示正确的时间，同时为通信设备提供基准频率。

八、乘客导乘信息系统（PIS）

乘客导乘信息系统与城轨信号系统相连接。PIS 的主要功能是及时为车站和列车上的乘客提供列车导乘信息，同时也可提供诸如时间、天气预报、新闻及广告等其他信息。

为了在列车上提供实时的导乘信息、新闻、赛事等，可以在城轨中建设符合我国数字电视地面广播标准（DMB-TH）的移动数字电视系统。

九、通信电源和接地系统

城轨通信的电源系统必须是供电设备独立、并具有集中监控管理的系统。通信电源系统应保证对通信设备不间断、无瞬变地供电，以满足通信设备对电源的要求。

城市轨道交通通信设备应按一级负荷供电。由变电所引接双电源双回线路的交流电源至通信机房交流配电屏，当使用中的一路出现故障时，应能自动切换至另一路。

对于要求直流供电的通信设备，采用集中方式供电。直流供电系统可由直流配电盘、高频开关型整流模块、直流变换器、逆变器、阀控式密闭铅蓄电池组等组成，并应具有遥信、遥测、遥控性能和标准的接口及通信协议。

对要求交流不间断供电的通信设备，可根据负荷容量确定采用逆变器供电或交流不间断电源（UPS）供电方式。

通信设备的接地系统设计，应做到确保人身、通信设备安全和通信设备的正常工作。

城市轨道交通车站根据条件可采用合设接地方式，也可采用分设接地方式。分设接地方式由接地体、接地引入线、地线盘及室内接地配线组成。

十、城轨地下部分的公共覆盖系统

城轨中的公用移动通信系统，即指公众网电信运营商的 GSM、CDMA 或 3G 移动通信系统。

对城轨而言，地面和高架线路车站与列车中的乘客可利用公众移动通信网的地面覆盖进行通信，而移动通信地面电磁波不可能直接进入地下，故需要在地下部分建设公众移动通信网的覆盖系统。因为在地下站厅、站台与隧道中电磁波的传播特征与自由空间传播特征相比较有其特殊性。故在城轨地下部分中，公共覆盖的天馈（由天线、漏缆、馈线组成）系统部分，需针对城轨地下部分的特殊环境进行设计与施工。

城轨地下部分的公共覆盖系统主要包括信号源（基站）和分布式天馈系统两大部分。

不可能允许每个电信运营商都在城轨地下部分中铺设自己的引入与天馈系统。目前最通用的方法为：多个电信运营商的信号源接入一个多系统接入平台，合用一套天馈系统，形成城轨地下部分的公共覆盖。

任务三　了解光纤传输系统

一、光纤和光缆

光纤是光导纤维的简称。光纤通信是以光波为载频，以光导纤维为传输介质的一种通信方式。由于光纤通信具有传输频带宽、通信容量大、不受电磁干扰等一系列优点，它已成为当今和未来信息社会中构成各种信息网的最主要方式。

1. 光纤的结构和分类

目前，通信用的光纤是用石英玻璃（SiO_2）制成的横截面很小的双层同心圆柱体、其内层称为纤芯，外层称为包层。由于石英玻璃质地脆、易断裂，为了保护光纤表面，提高强度，便于使用，需在裸光纤外再进行两次涂覆而构成光纤芯线，其剖面图如图 5-3 所示。

光纤可以根据构成光纤的材料成分、光纤的制造方法、光纤的传输模数、光纤上折射率分布及工作波长进行分类。目前通信上所用的石英光纤，按折射率分布可分为均匀光纤和非均匀光纤。所谓均匀光纤是指纤芯的折射率 n_1 和包层的折射率 n_2 都为一常数，且 $n_1 > n_2$，在纤芯和包层的交界面处折射率发生突变。非均匀光纤的纤芯折射率 n_1，随着半径的增加而按一定规律减小，到纤芯与包层交界处的折射率为 n_2，又称为渐变型光纤。

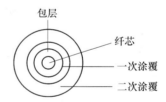

图 5-3　光纤芯线剖面图

按传输模式数量来分，光纤可分为单模光纤和多模光纤。所谓模式，实质上是电磁场的分布形式。单模光纤只传输一种模式，这种光纤的传输频带宽，传输容量大。多模光纤中有多个模式在光纤中传输，其传输性能比单模光纤差。

目前，在国内外各种通信网中用得最普遍的是工作波长为 1.3 μm 的单模光纤，其折射率分布为均匀分布。

2. 光纤的导光原理

1）光波在两种介质交界面的反射和折射

光波在均匀介质中传播时，其轨迹是一条直线，而当遇到两种介质交界面时，将产生反射和折射现象，如图 5-4 所示。图中介质 I 的折射率为 n_1，介质 II 的折射率为 n_2，且 $n_1 > n_2$。在介质 I 中光波沿直线传播，其入射角为 θ_1，当光波到达介质 I 与 II 的界面时，一部分穿过界面进入介质 II，但因 $n_1 > n_2$，故折射角 $\theta_2 > \theta_1$；另一部分光波则反射回介质 I，且 $\theta_1' = \theta_1$。当入射角 θ_1 逐渐增大到一定程度时，折射角将大于 90°，即光波不再进入介质 II，而由界面全部反射回介质Ⅰ，这种现象称为全反射。

2）均匀光纤的导光原理

由前面所述已知，均匀光纤是指纤芯的折射率 n_1 为一常数，包层的折射率 n_2 也为一常数，且 $n_1 > n_2$ 的光纤。要使光波沿光纤传播，不让光波从包层折射出去，则光波的入射角必须足够大，使之满足全反射条件。

由此可知，均匀光纤是根据全反射原理，将光波限制在纤芯中以锯齿形向前传播的光纤，如图 5-5 所示。

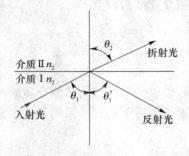

图 5-4　光波的反射与折射

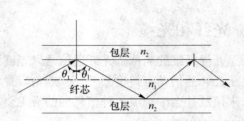

图 5-5　均匀光纤的导光原理

3. 光缆结构及种类

由于细而脆的光纤不能承受施工等各种因素的外力，在实际使用中都是将若干根光纤以适当的方式组合，再配上加强构件和防护外套而形成光缆，使之具有一定的机械强度，并保证传输性能稳定、可靠。

通信网中使用的光缆按结构形式不同分为层绞式、单位式、骨架式和带状式等多种结构形式，适用于各种不同的场合。按敷设环境不同分为直埋光缆、管道光缆、架空光缆、海底光缆等。

二、光纤通信系统的构成

1. 光纤通信系统的基本构成

光纤通信系统的基本构成如图 5-6 所示。

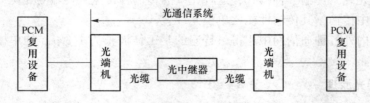

图 5-6　光纤通信系统的基本构成图

光纤通信系统由光端机、光缆和光中继器等组成。

光端机由光发送部分和光接收部分组成，在发送端将脉冲编码调制（PCM）复用设备发出的电信号变成光信号送入光纤传输，在接收端再把收到的光信号还原成电信号送到 PCM 复用设备。

光中继器的作用是将传输中衰减了的光信号进行再生放大，以利于继续向前传输。

2. 光端机的构成

光端机的构成如图 5-7 所示。

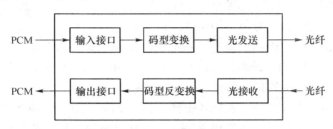

图 5-7 光端机方框图

（1）输入/输出接口可实现 PCM 复用设备的数字信号（一、二、三次群为 HDB3 码，四次群为 CMI 码）与 NRZ（不归零单极性码）之间的变换，便于用数字电路进行处理。

（2）码型变换与码型反变换可实现 NRZ 码与适合光缆传输的线路码型（如 mBnB 码、mB1H 码等）之间的变换，其目的是在 PCM 码流中插入一些监控及通信联络信息。

（3）光发送部分可包括驱动电路和光源及一些控制电路，通过驱动电路对光源进行调制，并将调制后的光信号送入光纤。光纤通信系统中的光源采用半导体激光器（LD）或发光二极管（LED）。

（4）光接收部分。由光检测器和低噪声电子放大器组成。它将来自光纤线路的光信号变成电信号。

任务四　了解公务电话系统

城市轨道交通公务电话网相当于企业的内部电话网，采用程控数字交换机组网，通过中继线路接入当地市话网。一般情况下，交换机分别安装在控制中心和车辆段，两台交换机之间利用局间中继线互联，而用户话机则分布在控制中心、车辆段和各车站，两台交换机可利用通信电缆直接连接到其所在地的用户话机。控制中心和车辆段的交机为了将其用户话机延伸到各个车站，一般利用城轨专用传输网的部分带宽资源组成承载网络，以连接远端的车站小交换机或远端模块。

在用户接入网方式中，各车站均配置远端 PCM 用户接口架，并由该接口架的模拟户（POTS）接口和数字用户（2B＋D）接口接续各车站的模拟用户话机和数字用话机。

在中继组网方式中，控制中心交换机的 ISDN BRI（即 30B＋D 或 E1/DSSl 信令）接口通过城轨传输网的 E1 传输电路，以点对点方式连接各车站的车站小交换机（或控中心交换机的远端模块），并由远端设备提供用户 POTS 接口和 2B＋D 接口，以接续车站的用户话机。

为减少城轨通信设备的类型，目前，不少新建城轨线路采用具有调度功能的交换机组成公务电话网，使公务电话网和调度网采用相同硬件的中心交换机。

公务电话系统能为城轨的办公管理部门、运营部门、维修部门提供一种固定的通信服务，包括电话业务和部分非话业务（传真、电路数据等）。公务电话系统应具有交换和计费功能，具有识别非话业务、自我诊断、维护管理、新业务等功能。该系统除了能提供内部通话外，还应能与市内公众电话网互联，实现与本市用户（包括直拨火警 119、匪警 119 救护 120 等特服用户）通话，还可以实现国内、国际长途通信。该系统还应与城轨的无线集群通信系统互联，用以实现城轨公务电话与无线调度电话的互联互通。

处于电话网节点位置的电话交换机，在电话网中完成话路的选路与连接功能。路是交换机的处理机，根据被叫用户号码选择路由（局内或局外）；连接是在交换机的控制下，由接线器完成输入话路与输出话路的连接。

电话交换（不包含 IP 电话）是电路交换，且工作在交换分层模型第一层（物理层）。因此，电话交换机的接线器需要在通信前完成输入物理电路与输出物理电路的连接，通信结束后拆除这次连接。这种物理电路的连接，在数字交换机中是输入链路时隙与输出链路时隙的连接，并由数字接线器来完成这种链路时隙间的连接。

一、数字程控交换系统概述

自动交换机是能根据主叫用户的要求（所拨的号码）自动接通被叫用户的设备。在交换技术发展的 100 多年中产生了各种制式的交换机。起始于 20 世纪 60 年代的"程控交换机"是"存储程序控制交换机"的简称，它是利用电子计算机技术，以预先编制好的程序来控制交换接续工作的自动交换机。而数字程控交换机则是一种能将输入的模拟信号先进行模/数转换后，即转变成由一系列"0"和"1"组成的数字信号，再进行交换接续的程控交换机（当然也能对输入的数字信号直接进行交换）。

与其他各种制式的交换机相比，数字程控交换机具有许多优点，因而它在各类通信网中得到了广泛的应用。

数字程控交换机的优点及提供的新服务项目如下。

1. 数字程控交换机的优点

数字程控交换机之所以能迅速发展，除了采用新技术外，它还具有很多受人欢迎的服务功能和很多优越性，其优点主要体现在以下几个方面。

（1）体积小，质量轻，耗电少。

（2）灵活性大，适应性强，容量大小可变，易于组网。

（3）易于提供各种新业务和多种服务项目。

（4）可进行集中维护管理，自动进行故障处理和诊断。

（5）交换网络阻塞小，服务质量好。

（6）采用超大规模集成电路和冗余结构设计，可靠性高。

（7）数字交换机和 PCM 数字传输相结合，抗干扰性好，通话质量高，易于构成综合业务数字网，并可提供各种话音和非话通信业务，如电话、数据、传真、图像等。

2. 程控交换机提供的新服务项目

1）缩位拨号

用户在呼叫经常联系的对方用户时，可用 1～2 位号码代替原来的多位号码，特别是在被叫用户号码位数较多时，缩位拨号提供了方便，且减少了拨号中可能产生的错误。

2）热线服务

热线服务又叫"免拨号接通"或"直线电话"，用户摘机后无须拨号，即可接通事先指定的某一用户。这种功能在轨道交通通信系统中可用来作为调度电话分机呼叫调度员。

3）呼出限制

呼出限制功能用于电话用户增强自我保护能力，限制他人使用自己的电话，避免无谓的电话费用支出。

4）闹钟服务

闹钟服务又称叫醒服务，它可在预定时间提醒用户进行计划中的活动。

5）免打扰服务

使用该功能可使用户在一段时间里不受电话呼叫的干扰。

6）转移呼叫

当用户外出它处时，可将来话转移至所去之处，避免耽误通话联系。

7）呼叫等待

当某用户正在通话中，又有电话呼入，该用户可听到等待音后做出选择，结束（或保留）原通话，接收新呼叫或者拒绝新呼叫。

8）遇忙回叫

当 A 用户呼叫 B 用户时，遇 B 用户忙，本功能可待 B 用户空闲后自动接通 A 与 B 两用户。

9）缺席服务

当用户不在时（缺席或外出），如有其他用户呼入，可向他提供事先录制的通知信息。

10）会议电话

人们可以利用电话举行会议，少则三人，多则数人，而不必驱车赶路。

程控交换机根据容量（连接的用户数）和性能不同分为通用型（用于邮电公用网）和专用型（用于机关、企业、工矿、铁路等）两类，专用型用户交换机又称为用户交换机（PBX）或小交换机。专用型用户交换机除了上述各项服务功能外，还具有许多适合各用户单位需要的服务功能。在城市轨道交通系统中，通常采用数字程控用户交换机。

二、数字程控交换网实现的专用通信业务

数字程控交换网除了提供城市轨道交通系统工作人员之间一般的公务电话通信之外，它还可实现以下各种通信业务。

1. 城市轨道交通专用通信业务

城市轨道交通专用通信系统的作用是为中央控制室的调度员、车站值班员、车辆段值班员、各车站的保安人员等提供快捷而可靠的通信手段。

1）调度电话

调度电话是城市轨道交通系统中最主要的专用通信业务。根据调度功能的需要，调度电话分为指挥列车运行的列车调度电话、保障电力供应的电力调度电话和保证城市轨道交通系统安全运行的防火报警调度电话等。

调度电话子系统的调度台设在控制中心的调度所内，调度分机设在各车站、各职能部门所在地。例如，列车调度电话系统的调度分机设在各车站和信号楼的车控室及停车库的运转

室内，电力调度电话的调度分机设在各变电站的值班室内。

调度电话子系统是为控制中心调度员组织、指挥所管辖范围内车站值班员而设置的一种专用通信系统。在城轨中设置有行车、电力、环控（防灾）、维修等多个调度网，各调度网内的调度员与下属值班人员可进行直达通信，下达调度、指挥命令。在城轨建立专用调度网是城轨安全、准时、快捷的必要保障措施。因此，必须迅速、可靠地直接接续调度电话，不应该接入与本系统业务无关的电话。

2）城轨调度电话子系统的功能需求

对城轨调度电话子系统最基本的功能需求为：各调度台能快速地单独、分组或全部呼出所属分机，下达调度命令；各调度分机摘机就可呼叫对应的调度台。

（1）控制中心的各调度台（及部分线路车辆段的调度台）对各站（车辆段）调度分机具有选呼、组呼、全呼和会议功能，并且在任何情况下不应发生呼叫阻塞现象。

（2）调度分机之间不能直接进行通话。若分机之间确有必要进行通话时，需由调度台转接。在分机间通话时，调度员有权对分机间的通话进行监听、插话和强拆。

（3）控制中心或车辆段各调度员之间的通话。

（4）控制中心总调度员协调和监视各调度员的控制操作。

（5）调度机或调度台可对调度通话自动进行录音。

（6）下属调度分机可对调度台进行一般呼叫和紧急呼叫。

（7）调度分机摘机可直接呼叫调度台，分机呼叫调度台遇忙时应有忙音。需要时，应使用紧急呼叫手段。

（8）分机呼叫调度台时，调度台应能按顺序显示呼叫分机号码和呼叫类别，并能区分是一般呼叫还是紧急呼叫。若是紧急呼叫，调度台应具有能够引起调度员听、视觉注意的功能。

（9）若站台设置小容量调度机，则控制中心调度机与站台调度机组成二级调度网。

3）城轨调度电话子系统的传输需求

调度电话子系统应由控制中心的调度机、控制中心或车辆段的调度台和站（车辆段）的调度分机组成。控制中心的调度机与调度台之间一般采用 ISDN BRI（2B＋D）接口，并用电缆直接进行传输；控制中心的调度机与车辆段之间，通过城轨专用传输系统和 PCM 接口架所提供的 2B＋D 用户接口传输。

控制中心调度机的 ISDN PRI（E1/DSSI 信令、30B＋D）接口以用户接入网的方式通过传输系统所提供的点对点的 PCM 一次群链路和各车站的 PCM 接口设备相连接，由各车站（车辆段）PCM 接口设备的用户接口电路连接车站（车辆段）内的各调度分机。

4）城轨调度电话子系统的维护和管理需求

设备应具有故障管理、性能管理、配置管理、安全管理等网管功能。主要设备应具有自动测试、自诊断、故障定位、故障告警等功能，必要时可由控制中心采集设备检测结果。

对调度电话系统的基本要求是：各调度台能快速地单独、分组或全部呼出所属分机，下达调度命令；各调度系统的分机只要摘机就可呼叫调度台。各调度系统的调度分机与系统调度台之间可通过程控交换网进行连接，如图 5-8 所示。

使用程控交换网构成调度电话系统，要利用程控交换机的闭合用户群功能。所谓闭合用户群是指群内用户间可相互通信，群外用户和群内用户间不能互相通信。在程控交换网内可组织若干个闭合用户群，一个闭合用户群就可成为一个调度电话系统，若干个闭合用户群即可构成若干个调度电话系统。采用这种方式，以程控交换网为依托，构成的调度电话系统是一种虚拟的独立系统。在物理上，这种调度系统是程控交换网的一部分，在运用上却是完全独立的。

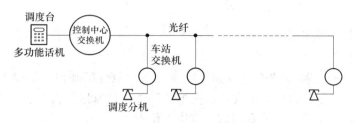

图 5-8　调度电话系统构成图

调度电话系统中的调度台通常采用专用的带有液晶显示屏的数字式多功能电话机。这种多功能电话机具有较强的控制功能，如可对分机进行快速单呼、组呼或全呼；可显示主、被叫号码等。

在调度电话系统中，通常只允许调度员和分机之间相互呼叫和通话，分机之间相互呼叫和通话是不允许的。当分机之间确有必要通话时，可由调度台转接，而且分机间通话时，调度员有权插入。

为了在程控交换网中组织调度电话系统，必须对网内全部电话机实行统一编码，即每一个分机都有一个单独的、唯一的号码，这样调度员在呼叫某调度分机时，只要按一下与该分机号相对应的快速呼叫按键（在用户数据中事先设定），就可由程控交换机将该分机呼出。一个快速呼叫键还可对应于一组分机或全部分机，调度员可用此进行组呼或全呼。

在调度电话系统中，调度分机只要摘机（不需拨号）就应能呼叫调度员，这可利用程控交换系统中的热线服务功能来实现。只要在调度分机和调度员之间建立单向热线，则当分机摘机后不需拨调度员的电话号码就可与调度员接通通话。单向热线的建立可在用户数据中设定。

由上可见，调度电话系统是利用程控交换网和程控交换机提供的服务项目而实现其通信控制功能的。此外，为保证调度员和分机之间的呼叫无阻塞，可在控制中心交换机和各车站交换机间设置直接中继通道。

5）站间行车电话

站间行车电话是供相邻两车站值班员之间联系有关行车事务的电话。站间行车电话应具备直线电话功能，即任一方摘机不必拨号就可与对方建立通话。这种直线电话功能也可以利用程控交换网在相邻两站的行车电话机之间建立双向热线来实现。

6）城市轨道沿线电话

为了满足城市轨道交通系统运营和维护以及应急的需要，以便工作人员在轨道沿线随时能和调度所或有关部门取得联系，通常在轨道沿线每隔 500 m 左右设 1 台电话机，每 2～3 台电话机并联后通过专用的电缆直接接到邻近的一个车站的交换设备。程控交换网可为所有的沿线电话机提供与其他任何分机或调度台联系的功能。

7）车站集中电话机

为使车站的各职能部门与本站或本地区相关下属单位进行便捷的通信联系，各车站均设置集中电话机。集中电话机的控制台可采用调度电话系统中使用的数字式多功能话机。集中电话机可通过快速呼叫键呼叫其下属分机。下属分机与集中电话机之间可建立延时热线。分机呼叫集中台时，分机只需摘机而不必拨号，等数秒钟（一般设为 5 s）后便可与集中台接通通话。如果分机在摘机后数秒钟内拨了其他电话分机的号码，就可自由地和其他任何电话分机进行通话。

2. 传真和数据通信业务

1）传真通信

传真通信是一种在接收端能够得到发送端发出的原件的硬拷贝记录的一种图像通信形式。其最大特点是可以传输任意的文字、图形和图像。传真通信目前已成为现代企业办公自动化中不可缺少的通信手段。传真通信具有以下优点。

（1）传输信息迅速。急需传送的文件、报表、图纸等不需抄写（或打印）在特别的纸张上，一张 A4 大小的原稿只要几十秒钟到几分钟的时间便可送到对方。

（2）传输信息准确。传真通信可以将文件、图表以原样记录形式接收下来，可以避免打电话过程中说不清楚或说错、听错而造成的麻烦，且硬拷贝记录便于保存，可供日后查阅。

（3）传输信息任意。不论是书写件还是打印件、印刷品都可任意传送，与数据通信相比又不受字母、文字、数字、符号等因素的限制，可任意传输。

在城市轨道交通系统中，利用程控交换网实现传真通信的方法如图 5-9 所示。

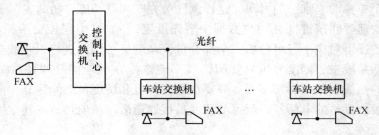

图 5-9　利用程控交换网实现传真通信的方法

只要将传真机（FAX）与电话机并联后接在交换机上，就可进行传真通信。通信的建立是通过电话机拨号来实现的。利用程控交换网实现传真通信还可应用程控交换机提供的新服务功能，如缩位拨号、热线服务等。

利用现代传真机的存储和自动转发功能，与交换机的交换功能配合还可以将同一份原件依次传送到各个车站，从而实现同报传送。

2）数据通信

数据通信是以传输数据为业务的一种通信方式，是计算机与计算机、计算机与数据终端，以及终端与终端之间的通信。在城市轨道交通系统中，控制中心各调度所与各车站之间可用数据通信方式来传递文件和数据，以提高工作效率。

任务五 了解闭路电视监控系统

城市轨道交通闭路电视（CCTV）监控系统为控制中心调度管理人员、车站值班员、列车司机及站台工作人员等对所管辖车站的站厅、站台、出入口、机房等主要区域提供实时视频监控服务，以确保城市轨道交通系统正常安全地运行。

城轨CCTV监控系统采用车站、控制中心两级互相独立的监控方式，平常以车站值班员控制为主进行视频监控，控制中心调度员可任意选择上调各车站的任一摄像头的监控画面。在紧急情况下，则转换为以控制中心调度员控制为主进行视频监控。在一个城市有多条线路的情况下，上层的线网管理中心可以设置为线网闭路电视监控中心，根据需要调看各线路的监控画面，从而形成车站、控制中心和线网管理中心的三级视频监控系统。出于安全与事故取证的要求，车站和控制中心还应具有录像功能。

一、城轨对闭路电视监控系统的需求

城轨闭路电视监控系统是城轨运行、管理、调度的配套设备，使城轨中各工种的管理和调度人员能实时地看到现场情况，并可以根据实际情况进行判断，下达调度、指挥命令。

城轨CCTV监控系统可以为车站值班员提供对站厅的售票亭、自动售票机、闸机出入口、自动扶梯出入口、站台、机房等主要区域的监控；可以为列车司机和站台工作人员提供相应站台的旅客上、下车情况；可以为控制中心的行车、环控、电力、公安等调度员或值班员提供各个车站或机房的监控点画面。控制中心调度员可根据其权限选择上调各车站摄像机的监控图像，并能对该摄像机的云台和电动镜头进行控制。控制中心和车站的监控中心应具有录像功能。

城轨对闭路电视监控系统的基本需求如下。

（1）城轨的CCTV监控系统监控画面的质量，应达到广播级标准清晰度（标清）电视或DVD的质量标准。车站值班人员、控制中心调度员应能对监控图像进行选择显示，以自动循环显示方式或画面分割方式调看已设置分组的图像，或调看某一监控点的图像。

（2）系统可实现控制中心、车站和司机的三级监控。三级监控应是自成系统的，控制中心应有权调看车站级的监控点图像或回放历史图像。

（3）车站一级的用户包括车站值班员或/和防灾值班员，应能任意地选择、控制本车站中任意一台或是一组摄像机的图像，并切换到相应的监视器上。

（4）控制中心的用户包括行车调度员、环控（防灾）调度员、电力调度员、维修调度员和公安值班人员应能选择、控制全线所有车站（含机房）内的任意一台或一组摄像机的图像，并切换到其相应的监视器上。

（5）通过合理安排2~4台站台定焦摄像机的位置，给列车司机提供能观察到全站台乘客上、下列车情况的监控画面，用以控制车门和屏蔽门的开闭，防止夹伤乘客。站台摄像机无控制功能，其输出的视频信号应传至列车司机可以看到的站台监视器，或采用无线传输方式传至列车驾驶室的监视器上。

（6）控制中心和车站的监控画面能进行选择与控制，可采用人工切换或自动扫描方式，平时循环或分割画面显示。

（7）安防、门禁、烟雾等告警可与图像切换功能、摄像头控制进行联动。即报警时，环控（防灾）调度员所监控的画面自动切换至告警点相关的摄像机画面。若采用一体化摄像机，在安防告警时，摄像机的摄像头应自动对准报警点并自动监听现场的声音；在门禁告警时，摄像机的摄像头自动对准被非法开启的门；烟雾告警时，摄像头应自动对准烟雾告警区域等。若同时出现多处告警，则监视器应循环显示事故现场。

（8）各级用户的监视器是独立分设的，数量根据用户的需要而确定。

（9）各个城轨车站配置有硬盘录像设备，各摄像机的监控画面均需进行自动录像，并能保存一定的时间，以备日后调看。在控制中心亦配置有硬盘录像设备，用以录制切换到中心监视器上的图像。控制中心行车调度员使用的监控设备具有人工/自动录像和放像的功能。

（10）城轨闭路电视监控系统的车站监控区域，按上、下行站台区及站厅区（进/出口、电梯、闸机、自动售票等）划分。

（11）城轨闭路电视系统目前采用 CCD 彩色摄像机，可分为带有云台、电动镜头的一体化摄像机和不可控制的定焦距的固定摄像机。车站值班员或控制中心调度员可通过操作控制键盘对一体化摄像机进行遥控，控制摄像机的角度、焦距、光圈和距离。

（12）车站一级视频监控系统的视频信号采用射频同轴电缆连接，控制信号采用屏蔽 2 芯线连接；车站至控制中心的上行视频信号和下行控制信号，通过城轨专用传输系统进行传输。

（13）各监视器显示的图像上应叠加有车站名称、监控区域名称、摄像机编号及摄像日期和时间等信息，维护人员可以更改以上信息。

（14）主要设备应具有人工或自动检查功能，自动部分包括：自测试、自诊断、故障寻迹等自检功能，并可上传故障告警信息，或由控制中心集中采集检测结果。

（15）设备应具有抗电磁干扰的能力。

二、闭路电视监控系统的组成

闭路电视监控系统由摄像机（含监听头，即话筒）、控制部分、传输部分、监视器、报警部分和网管部分六部分组成。

1. 摄像机

摄像机是一种视频输入设备，在视频监控系统中所采用的摄像机分为一体化摄像机和固定摄像机两大类。一体化摄像机是受控摄像机，其摄像头安装在云台上，可以上下左右 4 个方向受控移动；另外摄像头上的镜头亦能受控调节焦距与光圈。

1）摄像头

摄像头的基本工作原理为：景物通过镜头生成的光学图像投射到图像传感器的表面，然后转换为电信号。图像传感器是一种半导体芯片，其主要部分是感光器，表面包含有几十万至几百万个光电二极管。光电二极管在受到光照射时，产生电荷，即将光图像转换为电图像，再通过电子扫描读取各光电二极管所产生的电信号，形成模拟视频信号输出。若是数字摄像头，还需经过 A/D 转换和数字信号处理，形成数字视频信输出。

2）数字信号处理芯片（DSP）

数字信号处理芯片仅用于数字或网络摄像头。该芯片对模拟视频信号进行压缩编码。

3）云台

云台是承载一体化摄像机进行水平和垂直方向（左/右、上/下）转动的装置，它可有以下几种选择。

（1）室内或室外使用的平台。

（2）不同承重的平台，可根据摄像机和防护罩的总重量来选择。

（3）几种控制方式的平台，一般有电源端口和控制端口。

4）防护罩

（1）室内防护罩：结构简单、价格低，并具有防尘、防盗、防破坏等防护作用。

（2）室外防护罩：具有降温、升温和防雨等防护功能，无论何种恶劣天气，防护罩内摄像机均能保证正常工作。

2. 控制部分

闭路电视监控系统分为网络闭路电视监控系统（简称网络 CCTV）和模拟闭路电视监控系统（简称模拟 CCTV）和数字视频监控系统。控制部分是整个闭路电视监控系统的核心，由主控制台、副控制台与远端解码器组成。

1）主控制台（主机）

系统主控制台亦称主机，它对系统中各个设备进行控制。其主要功能为：视频信号的放大与分配、图像信号的校正和补偿、视频网络控制、图像信号的切换和分割、图像信号的记录、摄像机及其辅助部件的控制。主控制台由视频切换器、视频网络控制器、视频分配器、画面分割器、帧（场）切换处理机、自动顺序切换器、录像机、时间/日期发生器、字符叠加器等设备组成。

（1）视频切换器。

视频切换器亦称为视频矩阵器或视频交换设备。若摄像头与监视器数量相等，就不需要有视频切换器，一般情况下，监视器数量远少于摄像头数量，这就需要配置视频切换器，以对所监控的图像进行有选择性的显示。其技术原理类似于空分电话交换机的技术原理，但视频切换器所交换的是视频信号。

视频切换设备可以通过本地键盘操作产生的控制信号直接调看图像，亦可利用远端键盘操作所产生的控制信号实现远程调看图像。

（2）视频网络控制器。

视频网络控制器可以与一个或多个控制键盘相连接。在有多个控制键盘相连接的情况下，该设备根据控制键盘的权限，选择输出优先级最高的控制键盘的控制信号，控制视频矩阵设备选择输出图像；控制一体化摄像机的动作；控制画面分割器的分割画面数，以及控制录像机的录、放像。

（3）视频分配器。

视频分配器将一路视频输入信号转换为多路（1、2、4、8 路）视频输出信号，而且要求输出信号频响、电平、阻抗不变（例如：6 MHz 视频带宽、1 V 峰-峰电压、75 Ω 输出阻抗），故视频分配器中需要有视频放大器。另外，为了使各路输出互相隔离在每路的输出端，还加入了缓冲电路。

（4）画面分割器。

画面分割器的作用是在一台监视器上同时显示 1、4、9、16 四个窗口的监控画面。

（5）帧（场）切换处理机。

帧切换处理机与场切换处理机必须与录像机配合使用，它可将由多个摄像头传来的多路视频信号以帧间隔（40 ms）或场间隔（20 ms）进行切换，相当于对多路视频输入信号进行取样，而后对这些取样信号进行编码，形成标准的视频信号输出至录像机。因录像机上记录的是以帧（场）为周期的时分复用的多路视频信号，故无法直接回放，只能通过帧（场）切换处理机解复用处理后，才能任意选择其中某一路图像来回放。

我国国内市场上通常将帧（场）切换处理机与普通画面分割器统称为画面分割器。

（6）自动顺序切换器。

自动顺序切换器可对多幅图像进行轮巡，即可对全部摄像头所摄图像或预置分组的摄像头所摄图像进行顺序显示。若视频切换设备本身带有自动顺序切换图像的功能，则该设备可省略。

（7）录像机。

模拟录像机已日趋淘汰，当前一般采用多通道（例如 8 通道、16 通道）硬盘录像设备，模拟视频信号需数字化（压缩编码）后才能接入硬盘录像设备。

（8）时间/日期发生器。

时间/日期发生器可以将时间/日期叠加在视频信号中，因而用户在监视器屏幕上可同时看到图像及当时的时间/日期。特别是在发生事件后的录像回放中，可以知道事件发生的时间，为事件的处理提供了依据。

（9）字符叠加器。

字符叠加器可将反映图像场景特征信息或摄像头标题的字符叠加在视频信号中，因而用户在监视器的屏幕上可以看到诸如：一号车站、二号车站……一号变电站、二号变电站……字符提示。

2）副控制台

设在一个或多个监控分点的副控制台只是一个操作键盘，采用 RS-485 总线连接主控制台，和主控台操作键盘的功能相同，可以对整个系统进行各种控制和操作。

3）远端解码器

远端解码器属 CCTV 监控系统的前端设备，一般安装在配有云台与电动镜头的前端摄像机附近，有时为了防止室外恶劣环境对设备的侵蚀，远端解码器也可安装在离摄像机不远的室内。

由控制台操作键盘产生的对摄像机及其辅助设备（云台等，亦包括视频切换、音频切换与录像设备）的编码控制信号，采用 RS-485 总线方式传输。即以总线方式将控制信号送至摄像机附近的解码器，在远端解码器中，若控制信号地址编号与解码器地址编码（即 ID 号由 6～10 位 2 进制拨码开关预置解码器的地址）一致，则该解码器将控制台送来的编码控制信号解出，成为控制摄像机及其辅助设备的控制信号。

解码器是一个基于单片机的控制系统，一方面，解码器处理机的 TXD、RXD 端外接通信接口芯片，用于对主机进行的通信；另一方面，解码器还要在各 I/O 端口经电平接口芯片外接继电器或晶闸管器件，用以输出云台、电动镜头所需的控制电压或是直接输出开关信号。

解码器与主机之间的编码通信无统一标准，故编码器与主机需要配套使用。在实际使用中，由于解码器功能简单、成本低，因此，有些厂商专门生产了支持多种监控系统主机的多协议解码器。这种解码器通常有一个选择通信协议（所配合的主机）的拨码开关和一个设定自身地址（ID）码的拨码开关。两者正确设定后，该解码器即可接入系统中运行。

3. 监视器

监视器用于显示由各监控点摄像机送来的视频信号，是视频监控系统中不可缺少的设备。对于具有几个摄像机的小系统，有时只需要一个监视器，由人工或自动选择画面，或分割多窗口显示。对于具有数十个或上百个监控点的大型视频监控系统而言，通常需要数个或数十个监视器。在大型视频监控系统的控制中心大厅中，还配置有庞大的电视墙。在出现网络视频监控系统以后，监视器已不再是视频监控系统的必备设备，可直接利用 PC 机的显示器浏览所选择的摄像画面。若根据显示原理分类，监视器可分为阴极射线管（CRT）显示器、液晶（LCD）显示器和等离子（PDP）显示器 3 类。

1）液晶显示器

液晶显示器使用的显示器件为 LCD，采用薄膜晶体工艺。其自身显示方式为数字方式，但通常都有模拟视频接口，模拟信号在其内部经 A/D 转换成为数字显示驱动信号。有些液晶显示器还设计了专用的数字视频接口，可直接与具有数字输出功能的图形适配器连接，但目前尚未形成统一的数字接口规范。

液晶显示器件的像素是固定的，例如：15 英寸液晶显示器的像素大都为 1 024×768；17 英寸液晶显示器的像素大都为 1 280×1 024。按照 ITU-R601 标准，PAL 制式数字图像的取样点数应为 720×576，上述要求对液晶显示器件的像素而言，显然是富余的。

液晶显示器的主要缺陷是视觉太窄。其最佳观看角度为正面，当在侧面观看液晶显示器时，图像会变暗，色彩会漂移。

2）等离子显示器

等离子显示器（PDP）是新一代的显示器。其优点是图像清晰逼真、高亮度、宽觉、刷新速度快、光效高、屏幕薄、工作温度范围宽和易于制成大屏幕；其缺点是工艺要求高、制作成本高、耗电。等离子显示器近年来已进入高档次的 CCTV 监控中心。

等离子显示器（PDP）是一种利用惰性气体放电发光的显示器件。其基本发光元件为等离子管，将大量的等离子管规律地排列形成屏幕。等离子管的发光原理与日光灯相同，每个等离子管内充有氖、氙等混合惰性气体，当等离子管两极加上高压时，气体放发出紫外光。该紫外光照射到涂在管壁上的 3 种类型的荧光材料上，分别发出红、黄、蓝 3 种基色。与彩色显像管原理相同，每组 3 个等离子管即形成一个三基色像素，数十万个三基色像素规律地排列，即形成等离子显示器的屏幕。

4. 报警部分

视频监控系统通常还具有环境监控信号的采集、编码、传输与报警功能，并具有调警与视频监控联动的功能。

1）安防报警

系统可配置各种安防报警装置，如红外报警器，超声、次声报警器，微波、激光报警器，双监探测器，电子围栏，玻璃破碎探测器，震动报警器，报警开关等。报警信号直接输入前端编码器。

2）消防报警

系统也可配置各种消防报警器，如等离子、光电烟雾探测器，温感报警器等。报警信号可直接输入报警主机，也可先接入专用消防主机，消防主机再通过串行通信口将报警信号传输到报警主机。

3）视频报警

视频报警包括视频丢失报警和视频运动报警两种。一旦摄像机损坏、被窃或断纤等，引起视频信号丢失，就会引起报警；对于设定的视频报警区域，一旦有运动目标进入或图像发生变化，也会引起报警。

4）警视连动

一旦出现警情，如有非法闯入或发生火灾，则系统立即启动现场警笛，并自动切换到相应摄像机。有预置功能的摄像机，还能自动转到相应预置监控点。

5）设备连动

系统能与其他城轨的监控设备联机，接收这些设备的告警、故障等信号。视频监控系统的报警信号也能送给动力监控系统。

5. 网管部分

1）用户管理

用户的增减、用户的授权、用户优先级等，均由系统管理员完成。

2）系统网管

系统服务器自动完成系统的管理，包括设备在线检测、连接管理、自我诊断、网络诊断等。

3）系统日志

对于系统中的操作，如系统报警、用户登录和退出、报警布防和撤防、系统运行情况等，都有系统日志记录。

4）控制权协商

当多个用户同时控制一个前端时，为了避免控制混乱，只能有一个用户对该前端有控制权，这是通过管理员预定的优先等级或网上自动协商完成的。

5）信息查询

登录用户可查询系统的使用和运行情况，如在线用户名单、前端运行状态、报警信息等。

三、闭路电视监控系统的分类

目前，城轨闭路电视监控系统可分为模拟视频监控系统、数字视频监控系统和网络视频监控系统3种，不同视频监控系统采用不同的技术与组网方案。

1. 模拟视频监控系统

在模拟视频监控系统中，控制中心和各车站 CCTV 的组网方式以及控制中心与车站间的视频信号传输均采用模拟方式。摄像头与监视器之间传输的是模拟视频信号，图像的分配、切换和分割等均由硬件设备（视频分配器、视频矩阵和图像分割设备等）来完成。

各车站与控制中心之间的视频信号传送，采用点对点模拟光纤传输方式。各车站与控制中心之间将占用 1~2 条光纤进行点对点模拟视频信号的传送。车站 CCTV 将控制中心调度员所选择的监控点图像经频分复用和光电转换后，送至控制中心；控制中心 CCTV 将收到的视频信号反变换后，送至选择该图像调度员的监视器。其复用、传输技术类似于目前所用的模拟有线电视的复用、传输技术。

在模拟视频监控系统中，最主要的设备为视频网络控制设备和视频矩阵设备。其中的视频网络控制设备接收本地控制键盘控制指令和上级控制信号，该设备据控制信号的优先级（一般控制中心调度员优先级高于车站值班员，行车调度员的优先级高于其他调度员），控制视频矩阵设备选择输出图像；控制一体化摄像机的动作控制画面分割器的分割画面数，以及控制录像机的录、放像。

其中的视频矩阵设备相当于一台由键盘控制的视频交换机，视频切换矩阵根据调频网络控制设备输出的控制信号选择所需的监控点图像进行显示或送上一级视频监控系统。

在车站，各摄像机采集到的视频信号通过视频电缆连接到车站视频矩阵，车站值班员通过键盘控制视频矩阵的输出，选择所需要的监控点图像进行监控。

控制中心调度员操作键盘所产生的控制信号，通过控制中心与车站的视频网络控制设备，可控制分别隶属于控制中心与车站上、下两级的视频矩阵设备，从而选择任何站的监控点图像进行显示。其过程为：首先通过控制信号的远程传输，控制远端某一车站视频矩阵设备，选择输出控制中心调度员所需的一路或多路视频信号。所选视频信经频分复用设备和光端机完成电/光转换，并经点对点光纤传输，由控制中心的光端机（完成光/电转换）所接收，再经解码复用设备还原出调度员所选的某车站监控点的视频信号，送至控制中心的视频矩阵。控制中心调度员通过控制该视频矩阵的输出，选择某车站的一幅或多幅监控点图像进行显示。

因控制中心与各车站均采用模拟视频信号组网，若要采用硬盘录像，需要配有相应的压缩编码器进行模/数转换。

模拟视频监控方案虽然目前在城市轨道交通中还有应用，但占用的光纤资源多，光纤辅助设备复杂，导致管理维护困难，且扩容难度大。同时由于技术传统，不符合监控领域的发展方向。

2. 数字视频监控系统

在数字视频监控系统中，控制中心和各车站 CCTV 的组网方式仍采用模拟视频技术，只在硬盘录像及车站与控制中心的视频传输采用了数字技术。

随着城轨专用光纤传输网容量的不断提高，目前城轨中普遍利用城轨专用数字传输网将模拟视频信号从站点传到控制中心。因数字传输网无法传送模拟视频信号，为了将模拟视频信号从各车站传到控制中心，需要经过压缩编码器进行模/数转换成帧后，才能通过 PCM 数字链路（点对点方式）或分组虚链路（总线方式）进行传送。

若车站与控制中心之间的数字视频信号采用 E1 通道以电路方式传输，一个 E1 通道仅能传输一路标清电视质量的视频信号。一般车站与控制中心之间提供两个 E1 通道传送视频信号，故控制中心至多上调一个车站的两个监控点画面。

在城轨专用光纤传输网引入基于 SDH 的 MSTP 技术后，该传输网中可以传送基于统计复用的分组数据流。车站与控制中心之间的模拟视频信号经压缩编码成帧后形成分组数据流，可以以总线方式在城轨专用传输网中传输。与电路数据通信相比较，分组数据通信的主要优点是可以按需动态分配带宽，即总带宽容量可以分配给多个车站，也可分配给一个车站。一条 100 Mbit/s 的以太网传输通道能传输十几路标清电视质量的视频信号。故控制中心可以同时上调某一车站的十几个监控点画面，这在某一车站发生灾情、突发事件（恐怖袭击等）时，显得特别重要。

由上述可见，数字视频监控系统与模拟视频监控系统的区别在于：车站与控制中心之间所传送的，前者是数字视频信号，而后者是模拟视频信号。

数字视频监控系统是目前城轨视频监控系统中用得较多的一种方案，过去普遍使用专用传输网的 TDM（两个 E1 通道）通道，以点对点方式上传监控点图像，故控制中心至多只能调看一个车站的两路图像。近年来，车站与控制中心之间的视频信号传输开始采用统计复用总线传输方式，克服了一个车站不能同时大量上调监控点画面的重大缺陷。

3. 网络视频监控系统

网络视频监控系统是新近崛起的、以计算机通信与视频压缩技术为核心的新型监控系统。

在网络视频监控系统中，控制中心和各车站 CCTV 的组网方式均采用计算机局域网（LAN）组网方式，并通过城轨专用传输网所提供的分组（Ethernet 或 ATM）传输通道，将城轨各视频监控系统的局域网连接成为广域网。带有编码器的网络摄像机或连接有多台模拟摄像机的视频网关，带有解码器的数字监视器及录像硬盘等，均接入控制中心或各车站的 Ethernet 或 ATM 的局域网。各车站 CCTV 局域网与控制中心 CCTV 局域网通过城轨专用传输系统的分组传输通路直接相连。

在闭路电视监控系统中，可以利用摄像头/话筒＋PC 机（或视频网关），通过其内置的音/视频采集卡（或芯片）完成音/视频信号的采集、压缩编码、数字处理、打包（IP 包）与成帧（Ethernet），形成网络视频流送计算机网络。也可以利用内置压缩编码、数字处理芯片及以太网接口芯片的网络摄像机，将网络视频流直接输出至计算机网络。

处于同一计算机局域网或广域网的任何一台联网的授权 PC 机（视频客户机），用户通过输入 IP 地址可以浏览任意一台联网摄像机的监控画面，监听该摄像机内置话筒传来的声音，并可以通过键盘控制该摄像机的云台和电动镜头，获取不同角度与距离的监控图像。这样，控制中心的调度员只要输入各车站摄像机的 IP 地址，即可选择调任何车站监控点的图像，并控制一体化摄像机的动作。各车站值班员可在其控制键盘中输入所选摄像机的 IP 地址调看监控点图像，并可用软件进行图像分配和分割。

基于网络的视频监控系统还可利用网络来传送告警信号，包括现场的门禁、烟雾等开关信号及各种传感器所采集的模拟信号（经 A/D 转换）。

网络视频监控系统具有扩展灵活、摄像机安装位置随意、可用任意地点联网的监视机浏览监控点图像、传输和存储全部数字化/网络化、监控功能更加丰富完善和极易安装与使用等优点。网络视频监控系统在建设投资、技术先进性、组网灵活性和可扩展等方面都优于前两种方案。该方案节约了视频矩阵、放大器、分配器、分割器等硬件设备，易于组网，可实现前端与主机之间联动，并易于控制中心和换乘站设备的资源共享，故网络视频监控方案是目前在城轨视频监控系统中，最有前途的一种方案。

最佳办法是，采用网络视频监控组网方案，借鉴列车通信网络的协点和分层结构，在每节车厢设置视频服务器（视频网关）作为"节点"，与车厢内的模拟摄像机连接，"节点"之间以总线方式互联，并将各监控点网络视频信号送至呼叫端驾驶的主计算机。

任务六　了解有线广播系统

有线广播（PA）系统是城轨行车组织、管理不可缺少的手段。有线广播系统为控制中心调度员、车站值班员、站台工作人员、车辆段/停车场值班员提供各自相应区域的广播，同时，可向乘客通告列车运行、安全、导向等服信息，在紧急情况下，城轨防灾调度人员可以直接利用广播对其工作人员与乘客进行急指挥、调度和疏导。

在有商业区的车站设置商业区广播，该广播由商业区管理部门控制，播放通告和背景音乐等。

一、总体功能需求

（1）有线广播系统可实现控制中心和车站/车辆段两级广播的要求，并可根据用户的具体情况，在站台的监控亭设置供站台站务员作定向广播的播音台。

（2）控制中心一级的行车调度员、环控（防灾）调度员均可对全线、所选车站或所选区域进行广播，必要时可以进行录音。

（3）车站一级的用户（车站值班员）可通过相应的广播控制台在本站辖区范围进行选区广播，并能对任一广播区域进行监听。

（4）为站台站务员所提供的站台广播，在必要时可插入本站广播系统，对本站实行定向广播。

（5）广播系统用户的优先级顺序为：控制中心环控调度员、控制中心行车调度员、车站值班员、站台站务员。

（6）车站播音区按以下区域划分：上行站台区、下行站台区、站厅区、办公区、隧道广播区。

（7）各区扬声器均采用分散布设方式，其相互间隔保证扬声器输出声压级与环境出声压级之比值为6 dB（建议）。

（8）在环境嘈杂区，设置噪声传感器，并以此实现自动控制音量的功能。

（9）车站一级广播（含站务员广播）采用广播电缆连接。车站至控制中心一级采用城轨专用传输系统的电路或分组通道连接。

（10）车辆段/停车场内部广播应满足车辆段/停车场值班员和车库值班员对车场、车库等播音区的广播。

（11）系统发生故障时，具有降级使用功能，以确保紧急情况下的广播功能。

（12）主要设备应具有自检功能，并可由控制中心采集检测的结果。

二、控制中心级广播功能需求

（1）能实现全线任意车站和任意广播区的组合，并向已设定的固定组合广播区域进行广播。

（2）能向全线任意一个车站内的任一区域、多个区域、全部区域进行广播。

（3）可选择不同音源对车站进行广播，合成语音至少分为 0 ~ 9 共 10 段不同内容（可扩充）。

（4）可通过人工对车站广播的编组、语音合成信息的键位与内容设定等。

（5）可显示控制中心占用，全线各车站及广播区的工作、空闲及故障状态。

（6）控制中心调度员可选择监听全线车站的任一广播区的广播内容，监听音量可调。

（7）正常时，控制中心广播控制功能由中心主控系统（MCS）的控制台实现，当主控系统控制台故障时，可以采用后备控制台实现广播控制功能。

三、车站级广播功能需求

（1）可向站内的任一区域、多个区域、全部区域进行广播。

（2）可选择不同音源对车站进行广播，合成语音至少分为 0 ~ 9 共 10 段不同内容（可扩充）。

（3）对站内广播区的编组的设定、语音合成信息键位与内容的设定、广播优先级别的设定等。

（4）可选择对车站内任意区域的广播内容进行监听。

（5）可接收 ATS 信号的触发，自动对相应站台进行列车到达，发车时间的广播。在需要时，可用人工方式对车站站台自动广播模式进行开启或关闭。

（6）正常时，车站广播控制功能由车站主控系统（MCS）控制台实现，当主控系统控制台故障时，可以采用后备控制台实现广播控制功能。

四、有线广播系统的结构

有线广播系统是一个整体，主要包括：声源、前置放大器、功率放大器、扬声器配电盘、扬声器和录音设备等。

1. 音源

音源包括：传声器（话筒）、录放机、电唱盘、收音机、"咚"音发生器等。

2. 前置放大器（调音台）

前置放大器对音频信号电压进行放大，在前置放大器中往往带有音量调节器、均衡器、混响器、延时器、移频器等用来改善音质。其中音量调节器完成音量的调节；均衡器对音色（频响）进行补偿或修饰，分为固定均衡器和可变均衡器；混响器是一种增加节目混响效果的设备；延时器是可将节目信号延时一个短时间的设备，延时器还可用在远距离扩声时，校正几不同距离扬声器的声延时；移频器可用来避免音频回收所产生的啸叫。

早期城轨广播系统采用模拟音频处理技术，现在都采用数字信号处理（DSP）技术，可以简化电路，提高可靠性，方便操作。例如运用数字均衡、数字动态压缩、数字混响和数字延时等数字信号处理技术。对数字音频处理的参数修改，可通过外部主机的通信接口进行编程设置。

3. 功率放大器

功率放大器（功放）将前置放大器输出的音频电压放大至一定的功率，用以推动扬声器组。在大型有线广播系统中设置由多个功率放大器所组成的功放组，用以增大功率输出。

模拟功率放大器从电子管功放到晶体管功放经过几十年的发展已相当成熟，晶体管功放耗电省、尺寸小，电性能指标不断改进，而且可以做成定压（低内阻）输出方式，便于负载的配置。但模拟功放是线性功放，效率太低。近年来数字功放开始大量推向市场，数字功放分为 D 类数字功放和 1 bit 数字功放。D 类数字音频功率放大器首先将脉冲编码调制（PCM）音频数据流通过专门的等比特数字处理器变换为脉宽调制（PWM）的数据流，将这些脉宽调制的数据流去推功率放大器的常规晶体输出管，再由截止频率为 40 kHz 的 LC 低通滤波器进行平滑处理（滤除脉冲信号，滤出模拟音频信号），从而恢复为原有的音频波形。

1 bit 数字功率放大器采用 2.8244 MHz 高采样速率和 1 bit 量化的数字编码，形成的数字信号是由"0"和"1"组成的等宽脉冲序列（即 PCM 脉冲编码），1 bit 信号代表的是模拟音频信号幅度的增量。1 bit 数字功率放大器与 D 类相比，具有很多优点，完全克服了过零点失真的问题。

数字功放转换速率高，瞬态响应特性好，中音与高音清晰、明亮、层次感强；信号动态范围大，可达 95 dB 以上；全频段内的相移极小，避免了声音的染色；电源转换效率高达 80% ~ 95%，机内温升极低，散热简单；定阻输出时，可连接的最低负载阻抗可达 1 Ω，且负载阻抗降低，电源转换效率可保持不变；可自动适应各种网络广播传输系统；可方便的实施遥控、群控和监测等功能；可靠性高；体积小、质量轻。随着数字功放技术的不断成熟，有可能完全替代传统的模拟功放。

4. 扬声器配电盘与负载核算模块

扬声器配电盘类似于通信网中的配线架。功率放大器与扬声器组不直接相连，而是通过扬声器配电盘上的接线器与开关相连接。可以利用开关开启或关闭某一路扬声器组。在多功放情况下，通常由一个功放的输出带一路扬声器组，在某一功放故障时可以人工切换到备用功放上。

新近推出的负载核算模块用以计算功放和广播区域的功率，并控制功放的启动数量和工作次序。当选择的广播区负荷小于一台功放的额定负荷时，只启动一台功放工作；当负荷加重超过一台功放额定负荷时，自动启动第二台功放，当负荷继续加重，依此类推。这样合理的使用功放，又不会使功放负荷过重，节约了能源并延长了功放的使用寿命。

当某台功放出现故障时，负载核算模块立即启动另一台功放，以代替故障功放的工作，故障功放自动退出工作。

5. 扬声器组

扬声器的作用是将电能转换为声能。常用的扬声器有纸盆扬声器与号筒扬声器。有线广播系统的功率放大器通常采用恒压输出（类似 220 V 交流电源）。在一个功率旗大器的输出线上可以并接多只扬声器，只要负载功率不超过功放的额定功率，并接的扬声器数量不限。

6. 音频切换矩阵

在配置多个广播台与广播区域时，需要在前置放大器组与功放组之间插入一个音频切换矩阵。音频切换矩阵类似于一台空分交换机，用以完成任意广播台向任意广播区域进行可控制的广播。

7. 录音设备

模拟录音设备已淘汰，目前均采用数字硬盘录音设备。故模拟信号需经 A/D 转换才能存入数字硬盘，按现有的编码技术每分钟约占用 2 M 空间。作为广播的监听录音还需同时记录播音时间、区域与地址。

目前有的录音设备直接采用 MP3 压缩编码进行存储，节约了存储空间，录音质量可达到 CD 水平。

五、城轨有线广播系统的音源与负荷区

城轨有线广播系统为多音源、多负荷区广播，且音源可变、负荷区可进行选择。该系统应具有在不同的广播区域可同时选择不同音源广播的平行广播功能。

音源有位置和内容的两重含义，位置是指控制中心各调度员广播台、车站值班员广播台和站台（监控亭）播音台处于不同位置；内容是指语音直播、预存内容、音乐等的播送。

负荷区是指广播区域或扬声器组声场所覆盖的区域。对乘客广播区域主要在全线各车站的出入口、站厅、站台与列车车厢内；对工作人员广播区域主要在站厅、站台、办公区。

六、城轨有线广播系统的控制方式

城轨有线广播系统具有自动和人工广播，以及相应的选择功能及优先级功能。采用车站和控制中心两级控制方式。平时以车站广播为主，控制中心可以插入，但在紧急情况下，则以控制中心防灾播音台为主。

七、列车广播系统

列车广播系统应具有人工或自动广播的功能，平时可通过无线广播信道，接收控制和播放对列车内旅客的广播，如有必要也可由司机直接对车内乘客进行广播。该系统由车辆配套供应，并预留与控制中心广播系统通信的无线广播接口。

城轨广播系统由运营线广播系统、车辆段/停车场广播系统两个相对独立的系统组成。

八、运营线广播系统

运营线广播系统又称正线广播系统。该系统主要用于对工作人员发布作业命令和通知、通告；对乘客广播列车信息及导乘、安全等服务信息，并兼做运营维护广播。

正线广播系统由控制中心广播子系统和车站广播子系统组成。采用控制中心广播为主、车站广播为从的主从两级控制方式。控制中心广播的优先级高于车站广播，车站广播在控制中心不广播时，具有独立广播的功能。平时以车站广播为主，控制中心可以插入，但在事故抢险、组织指挥、疏导乘客安全撤离时，则以控制中心广播为主。

1. 运营线广播系统的主要功能

（1）对乘客的广播：通知列车到站、离站、线路换乘、列车误点、时刻表改变、对乘客的提醒及安全等服务信息，或播放背景音乐以改善候车环境。

（2）对工作人员的广播：发布作业命令、有关通知/通告、协调工作等信息，以便迅速将信息通知到相关现场工作人员。

（3）应急广播：在出现突发事件或紧急情况时，由控制中心的防灾广播台进行事故抢险、组织指挥的应急广播。一方面对工作人员进行指挥/调度；另一方面对乘客进行及时的疏导与指引。

2. 运营线广播系统的结构

正线有线广播系统分成控制中心广播和车站广播两级。该系统为控制中心调度员、车站值班员提供对相应区域的有线广播，同时也为控制中心提供广播功能。

1）控制中心广播子系统

控制中心广播子系统由广播控制盒、音频合成器、前置放大器、音频切换矩阵、广播控制器、传输设备等组成。

（1）广播控制盒：调度员可利用控制键盘选择全线任意车站内的任一区域、多个区域、全部区域进行广播，显示全线各车站及广播区的工作、空闲及故障状态，可选择监听全线车站的任一广播区的广播内容。

（2）音频合成器：预先录制与 ATS 配合自动播放的各种通告、通知。

（3）前置放大器：将各种输入音频信号放大至传输接口设备。

（4）音频切换矩阵：广播系统的音频切换矩阵与 CCTV 的视频切换矩阵相类似，控制中心音频切换矩阵受控制中心广播控制器控制。

（5）控制中心广播控制器：控制中心广播控制器根据各广播控制盒的键盘操作与广播控制盒的优先级，控制音频切换矩阵的音频输出。并通过传输系统传送控制信号用以控制各车站的音频切换矩阵，选择车站及车站内的广播区域。

传输设备：控制中心广播系统输出的宽带广播信号与控制信号，通过城轨专用输网的 TDM 通道或分组通道传送至各车站的广播系统。

音频信号与控制信号均通过 TDM 通道传送。

宽带广播信号一般采用总线方式传输；控制信号可以采用总线方式，亦可采用点对点方式传送。

2）控制中心广播子系统的主要功能

（1）按照轨道交通运行的要求，建立广播系统运行的中心控制程序和各级调度员广播的优先级别。

（2）总调、列调、防灾调度员可根据优先级别，对全线各站及广播区域进行全选、组选、站选、区选广播。并显示相应的工作状态和被选对象的应答情况。

（3）控制中心的中心控制器，自动巡检并显示全线各站广播设备的运行情况，发现故障自动声光报警并记录故障的时间、内容，以便维护人员进行维护。用户可根据需要配置打印设备，打印故障记录。

（4）具有广播同步录音的功能，并可以记录广播的内容、时间、日期和用户信息。

（5）在不影响系统正常工作的前提下，控制中心的维修人员可对全线任意车站和车辆段设备进行远程检测，能及时发现故障设备。

（6）设有固定的语音合成内容，供广播时选用。维护人员可以方便地对语音合成广播内容进行修改。

3）车站广播子系统

（1）车站广播子系统的组成。

车站广播子系统由车站广播控制盒、音频合成器、前置放大器、音频切换矩阵、应急切换设备、功率放大器组、扬声器组、广播控制器、传输设备等组成。其中的广播控制盒、音频合成器、前置放大器、音频切换矩阵与控制中心广播子系统的设备相同。

① 功率放大器组：功率放大器（功放）组由数个功放组成，当任何一个功放故障时，能自动切换到备用功放上。功率放大器采用定压输出，各扬声器通过匹配变压器并接在功放的输出线路上。

② 应急切换设备：应急切换设备在系统的智能控制失效时，对设备进行手动控制，以确保不中断广播。该设备具有紧急话筒输入接口。

③ 负载控制器：负载控制器为功放组与扬声器组之间的开关与配线设备，可在广播控制器的控制下调节功放负载与广播区域。

④ 车站广播控制器：车站广播控制器的输入控制信号来自控制中心广播控制器。车站广播控制器根据各输入控制信号的优先级分别输出控制信号，控制车站音频切换矩阵与负载控制器。

（2）车站广播子系统的主要功能。

① 车站广播设备能接收并解读控制中心的命令，及时响应控制中心发给车站的广播作业，中断本站广播，并向控制中心回送响应信号，待控制中心插入的广播结束后，自动恢复本站工作状态。

② 车站设备占用情况可在控制中心广播控制盒上显示。

③ 车站广播系统的广播设有自动或手动和应急三种广播模式。

④ 各车站的值班员（主值班控制盒）可单选、组选和全选本站的任意广播区进行直播或语音合成播放。任一信源的内容可经任何通道播向任何一个或全部负载区，多个信源的内容可经不同的通道同时播向不同的负载区，车站值班员能监听本站及控制中心对本站任意广播区的广播情况。

⑤ 站台层副值班员只对本站台进行广播。

⑥ 为保证播音的清晰度，保证声场的强度和播音信噪比，在车站的站台层设置回声传感器，通过车站广播设备自动调节广播区域音量的大小。

⑦ 维护人员可在车站通过专用便携式微机（须通过密码验证）对全线任意车站设备进行检测和修改各项参数。

⑧ 广播系统与 ATS 联网时，实现无人干预的全自动广播和输出显示信息源，广播系统控制中心根据 ATS 提供的运行信息，自动运算并编程，按预制程序向各车站发出离本站最近的列车到达本站的时间。

⑨ 列车运行不正常时或当控制中心传输出现故障时，系统进入第二级控制状态即系统需要自动向旅客广播致歉词等内容，并输出显示致歉词等内容的信息源。待恢复正常后，系统恢复正常广播和输出显示正常信息源的作业。

⑩ 当车站发生意外或其他特殊情况时，车站值班员通过按快捷键控制各站进行广播和输出显示信息源的作业。

⑪ 车站值班员能够自动检测本站广播设备的功能及故障。

⑫ 为提高播音效果，车站广播系统采用数字音频信号处理设备，该设备集成了各种传统专业音响设备的功能，改善了播音质量。

⑬ 车站广播设备的各类关键模块和其他设备具有自我检测功能和数据采集接口。

⑭ 可实时监测各部位的工作情况。出现故障时，能够对故障进行定位，车站广播控制器和广播控制盒上告警指示灯示警。维修工区设有带声光报警的自动检测装置的维护终端，在系统出现故障时发出声光报警，提醒维护人员维修。维护人员通过维护终端可及时了解故障信息，还可以发出巡检命令，对整个系统进行全面检测，并将结果回传，以便系统维护人员掌握维护的第一手资料。

九、车辆段/停车场广播系统

车辆段/停车场广播系统为一套独立区域的广播系统，供车辆段/停车场信号楼值班员、运转值班员和检修库值班员对车库、车辆段检修主厂房、段内道岔群等播放区进行定向语音广播，用以向工作人员播放车辆调度、列车编组等有关作业音频。

车辆段/停车场广播优先级排序为：信号楼值班员、运转值班员及检修库值班员。各值班员的广播控制台具备对相应播音区的监听功能。

任务七　了解时钟系统

时钟系统是城市轨道交通运行的重要组成部分之一，其主要作用是为城轨工作人员和乘客提供统一的标准时间，并为其他各相关系统提供统一的标准时间信号，使各系统的定时设备与本系统同步，从而实现城轨全线统一的时间标准。

提供时间信息的时钟系统分为一级母钟系统与二级母钟系统，一级母钟系统安装在控制中心，二级母钟系统安装在各车站和车辆段，用以驱动分布在站（段）内的子钟显示正确的时间。

城轨时钟系统所采用的标准时钟设备，在输出时间信号的同时，亦输出为通信设备提供的时钟同步信号，使各通信节点设备能同步运行。亦可另行配置通信综合定时供给系统（BITS），单独提供时钟同步信号。

如上所述，城轨同步系统分为两类：一类是基于协调世界时（UTC）组建的时间同步系统；另一类是用于数字通信设备的时钟同步系统（或数字同步系统）。时间同步系统定时（例如每隔 1 s 或 1 min）输出标准时间（年、月、日、时、分、秒、毫秒）信号；而时钟同步系统则输出高稳定度、连续的正弦波或脉冲信号。

一、时间的概念

一般来说，任何一个周期运动只要具有下列条件，就可以成为确定时间的基准。

（1）运动是连续的、周期的。

（2）运动的周期具有充分的稳定性。

（3）运动的周期必须具有复现性，即要求在任何地点与时间，都可以通过观察和实验复现这种周期运动。

最常用的时间系统有三大类：世界时、原子时与力学时。力学时系统通常在天文学中使用，在这里不作介绍。

1. 世界时系统

世界时系统是以地球自转运动为基准的时间系统。由于观察地球自转时所选择的空间参考点的不同，世界时系统又有几种形式：恒星时、平太阳时和世界时。

以平子夜为零时起算的格林威治平太阳时称为世界时。平太阳时是地方时，地球上各地点的平太阳时不同。为了使用方便，将地球按子午线划分为 24 个时区，每个时区以中央子午线的平太阳时为该区的区时。零时区的平太阳时即为世界时。

由于地球自转轴在地球内部的位置是不固定的（极移），而且地球自转速度是不均匀的，它不仅包含有长期减缓的趋势，还包含一些短周期的变化和季节性的变化。因此，世界时不是一个严格均匀的时间系统。

2. 原子时系统

1）原子时

原子秒定义为：铯 133 原子基态两个超精细结构能态间跃迁辐射的电磁振荡 9 192 631 770 周所经历的时间，为 1 原子秒。

原点定义为1958 年 1 月 1 日的世界时。经过国际上 100 多台原子钟的相互对比，并经数据处理推算出统一的原子时，称为国际原子时。

2）协调世界时

原子时虽然是秒长均匀、稳定度很高的时间系统，但与地球自转无关。世界时虽然不均匀，但与地球自转紧密相关。原子时的秒长与世界时的秒长不等，大约每年差 1 秒。为了协调原子时与世界时的关系，建立了一种折中的时间系统，即为协调世界时（UTC）。

根据国际规定，协调世界时的秒长采用原子时的秒长，其累计时刻与世界时刻之差保持在 0.9 秒之内，当超过该范围时，采用跳秒（闰秒）的方法来调整。闰秒一般规定在 6 月 30 日或 12 月 31 日最后 1 秒时加入。具体日期由国际时间局在两个月之前通知各国。

目前，世界各国发布的时间（包括中国的北京时间），均以 UTC 为基准。

3）GPS 时间系统

为了定位的需要，全球定位系统（GPS）建立了专用的时间系统（GPST）。GPST 属原子时系统，秒长与原子时的秒长相同，但原点不同。GPST 原点定在 1980 年 1 月 6 日 0 时，与 UTC 时刻一致。因此，GPST 与 UTC 之间的差值为秒的整数倍，1999 年差值为 19 秒。

由上可见，使用 UTC 作为基准时钟，具有最大的公信力。而采用 GPS 接收机输出的 TOD 时间信息，获得精确的 UTC 及北京时间，又是最为经济、便捷的方法。

二、全球定位系统

导航卫星定时测距全球定位系统简称全球定位系统（GPS）。它的定时精度为：使下级时 IE 要差别为连续、实时服务的高精度三维位置、三维速度和时间信息。1994 年 7 月美国完成了目前在轨的 24 颗 GPS 导航卫星的发射。

GPS 由空间系统（导航卫星星座）、地面监控系统和接收终端三大部分组成。

1. 空间系统（导航卫星星座）

GPS 空间系统在相对赤道倾斜角55°的 6 个轨道上部署了 24 颗卫星。其中的 21 颗为主用的基本星，3 颗为备用星，3 颗在轨的备用星可以随时替代发生故障的其他卫星。导航卫星设计寿命为 7.5 年，轨道距地面高度为 20 128 km，运行周期为 12 恒星小时。GPS 的卫星布局可确保覆盖全球，使用户在地平线 10°以上的任何地点、任何时刻都可以同时收到至少 4 颗（4~10 颗）卫星的信号，足以提供全球任一地点的移动或固定用户作连续实时的三维定位和导航。

GPS 导航卫星上装备了无线收发信机、天线、铯原子钟（稳定度为 10^{-14} ~ 10^{-13}）、计算机和导航电文存储器。每颗卫星以两个 L 波段频率发射无线电载波信号。

$L_1 = 1575.42$ MHz（波长约为 19 cm）

$L_2 = 1227.60$ MHz（波长约为 24 cm）

在 L 载波上测距用 P 码（Precise 精搜索码，码长约 30 m）和 C/A 码（Coarse/Acqui-sition 粗搜索码，码长约 300 m）。P 码只供美国军方与授权用户使用，C/A 码供民用定位使用。此外，在载波上还调制了 50 bit/s 的数据导航电文，其内容包据卫星星历、电离层模型系数、状态信息、时间信息和星钟偏差/漂移等信息。

2. 地面监控系统

地面监控系统负责监控 GPS 的工作，是 GPS 系统的神经中枢，是保证 GPS 协调运行的核心部分。地面监控系统由 1 个主控站、5 个监控站和 3 个注入站（向卫星发射更新的导航数据）组成，内部各设有 1 组标准原子钟。

1）主控站

主控站负责接收和处理来自各监控站跟踪数据，完成卫星星历和原子钟计算及卫星轨道和钟差参数计算，用以产生向空间卫星发送的更新导航数据。这些更新数据送到注入站，利用 S 频段（1 750~1 850 MHz）向卫星发射。由于卫星上的原子钟有足够精度，故导航更新数据约每天才更新一次。

2）监控站

监控站为无人值守站，共有 5 个。除主控站上的监控站外，监控站对卫星进行跟踪与测轨，以 2 200~2 300 MHz 频率接收卫星的遥测数据，进行轨道预报，并收集当地气象及大气和对流层对信号的时延数据，连同时钟修正、轨道预报参数一起传送给主控站。

3）注入站

3 个注入站将主控站送来的卫星星历、钟差信息和轨道修正参数，每天一次注入原子钟。

3. 接收终端

GPS 基本定位原理为：位于地面的 GPS 接收机检测 GPS 卫星发送的扩频信号通过相关运算获取到达时间（TOA）信息，并由此计算出卫星到接收机的距离，再结合星历误差信息计算卫星的空间位置，完成定位计算。有 3 颗卫星时，若卫星与接收机钟差很小，即可实现二维定位，4 颗可见卫星可实现三维定位，更多的可见卫星可提高定位精度。GPS 接收机在全球任何地方、任何时刻均能接收到至少 4 颗卫星信号，根据接收到多颗卫星的导航信息，计算出自己的三维位置（经纬度与海拔高度）、速度与方向，以及精确的时间信息。

时钟系统作为城轨通信系统的一部分，在城轨运营过程中为工作人员、乘客及全线机电系统提供统一的标准时间，使全线各机电系统的定时设备与时钟系统同步，从而实现城轨全线统一的时间标准，以提高运营效率和质量。

三、时钟系统的基本功能需求

1. 可靠性

时钟系统的所有设备均能满足一天 24 h 不间断连续运行。

2. 同步校对

控制中心一级母钟设备接收外部 GPS 标准时间（时标）信号进行自动校时，保持与 GPS 时标信号的同步。一级母钟周期地送出统一的同步脉冲和标准时间信号给其他系统，并通过输出信道统一校准各二级母钟，从而使整个时钟系统长期无累积误差地运行。

系统具备降级使用功能。当一级母钟在失去 GPS 时标时应能独立正常工作；二级母钟在传输通道中断的情况下，应能独立正常工作；各子钟在失去外部时钟驱动时，亦能独立正常工作。在降级使用中允许时钟精度下降。

3. 时钟精度

在 GPS 时标同步下，一级母钟的受控时钟精度应在 1 ns。一级母独立时钟精度（不受控情况下）应为 10 ns，二级母钟独立时钟精度应 ±1 ~ 10 ns。一级和二级母钟都应带有日期和时间显示功能。

4. 日期和时间显示

一级母钟能产生全时标信息，格式为：年、月、日、星期、时、分、秒、毫秒，并能在显示器上显示。二级母钟具有日期、时间显示功能。

一级母钟和二级母钟具有数字式及指针式子钟的多路输出接口。数字式及指针式子钟均应有时、分、秒显示，而且显示应清晰，数字式子钟具备 12 h 和 24 h 两种显示方式的切换功能（亦可选用带日期显示的数字式子钟）。子钟的安装位置应便于观看。子钟为显示器或单面显示设备，应设置在控制中心、车站和车辆段/停车场等必要的区域和房间内。

5. 为其他系统提供标准时间信号

中心一级母钟设备设有多路标准时间码输出接口，能够在整秒时刻给其他各相应系统提供标准时间信号。

6. 设备冗余

一、二级母钟采用主、备母钟冗余配置，并具有热备功能。当主母钟出现故障时，自动切换到备母钟，由备母钟全面代替主母钟工作。主母钟恢复正常后，备母钟自动调回主母钟。

7. 系统扩容和升级

系统采用分布式结构方式，可方便地进行扩容。对每个节点二级母钟系统的改变都不会影响整个系统。节点设备扩容时无须更换软件和增加控制模块，只需适当增加接口板便可扩大系统的容量。

8. 可监控性

主要时钟设备应具有自检功能，并可由中心维护检测终端采集检测的结果，实时显示各设备的工作状态和故障状态。当系统出现故障时，维护检测终端能够进行声光报警，指示故障部位，对故障状态和时间进行打印和存储记录，并具有集中告警和联网告警功能。

9. 防电磁干扰

列车电动机所产生的电磁波会对时钟系统产生干扰，需采取必要的防护措施，避免干扰信号进入时钟设备与线缆。

四、一级母钟的功能需求

一级母钟是整个时间系统的中枢部分，其工作的稳定性很大程度上决定了整个系统的可靠性，因此，充分考虑了系统功能的实现与系统可靠性等综合因素，将其设计为主、备冗余配置的双机系统。主、备机具有自检和互检功能，并且主、备机之间可实现自动或手动切换。一级母钟的时间依靠接收 GPS 时标信号来校准，以免产生累积误差。一级母钟的具体功能需求如下。

（1）一级母钟能够显示年、月、日、星期、时、分、秒等全时标时间信息。

（2）一级母钟具有统一调整起始时间、变更时钟快慢的功能。

（3）一级母钟可通过设置在前面板上的键盘实现对时间的统一调整。

（4）一级母钟接收时标信号接收机发送的时标信号。时标信号接收机正常工作时，该信号将作为一级母钟的时间基准；外部所有的时标信号接收出现故障时，一级母钟将采用自身的高稳定晶振产生的时间信号作为时间基准，保持自身及二级母钟正常工作并向时钟系统网管设备（维护检测终端）发出告警或向控制中心集中网管发出告警。

（5）一级母钟能与外部时标信号保持同步。

（6）一级母钟通过分路输出接口箱采用标准的 RS-422 接口与传输子系统相连，通过城轨传输系统向设置于各车站/车辆段的二级母钟发送时标信号，统一校准各个二级母钟，并负责向控制中心其他机电系统设备提供时标信号。当二级母钟、子钟或传输通道出现故障时，能立即向时钟系统网管中心发出告警。

（7）一级母钟同时通过城轨传输系统提供的数据通道，经由分路输出接口箱接收二级母钟回送的自身和二级母钟所属子钟的运行状态信息。

（8）一级母钟能够实时检测市电电网的频率波动情况，当频率波动过大时，可发出报警以提醒设备管理人员采取必要措施。

（9）一级母钟通过标准的 RS-232 接口与网管终端相连，以实现对时钟系统主要设备和部件的监控。

（10）一级母钟具有 80 路标准的 RS-422 接口（可扩至 512 个）。其中向各车站预留线路接口用于将来扩展使用。

（11）一级母钟通过 20 路标准的 RS-422 接口，向城轨其他机电系统和需要时间的系统发送全时标时间信号，以实现城轨全线时间的严格统一。

（12）一级母钟通过对主、备母钟工作状态的循环自检和互检，在发现故障时能立即实现母钟主、备机的自动转换；非故障状态下，主、备母钟也可以手动进行转换。

二级母钟设置在各车站/车辆段的通信设备室内。为了保证系统的可靠性，二级钟设置为主、备机模式。在正常情况下，主机工作，当出现故障时，自动转换到热备份备用机上工作，提高了系统的可靠性。二级母钟的具体功能需求如下。

（1）二级母钟通过接收一级母钟发出的时标信号，与一级母钟保持同步。二级钟采用

RS – 422 接口，通过城轨传输系统提供的数据传输通道与中心母钟相连接。

（2）二级母钟通过 RS – 422 接口向所在区域的子钟发送时标信号，以实现对子钟时间显示精度的校准，同时接收子钟回送的工作状态信息，并能够向一级母钟回馈自己及所辖子钟的工作信息。

（3）二级母钟每秒一次接收一级母钟的时标信号，从每秒的零毫秒时刻开始连续发送 21 个含有年、月、日、星期、时、分、秒的时间字符，并且包含起始位、结束位、校验位、GPS 校时等字符信息。二级母钟在接收到结束符后，可直接用接收到的时间信息来替换自身设备的毫秒计时；然后再依次校准秒、分、时、日、星期、月等计时单元。二级母钟的发送和接收可同步进行。

（4）二级母钟具有独立的高稳定晶振，一级母钟对二级母钟是校时或同步的关系而不是替代关系，当中心一级母钟或数据传输通道出现故障时，二级母钟将依靠自身谐振产生的时间信号独立工作，驱动所辖子钟的运行，并立即向时钟系统网管设备发出告警信号。

（5）二级母钟具有监测数据传输接口，通过 RS – 232 接口可接入移动网管计算机（笔记本电脑），在本车站可实现对本站设备及各个车站设备的监测。

（6）二级母钟具有日期、时间显示功能，时间显示器以年、月、日、星期、时、分、秒式显示。时间显示器平常显示日历和时间，需要时也可作为检测窗口使用，用户可以通过切换按键很方便地查询二级主、备母钟，接口模块及本站所有子钟的运行状态。二级母钟具备人工调整功能。

（7）二级母钟具有子钟分路输出接口。通过屏蔽电缆线连接本车站/车辆段内的子钟。二级母钟采用标准 RS – 422 接口，直接电缆方式与所在区域的子钟相连接。连接子钟的接口数量为 10 路。每路最多可带 20 个子钟。其接口同时可接指针式和数字式。

数字式子钟均采用超高亮或高亮 LED 数码管显示，显示清晰醒目，色泽均匀，视觉柔和，显示字符边缘清晰，字体饱满。子钟均有时、分、秒显示，日历数字式子钟还带有年、月、日、星期等显示信息。电源开关亦可作子钟死机时的重新启动之用。

数字式子钟的运行是靠自身系统进行，通过定时接收二级母钟的标准时间信号，将时间指示刷新后与二级母钟一致。

所有数字式子钟均具有记忆功能，内置实时时钟集成电路和充电电池，停电后可继续保持实时时间数据，上电后立即自动显示正确时间。

任务八　了解乘客导乘信息系统

城市轨道交通正在从以车辆为中心的运营模式发展为以乘客服务为中心的运营模式，十分重视乘客导乘信息系统（PIS）的建设。特别是 2003 年韩国大邱市轨道交通发生的火灾惨剧震惊世界，与乘客息息相关的乘客导乘信息系统摆到了重要的位置。

乘客导乘信息系统指的是城市轨道交通采用成熟、可靠的网络技术和多媒体传输、显示技术，在指定的时间，将指定的信息显示给指定的人群的系统。

乘客导乘信息系统在正常情况下，可提供列车时间信息、政府公告、出行参考、广告等实时多媒体信息；在火灾及阻塞、恐怖袭击等非常情况下，提供动态紧急疏散指示。PIS 为乘客提供了上述各类信息，使乘客安全、高效地乘坐城市轨道交通，也使城市轨道交通高效、安全地运营。

一、PIS 的功能

PIS 的功能包括紧急信息功能、显示信息功能、广告播出功能、定时自动播出功能等。

1. 紧急信息功能

1）预先设定紧急信息

乘客信息系统可以预先设定多种紧急灾难告警模式，方便地自动或人工触发进入告警模式。操作员通过控制中心操作员工作站，可以预先设定多种紧急灾难告警模式，如火警、恐怖袭击等，并设定每种模式的警告信息及各种警告发布参数。当指定的灾难发生时，由自动告警系统或人工触发，将 PIS 进入紧急灾难告警模式。此时，相应的终端显示屏显示警告信息及人流疏导信息。

2）即时编辑发布紧急信息

系统环境可能会发生非预期的灾难，并且需要 PIS 及时发布非预期的灾难警告信息，PIS 软件可以即时编辑发布紧急信息。

操作员通过控制中心操作员工作站或车站操作员工作站，可以即时编辑各种警告信息，并发布至指定的终端显示屏。

2. 显示信息功能

1）显示列车服务信息

车站子系统的车站服务器实时地从 ATS 接收列车服务信息，再控制指定的终端显示器显示相应的列车服务信息，如下一班车的到站时间、列车时间表、列车阻塞/异常、特别的列车服务安排等。

2）显示时钟

PIS 可以读取时钟系统的时钟堪准，并同步整个 PIS 所有设备的时钟，确保终端显示屏幕显示时钟的准确性。屏幕可以在播出各类信息的同时提供日期和时间显示。通过时间表可以设置终端显示屏的全屏或指定的子窗口显示多媒体时钟。

时钟的显示可以为数字的显示方式，也可以显示为模拟时钟方式。

3）显示实时信息

屏幕上不同区域的信息可根据数据库信息的改变而随时更新。实时信息的更新可以采用自动的方式或由操作员人为地干预。实时信息包括新闻、天气、通告等。

通过车站操作员工作站或控制中心操作员工作站，操作员可以即时编辑指定的提示信息，并发布至指定的终端显示屏，提示乘客注意。

操作员可以设定实时信息是否以特别信息形式或者紧急信息形式发放显示，优先的信息可以即时打断原来正在播放的信息内容，即时显示。

3. 广告播出功能

PIS 可为城市轨道交通引入一个多媒体广告的发布平台，通过广告的播出，可以为城市轨道交通带来更多的广告收入。广告可以分为图片广告、文字广告和视频广告。广告可以与其他各类信息同步播出，提高了系统的工作效率。

在广告中心子系统，可以预先编辑好各种商业广告节目，再通过广告审片/广告管理工作站，编辑时间表，指定广告节目的播放顺序及播放位置，最后将时间表和广告节目数据发布至指定终端显示屏。

时间表播放机制包括：周时间表、时间表、节目时间表。

商业广告的多媒体播放方式支持：DVD 视像播放、VCD 视像播放、AVI 和 GIF 等动画效果播放、文本动画显示、图像动画显示、网页显示、常用文件播放显示。

4. 定时自动播出功能

乘客信息系统可以提供一套完备的定时播出功能。信息的播出可以采用播出表播出的方式，系统可以根据事先编辑设定好的播出列表自动进行信息播出。播出列表可以以日播出列表、周播出列表、月播出列表的形式定制。

二、PIS 的功能实现方式

1. 广泛兼容终端显示屏

PIS 能良好地兼容多种显示设备，包括视频双基色 LED 屏、视频全彩 LED 屏、双基色 LED 图条屏、带触摸功能的 PDP 屏和其他各种 PDP 屏。另外，也能良好地支持 LCD 显示屏、投影仪、CRT 显示屏、电视墙等各种当前流行的多媒体显示设备。

2. 多区域屏幕分割显示

等离子屏幕可根据功能划分为多个区域，不同区域可同时显示不同的各类信息。文字、图片和视频信息可分区域同屏幕显示，不同区域的信息可采用不同的显示方式，以吸引更多的乘客。播出的版面可以根据城市轨道交通的不同需要而随时进行调整，各子窗口可以独立指定时间表。通过时间表的控制，每一子窗口可以单独用于显示列车服务信息、乘客引导信息、商业广告信息、一般站务信息及公共信息、多媒体时钟等，同时也可对某个信息进行全屏播放。播出区域可达到 10 个以上，极大地增加了信息的播出量，可以给乘客耳目一新的感觉。

3. 灵活多样的显示功能

车站的所有 PDP、LED 屏在整个 PIS 中都是相对独立的终端，因此中央操作员和车站操作员可以直接控制到每块屏的显示内容（车站操作员限本站），即根据需要在同一时间内所有的显示终端显示不同的信息。

对于中央下传的实时电视信号，每个车站都具有相对应的解码设备，即信号源同时进入车站子系统。加之中央和车站操作员灵活的图像编排显示功能，每路实时图像可根据需要在任意 PDP 屏和全彩 LED 屏上播放，窗口模式和全屏模式均可。

4. 多语言支持功能

乘客导乘信息系统可支持简体中文、英文、繁体中文同时混合输入、保存、传输、显示。也支持微软 Windows 2000 以上操作系统支持的语言文字的导入、保存、传输、显示。

5. 全数字传输功能

整个 PIS 从中心信号采集开始就采用全数字的方式，经过视频流服务器处理和 IP 网关的封包，转换成 DVB—IP 数据包进入 SDH 传输网传输，经过 SDH 传输网传输的数字视频流信号在被车站设备接收后直接通过 PDP 显示控制器和 LED 显示控制器解码，转换成数字DVI 视频信号进行显示。

由于 PIS 从中央到显示终端的整个过程都是采用全数字的方式，从而避免了由于传输过程中过多的转换而造成图像质量的下降，真正做到广播级的图像质量。

三、系统支持的信息类型

1. 紧急灾难信息

（1）火灾警报、台风警报、洪水警报等。

（2）逃逸、疏散方向指示，如紧急出口的指示。

（3）紧急站务警告信息，如停电、停止服务等。

（4）有关乘客人身安全的临时信息，如乘车安全须知。

2. 列车服务信息

列车服务信息包括列车时刻表，列车阻塞等异常信息，下班车的到站时间（以及之后第二、第三班车的到站时间），列车组成（4 节、6 节或 8 节），特别的列车服务安排信息。

3. 乘客引导信息

乘客引导信息包括动态指示信息，逃逸、疏散方向指示，轨道交通服务终止通知，换乘站换乘信息，地面交通指示信息。

4. 一般站务信息和公共服务信息

一般站务信息和公共服务信息包括日期和时钟信息，票务信息，公益广告信息，天气、新闻、股票等信息，地面公共交通信息，公安提示（如当心扒窃等信息）。

5. 商业信息

商业信息包括视频商业广告，视频形象宣传片，图片商业广告，文字商品广告，各类分类广告。

四、信息显示的优先级

乘客导乘信息系统要确保乘客快速、安全地到达目的地。在保证安全运营的基础上，可以向乘客提供各类信息服务，以及进行商业广告的运作，因此，在乘客导乘信息系统的设计中，应充分考虑每一类信息的显示优先级。高优先级的信息优先显示，相同优先级的信息按照先进先出的规则进行显示。按照这个要求，信息显示的优先级规定如下。

（1）信息类型的优先级按照如下顺序递减：紧急灾难信息、列车服务信息、乘客引导信息、一般站务信息及公共信息、商业信息。

紧急灾难信息为最高优先级信息，发生紧急情况时可以终止和中断其他所有优先等级的信息。

（2）高优先级的信息可以中断低优先级信息的播出，低优先级的信息不能打断高优先级信息的播出。发生紧急情况时，系统紧急中断当前信息的播出，进入紧急信息播出状态，其他各类信息自动停止播出。系统以醒目的方式提示乘客进行紧急疏散。直到警告解除，才能继续进行其他各类信息的播出。

（3）同等优先级的信息按设定的时间播出列表顺序播出。

五、媒体信息的显示方式

乘客导乘信息系统采用了先进的图文处理技术，支持多种文字、图片、视频的显示方式，画面显示风格多样，同时支持同屏幕多区域的信息显示方式，极大地增加了各类信息的播出量，满足了不同乘客对不同信息的需求。

1. 文字显示

（1）支持多种文本格式，包括纯文本、TXT 文件、Word 文件、Excel 文件、RTF 文件、ASIIC 文件格式、HTML 文件格式的显示、录入、保存。

（2）支持多语种文字的显示，支持简体中文、英文等字符的显示。

（3）用户可以自定义文字显示的属性，包括加边、加影、字体、大小等的设置。

（4）支持多种文字显示方式，如底行滚动、闪烁显示、上下左右滑动、淡入淡出等效果。

2. 动画和图像显示

（1）支持 TGA 动画图像序列的导入和播出。

（2）支持 FLASH 动画的播出。

（3）支持图片格式的导入和播出，如 JPG，TGA，BMP，PSD 等图片格式。

（4）图片的播出支持多种表现形式：滚屏、淡入淡出、滑像、溶像、擦除等效果。

（5）图片的大小、长宽比可调。

3. 视频播放

（1）系统支持多种视频媒体格式，包括 MPEG-2、MPEG-1、MPEG-4 等格式。

（2）支持中心子系统对各站的数字电视视频广播和本地视频素材的播出。

（3）视频窗口的位置和缩放可以自定义。

（4）支持多种信号源：DVD 播放机、VCD 播放机、有线电视端子、现场视频直播、电视 DVB 接口。

4. 时钟显示

（1）支持数字式时钟显示和模拟式时钟显示。

（2）用户可以调整时钟位置、大小。

（3）用户可以自定义调整模拟时钟的指针、表盘的式样和颜色。

项 目 小 结

本章主要介绍了城轨通信系统的组成、光纤传输系统、公务电话系统、闭路电视系统、有线广播系统、时钟系统及乘客导乘信息系统。在任务一中主要介绍了城轨通信系统的作用、系统要求、分类及通信网的组成；在城轨通信系统的组成中概括性的介绍了传输系统、公务电话系统、专用电话系统、无线集群通信系统、闭路电视监控系统、有线广播系统

（PA）、时钟系统、乘客导乘信息系统（PIS）、通信电源和接地系统、城轨地下部分的公共覆盖系统，后续各节分别详细地介绍了各种通信系统的组成、原理及应用，使大家能够认识城市轨道交通系统通信网的设备组成，熟悉公务电话系统及闭路电视系统的功能，了解有线广播系统及乘客导乘信息系统及时钟系统的功能，从而对城市轨道通信系统有一个全面的了解和掌握。

习题

一、单选题

1. 城市轨道交通通信系统是（　　）、公务联络和传递各种信息的重要手段。

A. 指挥列车运行　　　　　　　　　B. 保证列车安全

C. 提高运行效率　　　　　　　　　D. 加快列车运行速度

2. 通信系统的主要设备和模块应具有（　　），并采取适当的冗余配置。

A. 监测功能　　　　　　　　　　　B. 自动切换功能

C. 报警功能　　　　　　　　　　　D. 自检功能

3. （　　）的作用是将传输中衰减了的光信号进行再生放大，以利于继续向前传输。

A. 光端机　　　　　　　　　　　　B. 光缆

C. 脉冲编码调制复用设备　　　　　D. 光中继器

4. 城市轨道交通公务电话网采用（　　）组网，通过中继线路接入当地市话网。

A. 程控数字交换机　　　　　　　　B. 模拟交换机

C. 接点交换机　　　　　　　　　　D. 布线逻辑控制交换机

5. 为了在程控交换网中组织调度电话系统，必须对网内全部电话机实行（　　）编码。

A. 统一　　　　　B. 多种　　　　　C. 分散　　　　　D. 局部

二、多选题

1. 无线通信利用空间电磁波进行传输，包括（　　）等。

A. 无线集群通信　　　　　　　　　B. 无线局域网

C. 移动电视　　　　　　　　　　　D. 公众移动通信网

2. 专用电话系统包括：（　　）电话子系统。

A. 调度　　　　　B. 站内　　　　　C. 站间　　　　　D. 区间

3. 城轨的调度电话子系统主要包括（　　）等部分，并通过传输系统或通信电缆相连接。

A. 调度总机　　　　B. 调度台　　　　C. 调度分机　　　　D. 车站

4. 城轨的闭路电视监控系统有（　　）等组网方式。

A. 模拟　　　　　B. 数字　　　　　C. 光纤　　　　　D. 网络

5. 控制中心和车站的监控画面能进行选择与控制，可采用（　　）方式，平时循环或分割画面显示。

A. 人工切换　　　　B. 自动扫描　　　　C. 间隔切换　　　　D. 半自动切换

三、判断题

1. 城市轨道交通专用通信系统能迅速、准确、可靠地传递和交换各种信息。（　　）

2. 站间行车电话是供任意两车站值班员之间联系有关行车事务的电话。（　　　）

3. 有线广播系统是城轨行车组织、管理不可缺少的手段。（　　　）

4. 时钟系统能实现城市轨道交通全线统一的时间标准。（　　　）

5. 城市轨道交通是以车辆为中心的运营模式。（　　　）

四、简答题

1. 城市轨道交通通信系统有哪些作用？

2. 城市轨道交通系统通信网有哪些基本形式？

3. 城市轨道交通通信网的基本设备有哪些？

4. 城市轨道交通数字程控交换机有哪些优点？

5. 城市轨道交通程控交换机能提供哪些服务项目？

6. 城市轨道交通公务电话系统有哪些部分组成？

7. 城市轨道交通系统的程控交换网组网时应考虑哪些因素？

8. 闭路电视监控系统的基本模型由哪些设备组成？

9. 车站闭路电视监控系统的工作原理是什么？

10. 控制中心闭路电视监控设备有哪些？

11. 无线列调由哪些设备组成？

12. 城市轨道交通系统的有线广播系统有何作用？

13. 车站广播系统的组成有哪些？车站广播系统的工作原理是什么？

五、案例分析

某公司的 800 兆集群机房遭受强雷击，强大的感应雷流通过天馈线路避雷接地线涌向地网，保护了天馈线路部分，但是由于该接地线与几个信道机信号线混在一起，所以产生了对这几个信道机的信号线路二次感应电流，从而导致这几个信道机参数丢失和正反向功率校准电路失灵。

分析讨论：

1. 试分析造成数据丢失的原因是什么，我们从中应吸取的教训是什么？

2. 做好系统接地工作在无线通信设备防雷和避雷中具有哪些重要意义？

项目六

电　源　系　统

【知识目标】

- 了解智能电源屏的发展
- 了解智能电源屏的特点
- 了解 UPS 电源的应用

【能力目标】

- 认识智能电源
- 知道 UPS 电源的应用范围
- 清楚电源系统运行的注意事项

任务一　学习智能电源屏

　　为保证在主电源中断或波动情况下，通信、信号系统仍能可靠地工作，地铁通信、信号系统中电源系统将承担全线范围内所有控制中心、车站、车辆段通信设备的供电。因此对供电系统有极高的可靠性要求，须有连续不断的、高效、安全、可靠的电力供应以保证负载运行。

　　铁路信号智能电源屏，是指采用模块化、电力电子技术，有实时监测、报警、记录和故障定位的供电设备。

　　铁路信号智能电源系统属于铁路电源领域中新一代的产品，其特征为：它含有以计算机为主构成的现场检测层和电源变换层、隔离保护层。现场检测可通过远程网和局域网使远端机和副控机与主控机同步运行并可进行自动电话拨号报警和现场图像监视，主控机对电源的运行实时监测。电源变换层将输入交流电源变换为不同电压、功率、直流或交流、相互隔离、具有完善保护功能、能满足轨道信号使用要求的输出电源。隔离保护层对电源系统进行避雷保护、分级断路器保护、变压器隔离用输出短路保护。具有智能化、网络化、模块化、高可靠、高安全、高效率、小体积、少或免维护的优点。

智能电源屏广泛采用电力电子技术（指由电子电路高频调制对电能进行变换的技术），包括无触点切换技术、逆变技术、锁相技术、软件开发技术、功率因数补偿技术、并联均流冗余技术、安全防范技术等、以保证供电系统的可靠性。

一、智能电源屏的发展

铁路信号电源屏是铁路信号设备的心脏，是保证铁路正常运输和安全的重要设备之一。随着铁路运输产业的飞快发展和科学技术的进步，20 世纪 60 年代开发和生产的与 6502 电气集中配套的老式电源屏，已经不能满足 21 世纪智能化、信息化和行车指挥自动化的要求。25 Hz 轨道电源屏、区间电源屏、计算机联锁电源屏、三相转辙机电源、UPS 等，集中在电源室（或继电器室）内，使电源室的面积不断扩大，制式混杂。各种电源屏稳定性、可靠性差，智能化程度低，只有比较简单的监测报警系统，无法利用网络实现远程监控。传统电源屏故障率高，约占每年信号设备总故障率的 30%，成为行车安全的隐患之一，不能满足中国铁路运输高密度高速度行车安全的要求。

鉴于以上弊端及现代信号技术发展的需要，亟需研制新型信号电源系统。智能电源屏应运而生。全路第一套铁路信号智能电源屏，于 2000 年 8 月在北京通过原铁道部技术鉴定，正式由郑州铁路局武昌电务段投入运行。

二、智能电源屏的分类

（1）按监测模块采用的监测技术分类。各种智能电源屏的监测模块采用了不同的监测技术，主要有：可编程控制器（PLC）技术、单片机技术、工控机技术等，以保证电源系统的可靠性。

（2）按监测系统的构成分类，可分为一套屏设一个监测模块和一面屏设一个监测模块两类。

一套屏设一个监测模块的方案是以单个电源模块和进出线配电板为单元，设置 CPU 采集板，将本单元采集到的开关量、模拟量转换为数字量，通过通信总线将信息传送至一套屏的监测模块。监测模块将信息显示、存储后，再通过有线通信系统和无线移动通信系统，将信息向上级管理部门传送，使系统具备了远程监测功能。

一面屏设一个监测模块的方案是，将屏中各模块中采集到的各种开关量、模拟量，直接传送至本屏监测模块。监测模块将信息显示、存储后，再通过有线通信系统和无线移动通信系统，将信息向上级管理部门传送，使系统具备了远程监测功能。

（3）按电源屏中主电路的组合技术分类。按主电路（传送电能的电路）组合技术，智能电源屏可分为采用工频电磁技术的电源屏、工频电磁技术和电力电子技术相结合的电源屏、全电力电子技术的电源屏。

① 采用工频电磁技术的智能电源屏。

工频电磁技术的智能电源屏是指电源屏的稳压、整流、分频、隔离部分，均采用基于工频电磁系统的铁磁稳压器、相控整流器、铁磁分频器、E（R）型隔离变压器等器件组成。

此类电源屏，在原电源屏的基础上增加了智能监测功能，对能够模块化的部分进行了模块化。在主电路系统中，两路电源以一主一备的切换方式工作，各输出电源模块为 1 + 1 方式备用。

该类电源屏的特点是价格较低，但技术落后，故障较多，整机效率低，重量大，噪声和温升高，两路电源切换和主备模块切换时输出电源会瞬间中断供电。

② 工频电磁技术和高频电力电子技术相结合的智能电源屏。

此类电源屏在电源屏的不同部位、不同回路中，分别采用了工频元器件和高频电力电子器件。目前，有两种主接线结构。

第一类结构是：在主电路系统中，两路电源以一主一备切换方式工作。继电器电源、自动闭塞电源，采用高频开关电源技术，实现了模块并联均流，两路电源切换时供电不中断。信号点灯电源、50 Hz 轨道电路电源采用工频电磁技术，两路电源切换时输出电源会出现瞬间中断（小于 0.15 s）。直流转辙机电源、25 Hz 轨道电源和局部电源有采用电力电子技术的，也有采用电磁技术的。

该类电源屏的价格较低，技术比较先进，工作较可靠，效率较高，直流输出电压连续可调，两路电源切换时直流部分供电不中断。但技术的完整性和系统性不够，交流部分技术较落后，效率低，重量大，噪声高，两路电源切换时输出电源还会瞬间中断供电。

第二类结构是：在主电路系统中，两路电源同时工作，分别采用参数稳压器稳压，整流后并联工作。各种交、直流输出电源，均以该直流母线为平台，采用高频电力电子技术变换后获得所需交、直流输出电源。输出部分模块化，整个系统做到了两路电源切换时供电不中断。其中继电器电源、自动闭塞电源、直流转辙机电源，采用高频开关变换技术。信号点灯电源、50 Hz 轨道电路电源、25 Hz 轨道电源和局部电源，采用了高频逆变锁相技术。

该类电源屏工作可靠性较高，对电源的适应能力强，任一路电源和任一路模块故障都不影响系统正常工作。但技术的完整性和系统性不够，交流稳压部分采用的工频器件，效率低、重量大、噪声大、温升高、不易模块化；输出模块功率密度高，不利于散热；所有 220 V 的交流模块共用一组调制电路，没有做到模块的功率器件和控制器件完全并联；整机价格较高。

③ 全高频电力电子技术的智能电源屏。

全高频电力电子技术的电源屏是指电源屏各部分的功能器件全部由高频调制的电子电路组成。又分为有切换接点和无切换接点两种类型。

有切换接点的智能电源屏，两路电源一主一备切换工作，各类模块主备工作。系统中存在两路电源切换和交流部分主、备模块切换两个切换环节。在主电路系统中，继电器电源、自动闭塞电源、直流转辙机电源，采用了高频开关电源技术，实现了模块并联均流，两路电源切换时供电不中断。信号点灯电源、50 Hz 轨道电路电源和 25 Hz 轨道电源和局部电源采用了高频逆变锁相技术，但是交流模块不能并联均流，采用了一主一备的"1 + 1"的工作方式，主模块故障时，用继电电路切换至备用模块工作。该类电源屏全部采用高频电力电子技术，可靠性较高，效率较高，噪声小，直流输出电压连续可调，直流电源在两路电源切换时供电不中断。但系统中存在两级有接点的切换环节，两路电源切换或主备模块切换时，有可能使交流输出电源瞬间中断供电。电源切换环节本身是一个故障点，可能影响系统的可靠性；价格较高。

无切换接点的智能电源屏，整个系统中没有带接点的切换环节，成为静态的供电系统。两路电源同时工作。所有直流电源全部采用高频开关电源技术，所有交流电源全部采用高频逆变锁相技术。交、直流模块全部采用"n+1"或"n+m"并联均流冗余技术。该类电源屏实现了对智能型电源屏产品的技术整合，全部采用成熟的高频电力电子技术，适应电源能力强；安全可靠，环保节能，整机功率密度高；质量轻，噪声低，寿命长；全部模块化结构，扩容方便，现场无维护；直流输出电压连续可调，交、直流模块均为"n+1"或"n+m"并联均流冗余，大大降低了系统的备用容量和整机的价格；系统中一路电源中断或断相、错相，任何一个模块故障，都不影响系统的正常工作；在没有蓄电池的情况下，不应用电容器储能的方式，实现了两路电源切换时供电零中断，彻底解决了多年来由于两路电源切换而引发的各种故障；系统预留了蓄电池接口，可扩展为分布式 UPS 电源系统，这一性能特别适合要求电源不能中断的干线铁路、客运专用铁路、高速铁路、大型编组站、城市轨道交通系统中的信号设备使用。但在系统中应用了多项高新电力电子技术，价格较高。

（4）按稳压方式分类。智能电源屏按稳压方式可分为不间断供电、分散稳压、集中与分散稳压相结合三种类型。

① 不间断供电方式。

两路电源经转换、整流、滤波后为直流母线电源，然后通过 DC/AC 逆变和 DC/DC 开关电源分别向各交流、直流负载供电。直流母线电源同时给蓄电池浮充电，两路输入电源转换或停电时由蓄电池供电。对于计算机联锁的微机电源采用 UPS。其稳压在逆变器、开关电源、UPS 中实现。

该方式因有蓄电池，可基本实现输出电源的不间断供电，但造价高，并需经常维护。

② 分散稳压方式。

两路电源经转换后对各模块供电，交流电源模块采用参数稳压器稳压，直流电源模块采用开关电源稳压，即稳压分散于各模块之中。

该方式的部分分散稳压提高了系统的可靠性，但参数稳压器功率因数低，空载时温升高，对于三相供电系统易发生共振，而且输出电压不易根据实际需要调整。

③ 集中与分散稳压相结合的方式。

两路电源经转换后对各模块供电，交流部分采用无触点补偿式稳压器稳压，再对各交流模块供电，直流电源模块采用开关电源供电。

该方式交流部分集中稳压，效率高，功率因数近于 1；输出交流回路可根据实际需要调整，但对交流稳压器的可靠性有较高要求。

三、PZ 系列铁路信号智能电源屏特点

PZ 系列铁路信号智能电源利用多年智能高频开关电源研制的技术平台，结合国内外电源屏产品的最新发展，成功研制的新型智能化信号电源系统。该系列电源具有综合化、模块化、智能化、网络化等特点，可以满足铁路信号系统的供电要求，具有极高的性能价格比。PZ 系列智能电源屏运用了多种先进技术，具有高可靠性、高效率、便于维护等优点。其主要特点如下。

（1）模块化设计：多种电源模块可灵活组成各种系统，模块智能自诊断，实现系统的免维修，少维护。

（2）高频化设计：所有交、直流模块均采用高频开关电源，应用有源功率因素校正（PEC）技术、脉宽调制（PWM）技术、正弦波脉宽调制 SPWM 技术，效率高、功率因数

达 0.99。

（3）分散稳压设计：每路输出电源均由各自的稳压模块提供，某路电源故障，不会影响其他电源的稳压和输出指标，故障隔离，更安全、更可靠。

（4）交流模块热机备份：交流模块采用"1＋1"或"n＋1"多种备份模式，保证了系统高可靠性。

（5）直流模块均流输出：直流模块采用均负载、大冗余的输出模式，保证了系统切换时直流电源不间断输出。

（6）短路回缩技术：高可靠快速保护及专门设计的短路回缩特性，确保模块长期短路发生时，回路电流控制在某一固定指标之下，确保在短路时不会产生灾害事故发生。完善的保护功能保证了系统与模块安全可靠运行。

（7）热插拔技术电源模块采用无损伤热插拔技术，在线更换时间小于 1 min，维护快捷方便。

（8）无污染：采用 PEC 技术，避免了模块内部高次谐波对外电网的污染；采用 EMI 技术；电磁兼容性好。

（9）25 Hz 电源高度集成：25 Hz 电源模块容量大（2 kVA）、体积小、设计紧凑，可以在单机柜内配置 6 kVA 的 25 Hz 电源。

（10）高效率：发热少，自身损耗电能少，整流模块的效率大于 90%，整机效率大于 85%。

（11）自然冷却：电源屏采样自然通风散热，风道采用"烟囱"原理，冷空气从电源屏下方进入，热空气从电源屏上部排出，自然对流。自然通风散热具有经济、可靠、噪声低等优点。

（12）低噪声：采用高频开关电源技术；系统和模块全部采用自然冷却技术，避免了工频噪声和风扇运转噪声。

（13）工频隔离：交流模块全部采用工频隔离，具有安全可靠的优点。

（14）智能切换：独特的两路交流电源输入自动切换装置和系统方案，可以保证系统的交、直流电源输出不间断。

（15）智能监控：可实时监测系统的工作状态，出现故障及时显示和告警，并具有故障记忆功能。

（16）网络化设计：可远程监控和集中监测组网，与微机监测设备实现无缝对接，最终实现信号电源的无人值守。

（17）维护性好：故障定位、故障信息中文显示；除系统有监控单元液晶集中显示外，模块还有电压、电流显示；当系统发生故障时，有声光报警；电缆连接多采用插接和压接方式，所有接线均有接线端子。

（18）完善的自我保护：输入过、欠压保护；输出过压、限流、短路保护；模块过温保护；完善的防雷击措施，输入两级，输出一级防雷；全部采用阻燃电缆。

（19）适应性强：允许工作环境温度范围为 －5℃ ~ ＋50℃；采用 EMI 滤波技术，有效地抑制外电网带入的高次谐波，特别适用于电化区段。

（20）安全可靠：系统设计符合国际安全标准——EN609500。

四、PZ 系列铁路信号智能电源屏系统结构

PZ 系列智能型信号电源屏的系统框图如图 6-1 所示，两路输入交流电源经交流输入配

电单元进入交流模块、直流模块，模块输出经交流输出配电单元和直流输出配电单元给各类信号设备供电。

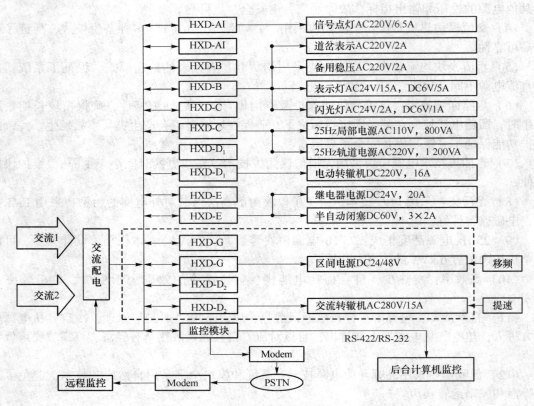

图 6-1　PZ 系列智能型信号电源屏系统框图

五、智能电源屏组成

根据模块输出的差别，智能电源屏模块配置如图 6-2 所示，可分为直流模块、交流模块、提速电源模块和 25 Hz 轨道电源模块。

图 6-2　PZ 电源屏模块配置图

六、智能电源屏发展方向

开关电源的发展方向是高频、高可靠、低耗、低噪声、抗干扰和模块化。

由于开关电源轻、小、薄的关键技术是高频化，因此国外各大开关电源制造商都致力于同步开发新型高智能化的元器件，特别是改善二次整流器件的损耗，并在功率铁氧体（Mn-Zn）材料上加大科技创新，以提高在高频率和较大磁通密度（BS）下获得高的磁性能而电容器的小型化也是一项关键技术。SMT技术的应用使得开关电源取得了长足的进展，在电路板两面布置元器件，以确保开关电源的轻、小、薄。

开关电源的高频化就必然对传统的PWM开关技术进行创新，实现ZVS、ZCS的软开关技术已成为开关电源的主流技术，并大幅提高了开关电源的工作效率。

对于高可靠性指标，通过降低运行电流，降低结温等措施以减少器件的应力，使得产品的可靠性大大提高。

模块化是开关电源发展的总体趋势，可以采用模块化电源组成分布式电源系统。

针对开关电源运行噪声大这一缺点，若单独追求高频化，其噪声也必将随着增大，而采用部分谐振转换电路技术，在理论上即可实现高频化又可降低噪声，但部分谐振转换技术的实际应用仍存在技术问题，故仍需在这一领域开展大量的工作，才能使得该项技术得以实用化。

任务二　学习 UPS

地铁的弱电系统应用在地铁的车站、车辆段、停车场、控制中心等场所，包括通信、信号、综合监控（电力监控 PSCADA、环境与设备监控 BAS、火灾自动报警 FAS、门禁 ACS）、自动售检票系统 AFC、乘客信息系统 PIS、屏蔽门、变电所直流操作、应急照明等部分。该系统一般由计算机、网络设备及自动化控制设备组成，用电为一级负荷，因此需要高可靠性的后备电源进行不间断供电，以保证供电质量和供电的连续性。

屏蔽门驱动电机、变电所直流操作及部分通信设备分别用到 DC110V、DC220V 和 DC48V 电源，一般由专门的直流电源独立供电。应急照明一般为交流感应式的负载，分布在整个车站范围内，点多面广，多采用 EPS 供电。剩余的通信、信号、电力监控、环境与设备监控、门禁、火灾报警、自动售检票、乘客信息、屏蔽门网络控制等系统均为计算机和网络设备等容性负载，需要 AC380/220 V 电源，最适合采用 UPS 系统进行供电。

一、UPS 的基本概念

不间断供电系统又称不间断电源或不停电电源，英文缩写为 UPS（Unintrruptable Power-System），是一种现代化电源设备。从原理上来说，UPS 是一种集数字和模拟电路、自动控制逆变器与免维护贮能装置于一体的电力电子设备；从功能上来说，UPS 可以在市电出现异常时有效地净化市电，还可以在市电突然中断时持续一定时间给设备供电，使人们能有充裕的时间应付；从用途上来说，随着信息化社会的来临，UPS 广泛地应用于从信息采集、传送、处理、储存到应用的各个环节，其重要性是随着信息应用重要性的日益提高而增加的。

在市电正常时，由电源经 UPS 向负载供电，在市电中断或出现故障时，由蓄电池经 UPS 向负载供电。由市电停止供电到电池供电的转换是在极短的时间内进行的，其最短的时间可以做到 μs 数量级，最慢的速度亦可在 10ms 内完成转换，从而保证对电源要求严格的信息技术设备能安全工作，不至于造成数据的丢失和设备的损坏。

二、对 UPS 系统要求

由于地铁运营环境及其设备的特殊性，一般要求提供电源的 UPS 系统满足下列要求。

（1）可靠性强，能适应地下运行环境，以确保车站各弱电系统设备全天候、稳定、可靠地运行。

（2）绿色环保，避免污染电力环境及自然环境。

（3）安全性高，保护全面，不易造成人为设备故障，不会威胁人身安全。

（4）便于近、远端管理，有标准的通信接口及开放的通信协议；

（5）尽量采用集中式供电，综合利用各种资源。

目前，轨道交通 UPS 电源整合是一个发展趋势，全国各地地铁新建线路都在进行 UPS 整合工作，因为这样更有利于资源的综合利用，更有利于设备的专业化维护与管理，同时也有利于节省机房使用面积。

地铁各系统对 UPS 备用时间的要求如下。

（1）屏蔽门控制电源备份 0.5 h。

（2）通信系统重要负荷备份 4 小时，次重要负荷备份 1 h。

（3）信号系统车站备份 0.25 h。

（4）主控系统要求备份 0.5 h。

（5）AFC 系统备份 0.5 h。

三、UPS 在地铁各功能系统的应用现状

1. 通信系统

在车站、控制中心和车辆段均设置 UPS 装置。

（1）在车站设置 2 套 UPS，一套为专用系统 UPS，一套为公共设备系统 UPS。其中，专用系统 UPS 负责为有线传输设备、交换机设备、无线设备等供电，容量为 15 ~ 20 kVA。公共设备系统 UPS 负责为车站广播、时钟等设备供电，容量为 20 ~ 30 kVA。因此，一套通信系统中会有多台小容量 UPS 为不同设备供电，非常分散。

（2）在控制中心设 1 套 UPS 为中央级设备供电，应根据控制中心服务线路的数量确定 UPS 容量，一般为 30 ~ 60 kVA。

（3）在车辆段设置 1 套 UPS 为培训、维修及交换机等设备供电，一般为 6 ~ 10 kVA。

2. 信号系统

信号系统在车站、控制中心和车辆段均设置 UPS 装置。车站的信号系统为列车提供相关的控制、防护、运行等功能，采用 UPS 供电容量较大，约 20 kVA，控制中心和车辆段 UPS 装置的容量为 5 ~ 10 kVA。

3. 综合监控系统

在车站、控制中心、车辆段等处均设置 UPS 装置。

（1）在车站主控设备房设置 1 套容量为 10~20 kVA 的 UPS，为车站主控设备房和车站控制室内车站级主控系统主要设备（计算机系统等）供电。其他如环控电控室（环控设备如 FAS 系统、给排水、风阀等设备的电力控制室）设置容量为 1~10 kVA 的 UPS。

（2）在控制中心设置 1 套容量为 20~40 kVA 的 UPS，为综合监控系统设备供电。另设置 1 套容量为 20~40 kVA 的 UPS，专为大屏幕（OPS）设备供电，如某地铁的大屏幕采用 81 个投影单元，屏幕尺寸达到 37 m×3 m，显示分辨率为 27 638×2 304，可任意位置、任意大小调整相关屏幕，全屏刷新时间小于 3 s。

（3）在车辆段主控设备房设置 1 套容量为 10~20 kVA 的 UPS，供车辆段主控设备房内主控系统设备使用。在其他设备室配置容量为 1~10 kVA 的 UPS。

4. BAS、PIS、AFC 系统

在车站设置：BAS、PIS 和 AFC 系统的 UPS 装置，在车辆段主要设置 BAS 的 UPS 装置。

（1）在车站 BAS 系统主要设置 1 套容量为 10 kVA 的 UPS，在 PIS 系统主要设置 1 套容量为 20~30 kVA 的 UPS，在 AFC 系统主要设置 1 套容量为 10~20 kVA 的 UPS。

（2）在车辆段 BAS 系统主要设置 1 套容量为 10 kVA 的 UPS。

5. 屏蔽门系统

在车站屏蔽门控制室设置一套 UPS 装置，容量为 10~30 kVA，后备时间满足本车站站台所有屏蔽门/安全门开、关门的要求。

四、UPS 分类

UPS 已从最初的提供后备时间的单一功能发展到今天的提供后备时间及改善电网质量的双重功能，在保护计算机数据、改善电网质量、防止停电和电网污染对用户造成危害等方面起着很重要的作用。目前，市场上的 UPS 品牌种类繁多，但可从电路主结构、后备时间、输入输出方式、输出波形和输出容量 5 方面对其进行分类，其中从电路主结构进行分类是现行最被接受的。

早期的后备式 UPS 在市电供电正常时，市电直接通过交流旁路和转换开关负载给供电，交流旁路相当于一条导线，逆变器不工作，此时供电效率高但质量差。近年的后备式 UPS 往往在交流旁路上配置了交流稳压电路和滤波电路加以改善。

1. 按结构分类

1）后备式 UPS

后备式 UPS 的含义是：在外电电网电压正常时，UPS 的任务主要是对自身蓄电池进行充电，其输出电压就是输入电网的电压。也就是说，市电经过开关就供给了负载，它没有对市电进行转换，逆变器此时只处于备用状态。当外电电网异常时，才把蓄电池组的电源通过逆变器变换后，经过开关供给负载。这种 UPS 供给的电源，不能抑制和隔离电网中的各种噪声和干扰，输出的电压不是稳压、稳频的，最多是在输出变压器上增加一些抽头，进行简单的调压而已。所以，精密负载及电网电压较差的地区是不宜使用这种后备式 UPS 的。但在电网电压质量较高的地区，使用这种 UPS 是可以的。

后备式 UPS 的特点是：结构简单，体积小，成本低，但输入电压范围窄，输出电压稳定精度差，有切换时间，且输出波形一般为方波。

2）在线式 UPS

在线式 UPS 的含义是：即使在电网电压正常供电时，UPS 的输出，也是将外来电压经过本身的加工转换后再供给负载。也就是说，即使是在电网电压正常时，市电也是经过变压器→整流滤波→逆变器→变压器→开关→输出。这种 UPS 将市电隔离，在市电正常时，过滤市电，供电负载纯净的电源。在市电不正常或发生故障时，UPS 以蓄电池组为输入电源继续向负载供电，保证负载不断地稳定工作。所以，负载即使实时控制信号，也不会因市电中断而出现丢失或差错。它之所以具有这样的性能，其根本原因是，它有一个或多个储能环节和能量变换装置，将市电隔离过滤后再供给负载纯净的电源。一旦市电异常，依靠这些储能和能量变换装置，继续向负载提供高质量的电源，以实现不间断供电的要求。

不间断并不意味着 UPS 没有故障或绝对的不间断供电，但它可以将重要负载，最终因供电中断造成的停机率下降到设备所能允许的程度。在目前情况下，已能使平均无故障时间达到数万小时，甚至 10 年以上。当然，为了达到不间断供电的目的，还可从技术上采取措施，如将两台 UPS 并联使用。当一台 UPS 故障时，另一台可以继续担负全部负载的供电，以实现更高一级的不间断供电要求。

在线式 UPS 的特点是：有极宽的输入电压范围，无切换时间且输出电压稳定精度高，特别适合对电源要求较高的场合，但是成本较高。目前，功率大于 3 kVA 的 UPS 几乎都是在线式 UPS。

3）在线互动式 UPS

在线互动式 UPS 在市电正常时直接由市电向负载供电，当市电偏低或偏高时，通过 UPS 内部稳压线路稳压后输出，当市电异常或停电时，通过转换开关转为电池逆变供电。其特点是：有较宽的输入电压范围，噪声低，体积小，但同样存在切换时间。

2. 按输出容量分类（按国家标准分类）

（1）微型在线式不间断电源：额定输出容量为 3 kVA 以下。

（2）微型非在线式不间断电源：额定输出容量为 3 kVA 以下。

（3）小型在线式不间断电源：额定输出容量为 3～10 kVA，不含 10 kVA。

（4）中型在线式不间断电源：额定输出容量为 10～100 kVA，不含 100 kVA。

（5）大型在线式不间断电源：额定输出容量为 100 kVA 以上。

3. 按输入、输出电源相数分类

（1）单进单出型（单相输入、单相输出）。

（2）三进单出型（三相输入、单相输出）。

（3）三进三出型（三相输入、三相输出）。

单相电是指由一根火线、一根零线和一根地线组成的供电系统；三相电是由三根火线、一根零线和一根地线组成的供电系统，其中，两根火线之间的电压（即线电压）为 380 V，而火线与零线之间的电压（即相电压）为 220 V。对于用户来说，三相供电其市电配电和负载配电容易，每一相都承担一部分负载电流，因而中、大功率的 UPS 多采用三相输入、单相输出或三相输入、三相输出的供电方式。

智能型 UPS 是当今 UPS 的一大发展趋势。随着 UPS 在网络系统上应用，网络管理者强调整个网络系统为保护对象，希望整个网络系统在供电系统出现故障时，仍然可以继续工作而不中断。因此，UPS 内部配置微处理器使之智能化是 UPS 的新趋势，UPS 内部硬件与软件的结合，大幅度提高了 UPS 的功能，可以监控 UPS 的运行工作状态，如 UPS 输出电压频率、电网电压频率、电池状态及故障记录等；还可以通过软件对电池进行检测、自动放电充电，以及遥控开关机等。网络管理者就可以根据信息资料分析供电质量，依据实际情况采取相应的措施。当 UPS 检测出供电电网中断时，UPS 自动切换到电池供电，在电池供电能力不足时，立即通知服务器做关机的准备工作，并在电池耗尽前自行关机。智能型 UPS 通过接口与计算机进行通信，从而使网络管理员能够监控 UPS，因此其管理软件的功能就显得极其重要。

五、UPS 系统的组成

控制中心、各车站、车辆段均采用在线式 UPS，UPS 系统只提供交流 220 V 电源，通信各子系统如采用其他方式的电源，由通信各子系统自配的整流装置产生。

控制中心、各车站、车辆段的通信设备室均设有电源监控设备。控制中心、各车站、车辆段通信机房的环境参数、电源供应情况、电源设备的运行状态及故障告警信息将通过传输系统送到控制中心统一监控。

地铁电源系统一般包括 UPS、蓄电池、动力环境集中监控、防雷箱、双路电源切换屏、输入/输出配电屏等设备。

通信电源系统为不间断电源系统，一般由强电引入两路交流 380 V 电源至双路电源切换配电屏，按一级负荷供电给在线式 UPS 系统。

UPS 系统提供交流 380 V 电源至通信机房交流配电屏，交流配电屏分配各 220 V 分路至通信机房设备，并提供 380 V 支路至公用传输机房交流配电屏。

控制中心、各车站、车辆段的通信机房均设有监控设备。通信机房的环境参数、电源供应情况、运行状态及故障告警信息将通过传输系统送到控制中心统一监控。

六、UPS 系统特点

在线式 UPS 都是真正双变换在线式 UPS，市电与电池供电为"零"秒不间断电转换，具有供电纯净、效率高、热损耗小、噪声低、体积小、寿命长等特点。

1. 宽广的输入电压范围

UPS 系统的输入电压范围为 $-25\%\sim+20\%$，70% 负载时输入电压的范围达到 $-30\%\sim+35\%$，适应供电环境恶劣的大部分地区使用，可降低电池的充、放电次数及损耗，延长电池使用寿命。UPS 的输入电压范围代表了 UPS 适应电网的能力，同时电压范围宽广也有降低用户投资成本，节能环保的作用，用户在对 UPS 供电系统的投资中，蓄电池往往占有很大的比例，例如地铁电源系统大多要求后备延时时间为 $2\sim4$ h，这样在系统中就需要投入大量的蓄电池，UPS 宽广的输入电压范围可以有效地减少电池的充、放电次数，延长电池使用寿命，达到节能环保，节省投资的效果。特别是在电网波动较大的环境下，该功能发挥的作用越大。

2. 高整机效率

地铁的用电量非常大，每年花在电上的费用是非常巨大的，另外，耗电量大也不符合国家对企业节能减排的要求，所以，在选用用电设备时，效率尤为重要，效率的高低是决定设备每年耗电量多少的最主要的一项参数，各 UPS 厂家也在苦心研究如何提升 UPS 的整机效率，以达到节能的效果，以 80 kVA 的 UPS 为例，大多数设备的效率为 92% 左右，如果效率可以提升 2%，一年可节省约 11 212 度电，这还未算效率提升后设备无功损耗降低，减少发热，空调节省的电。所以，对于地铁电源系统，在选用 UPS 时，效率是非常重要的一项参数。

3. 采用 DSP 数字控制技术和模块化设计，N + X 冗余

任何一个模块出现故障，都可自动脱离系统，以确保系统正常运行。UPS 的模块化设计不仅模块实现冗余，内部的辅助电源和印制电路板也实现了冗余，即真正实现各功能模块独立，损坏任何一功能模块都互不干扰，大大提高，系统的可靠度和可用性。用户只需要购买相应的功率模块，即可实现"N + X"的故障冗余及升级扩容。

4. 高输入功率因子、低输入谐波电流

绿色的 UPS 一定要有高输入功率因子和低输入谐波电流。高输入功率因子，可以使 UPS 对市电的利用率提高，减小无功损耗，达到节能的效果。谐波电流低，可以减小 UPS 对电网的污染，达到环保的功能。同时，提高输入功率因子及降低输入电流谐波失真还可以减小 UPS 输入端的线缆及保险和空开等容量，减少发电机匹配的容量，降低用户的投资成本，等等。早期投入使用的 UPS 电源都是采用硅整流形式，内置输出隔离变压器，行业内称为工频机，而工频机的输入功率因子较低，一般为 0.75～0.85，谐波电流一般都在 20%～30%。

5. 智能风扇变速功能

UPS 的散热基本是靠风扇来完成，如果风扇出现故障或者转速不够，UPS 的运行就会出现问题，大多厂商的 UPS 都将风扇的转速设置为快速，而 UPS 供电系统中大多数的带载比例都在 60%～70%，并机系统中带载比例会更少，一般为 30%～40%，这样，如果风扇长年都是全速运转，则不但会浪费很多电能，而且也会降低风扇的使用寿命。UPS 具备智能风扇变速功能是指风扇具有多段转速自动控制，UPS 的控制系统可以根据负载的实际大小和环境温度来控制风扇的转速，从而达到节能的效果，而且还能有效地延长风扇的使用寿命。

6. 友善接口 LCD 智能显示

大型 LCD 显示画面可提供用户简易方便的操作管理及维护指示，采用熟悉的菜单式管理，可轻松学会操作。LCD 显示画面全中文，显示画面尺寸小，质量轻，散热佳，体积尺寸最小。散热以计算机仿真辅助分析及设计为最佳。

7. ECO 模式运行

ECO 模式又称经济模式，UPS 在正常运行时处于静态旁路状态，在市电波动超出可用范围或市电断电情况出现时，由蓄电池供电。

8. 设备符合标准

UPS 应具有绿色环保功能，其本身也应该符合绿色环保的要求，UPS 可将整机效率大幅提高至 94% 以上，且风扇可根据负载及温度进行多段调速。输入电流谐波小，可减少线缆的损耗和输入空开容量等。

七、供电运行方式与逻辑关系

结合方案的系统示意图可以了解系统的供电运行方式与逻辑关系。

1. 正常供电运行方式

两路主电源为两台 UPS 供电，主电源 1 接 UPS1 的主输入，主电源 2 接 UPS2 的主输入，两台 UPS 的旁路同时接到主电源 1 或者主电源 2 上（不同的站点可以不同）。两台 UPS 同时输出到各个负荷侧的 STS 开关，通过设置 STS 开关状态，实现大约各带一半负载。这样能确保两路电源上的负载量基本均分，当两台 UPS 都运行于旁路状态时，相位仍然同步，STS 转换不受影响。

UPS1 和 UPS2 同时为电池组充电，充电电流各占 50%。为了日后维修和保养方便，每台 UPS 和每组电池都装有自己的连接开关。

2. UPS 故障运行方式

（1）UPS2 故障，则通过 STS 将所有的负载切换到 UPS1，然后维修 UPS2，修复后再恢复原带载运行方式。

（2）UPS1 故障，则通过 STS 将所有的负载切换到 UPS2，然后维修 UPS1，修复后再恢复原带载运行方式。

（3）两台 UPS 都故障，则通过两台 UPS 的静态旁路供电给负载。此时，可以将两台 UPS 打到维修旁路或者轮流关闭进行维修，修复后再转为原带载运行方式。

3. 电池组故障运行方式

电池组分为 3~6 组并联，若发现电池故障或者报警，维修人员切除故障的电池分组，进行维修维护工作，修复后再将电池分组重新投入运行。

4. 失去 1 路主电源运行方式

（1）UPS2 主电源失电，则 UPS2 停止输出，通过 STS 将所有负载切到 UPS1。

（2）UPS1 主电源失电，则 UPS2 停止输出，通过 STS 将所有负载切到 UPS2。

（3）当失去 2 路主电源时，两台 UPS 同时转到电池组放电状态，通过 STS 后共同分担后面的负载。若此时任何一台 UPS 故障，其后面的负载都会通过 STS 转移到另外一台 UPS 上去，电池组也会全部转给正常的 UPS 使用，后备时间不受影响。

智能配电柜会结合各负荷的后备时间要求，按时切除相应的负载。

5. 检修运行方式

（1）检修单台 UPS 时，断开一台进行检修，另一台正常运行。

（2）检修单组蓄电池时，断开一组进行检修，其他电池组正常运行。

（3）当两台 UPS 同时检修时，可将两台 UPS 打到维修旁路或者轮流关闭进行检修。

八、运行注意事项

1. UPS 的电源连接

（1）UPS 的配电箱所使用的开关不宜选用老式的刀闸开关，因为这种开关在接通或切断电源时有拉弧现象，会对电网产生干扰。另外，不可使用熔断式保险丝，因为其过流响应速度慢，在负载或 UPS 短路时不能及时切断电源，从而会对设备造成危害。所以，应采用空气开关，因为这种开关不仅有消弧和负载短路时响应速度快的功能，而且有漏电保护和过热保护等功能。

（2）空气开关的容量选用应适中，开关容量过大会造成在过流或负载发生短路时起不到保护作用，过小会造成市电中断。

（3）市电电压的波动范围应符合 UPS 输入电压变化范围的要求。目前市售的绝大多数 UPS 都具有抗干扰、自动稳压功能，一般没必要再外加抗干扰交流稳压器。如市电电压波动较大，应在 UPS 前级增加其他保护措施（如稳压器等），以将交流稳压器用作 UPS 的输入级。

（4）使用 UPS 时，应务必遵守厂家产品说明书中的有关规定，以保证所接的相线、零线及地线符合要求。用户不得随意改变其相互的顺序。

（5）外接蓄电池至 UPS 的距离应尽量短，导线的截面面积应尽量大，以增大导电量和减小线路上的电能损耗。特别是在大电流工作时，电路上的损耗是不可忽视的。

2. UPS 的防雷接地

雷击是所有电器的天敌，一定要注意保证 UPS 的有效屏蔽和接地保护。为防止寄生电容耦合干扰以及保护设备及人身安全，UPS 必须接地且接地电阻不可大于 1 Ω。

3. UPS 的工作环境

UPS 主机对环境温度要求不高，工作时环境温度要求为 0℃ ～ 40℃，湿度为 10% ～ 90%。UPS 在摆放时应避免阳光直射，并留有足够的通风空间。UPS 的工作环境应保持清洁，以避免有害灰尘对 UPS 内部器件的腐蚀，否则灰尘加上潮湿会引起主机工作不正常。蓄电池对温度要求较高，标准使用温度为 25℃，平时温度范围为 – 15℃ ～ + 30℃。

4. 使用 UPS 注意事项

（1）UPS 的使用环境应注意通风良好，利于散热，并保持环境的清洁。

（2）切勿带感性负载，如点钞机、日光灯、空调等，以免造成损坏。

（3）UPS 的输出负载控制在 60% 左右为最佳，此时可靠性最高。

（4）UPS 带载过轻（如 1 000 VA 的 UPS 带 100 VA 的负载）有可能造成电池的深度放电，从而降低电池的使用寿命，故应尽量避免。

（5）适当的放电有助于电池的激活，如长期不停市电，每隔 3 个月应人为断掉市电用 UPS 带负载放电一次，这样可以延长电池的使用寿命。

（6）对于多数小型 UPS，应在上班时打开 UPS，开机时要避免带载启动，下班时应关闭 UPS；对于网络机房的 UPS，由于多数网络是 24 小时工作的，所以 UPS 也必须全天候运行。

（7）UPS 放电后应及时充电，以避免电池因过度自放电而损坏。

项 目 小 结

本章简要介绍了智能电源屏的组成和应用，并对智能电源屏的发展方向作了简要阐述。对城市轨道交通车站内通信、信号、综合监控、环境监控、门禁、自动售检票等重要的一级负荷需要可靠性很高的 UPS 电源进行了讲解，介绍了其 UPS 电源的基本概念、系统的组成及其运行方式和使用的注意事项。

习题

一、单选题

1. 智能电源屏热插拔技术电源模块采用无损伤热插拔技术，在线更换时间应小于（　　），维护快捷方便。

A. 1 min　　　　　　B. 2 min　　　　　　C. 3 min　　　　　　D. 4 min

2. 不间断供电系统又称不间断电源或不停电电源，英文缩写为（　　）。

A. UBS　　　　　　B. UPS　　　　　　C. UDS　　　　　　D. UHS

3. UPS 必须接地且接地电阻不可大于（　　）。

A. 0.5 Ω　　　　　　B. 1 Ω　　　　　　C. 1.5 Ω　　　　　　D. 2 Ω

4. 地铁各系统对信号系统车站 UPS 备用时间为（　　）。

A. 0.2 h　　　　　　B. 0.5 h　　　　　　C. 0.25 h　　　　　　D. 1 h

5. 微型在线式不间断电源的额定输出容量为（　　）以下。

A. 1 kVA　　　　　　B. 2 kVA　　　　　　C. 3 kVA　　　　　　D. 4 kVA

二、多选题

1. 铁路信号智能电源屏，是指采用（　　）和故障定位的供电设备。

A. 模块化　　　　　　　　　　B. 电力电子技术

C. 实时监测、报警　　　　　　D. 记录

2. 智能电源屏按稳压方式可分为（　　）3 种类型。

A. 不间断供电　　　　　　　　B. 集中稳压

C. 分散稳压　　　　　　　　　D. 集中与分散稳压相结合

3. 智能电源屏广泛采用电力电子技术（指由电子电路高频调制对电能进行变换的技术），包括（　　）、锁相技术、软件开发技术、并联均流冗余技术、安全防范技术等，以保证供电系统的可靠性。

A. 冗余技术　　　　　　　　　B. 无触点切换技术

C. 逆变技术　　　　　　　　　D. 功率因数补偿技术

4. 开关电源的发展方向是高可靠、（　　）。

A. 低耗、低噪声　　B. 高耗能　　　　C. 低频　　　　D. 抗干扰和模块化

5. 由于地铁运营环境及其设备的特殊性，一般要求提供电源的 UPS 系统满足（　　）要求。

A. 可靠性强，能适应地下运行环境　　B. 绿色环保

C. 安全性高　　　　　　　　　D. 无故障

三、判断题

1. 智能电源屏运用了多种先进技术，具有高可靠性、高效率、便于维护等优点。（　　）

2. UPS 可以在市电出现异常时有效地净化市电，还可以在市电突然中断时长时间给设备供电。（　　）

3. 大型在线式不间断电源的额定输出容量为 100 kVA 以上。（　　）

4. UPS 的输出负载控制在 80% 左右为最佳，此时可靠性最高。（　　）

5. UPS 放电后应及时充电，避免电池因过度自放电而损坏。（　　）

四、简答题

1. 什么是智能电源屏？

2. 智能电源屏有哪些特点？

3. 智能电源屏的发展方向是什么？

4. 什么是 UPS？

5. 城市轨道交通为什么要用 UPS 电源？

6. UPS 系统的特点有哪些？

7. UPS 如何分类？

8. UPS 运行时的注意事项有哪些？

9. UPS 一般应满足哪些要求？

五、案例分析

广东某地铁通信系统采用 2 台艾默生 UL33 系统 60 kVA 的 1 + 1 冗余并机系统，对通信系统的设备进行供电。

配置方案：

项目	设备名称	型号、描述	数量/台
UPS 主机	主机	艾默生 UL33 系统 60 kVA 的 UPS	2

电池根据后备时间的要求进行相应的配置。

方案要点分析：

地铁通信系统是供地铁行车指挥、运营管理、行政办公等有关部门和有关工作人员使用的通信设施。为了确保通信系统的重要负载不会因为 UPS、电池、内部模块系统等的故障造成断电等问题，在现有技术条件下，采用 "1 + 1" 型 UPS 冗余并机供电系统是消除这些故障的最佳供电方案，可以达到 IEC 等级 3 的标准。

分析讨论：

1. 地铁通信系统为保证发生故障不造成断电采取了哪些措施？

2. 广东某地铁通信系统采用 2 台艾默生 UL33 系列 60 kVA "1 + 1" 冗余并机系统进行供电是否合理？

部分习题参考答案

项目一

一、单选题

1. A　　2. D　　3. C　　4. A　　5. A

二、多选题

1. ABC　　2. ABCD　　3. CDE　　4. BCD　　5. ABC

三、判断题

1. √　　2. ×　　3. √　　4. √　　5. ×

项目二

一、单选题

1. A　　2. D　　3. A　　4. A　　5. C

二、多选题

1. ABC　　2. ACE　　3. ABC　　4. BCD　　5. ABCDE

三、判断题

1. ×　　2. √　　3. √　　4. ×　　5. √

项目三

一、单选题

1. D　　2. A　　3. B　　4. B　　5. D

二、多选题

1. AB　　2. ABC　　3. AB　　4. ABCD　　5. BCD

三、判断题

1. ×　　2. √　　3. √　　4. ×　　5. √

项目四

一、单选题

1. A　　2. B　　3. C　　4. A　　5. C

二、多选题

1. ABC　　2. ABCD　　3. AB　　4. ABCD　　5. BCD

三、判断题

1. √　　2. ×　　3. √　　4. √　　5. √

项目五

一、单选题

1. A　　2. D　　3. D　　4. A　　5. A

二、多选题

1. ABCD　　2. ABCD　　3. ABC　　4. ABD　　5. AB

三、判断题

1. √　　2. ×　　3. √　　4. √　　5. ×

项目六

一、单选题

1. A　　2. B　　3. B　　4. C　　5. C

二、多选题

1. ABCD　　2. ACD　　3. BCD　　4. ABD　　5. ABC

三、判断题

1. √　　2. ×　　3. √　　4. ×　　5. √

参 考 文 献

［1］ 孙有望，李云清. 城市轨道交通概论. 北京：中国铁道出版社，2003.
［2］ 林瑜筠. 城市轨道交通信号. 北京：中国铁道出版社，2008.
［3］ 吴汶麒. 城市轨道交通信号与通信系统. 北京：中国铁道出版社，1998.
［4］ 中华人民共和国铁道部. 铁路技术管理规程. 北京：中国铁道出版社，2006.
［6］ 中华人民共和国铁道部. 信号维修规则技术标准. 北京：中国铁道出版社，2006.
［7］ 中华人民共和国铁道部. 铁路信号技术规范. 北京：中国铁道出版社，2006.